大秦风云

从秦朝说起 到清朝结束

历史不是僵尸◎著

浙江人民出版社

图书在版编目（CIP）数据

大秦风云 / 历史不是僵尸著. — 杭州 : 浙江人民出版社, 2022.3（2022.4重印）
（从秦朝说起，到清朝结束）
ISBN 978-7-213-10308-7

Ⅰ. ①大… Ⅱ. ①历… Ⅲ. ①中国历史—秦代—通俗读物 Ⅳ. ①K233.09

中国版本图书馆CIP数据核字（2021）第194734号

从秦朝说起，到清朝结束

大秦风云

历史不是僵尸 著

出版发行：浙江人民出版社（杭州市体育场路 347 号 邮编：310006）
市场部电话：（0571）85061682 85176516
责任编辑：方 程 潘海林
特约编辑：魏 力
营销编辑：陈雯怡 赵 娜 陈芊如
责任校对：朱 妍
责任印务：刘彭年
封面设计：人马艺术设计 · 储平
电脑制版：济南唐尧文化传播有限公司
印 刷：杭州丰源印刷有限公司
开 本：710 毫米 ×1000 毫米 1/16 印 张：23.5
字 数：310 千字 插 页：1
版 次：2022 年 3 月第 1 版 印 次：2022 年 4 月第 2 次印刷
书 号：ISBN 978-7-213-10308-7
定 价：58.00 元

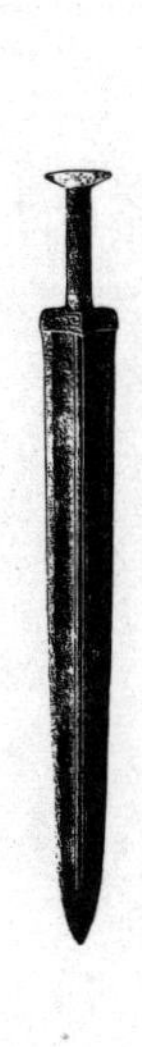

目录

第一章 奇货可居

第二章 荡平六国

第三章 千古一帝

第四章 巡游四方

第五章 北伐南征

第六章 焚书坑儒

第七章 一命归西

第八章 祖龙死，秦政乱

第九章 官逼民反

第十章 风起云涌

第十一章 沛县起兵

第十二章 拥楚反秦

第十三章 大秦末路

第一章

奇货可居

1. 此奇货可居

众所周知，中国第一个统一的专制主义中央集权制封建王朝是秦朝。这样说，可能会有人不以为然，认为“封建”一词用错地方了。其实不然！实际上，近代以来，“封建”一词已经演化成一个政治概念，与“分封建国”的本意相去甚远。这里稍加说明，就不再过多延伸。

秦朝第一个皇帝是秦始皇，即嬴政是也。下面，我们就从秦始皇的真假父亲说起！

关于秦始皇的亲生父亲到底是谁，争议比较大。一种说法认为是秦庄襄王，主要源自西汉史学家太史公司马迁的著作《史记·秦始皇本纪》中开篇一句：

> 秦始皇帝者，秦庄襄王子也。庄襄王为秦质子于赵，见吕不韦姬，悦而取之，生始皇。

这段话所要表达的字面意思非常清楚：“秦始皇是秦庄襄王的儿子。秦庄襄王在赵国作人质时，遇见吕不韦的小老婆，很喜欢，就把她娶了过来，生了秦始皇。”

父子关系自古都有两种理解：一种是社会学意义上的，一种是生物学意义上的。从社会学意义上来看，秦庄襄王肯定是秦始皇父亲，这个毫无疑问；但从生物学意义上来看，就不一定了，因为司马迁在这里好像埋下一个伏笔，说秦庄襄王娶了吕不韦的小老婆后生了秦始皇。

这样一来，就引申出秦始皇亲生父亲的另一种说法，即秦始皇可能是吕不韦的儿子。这种说法源自《史记·吕不韦列传》，由司马迁他老人家所记载。

那么，吕不韦又是何许人也？

吕不韦是卫国濮阳人，也就是当今的河南省安阳市滑县人，早年经商于阳翟，也就是当今的河南省禹州市。以那里为据点，他往来各地，靠低买高卖牟取暴利，积累起千金家产。

吕不韦这个人不但做生意非常高明，看人的眼光也非常独到。有一次，他到赵国都城邯郸做生意遇到一个人，不由得眼前一亮，用商人的眼光感叹道：“此奇货可居！”

把人用“货”来形容，估计就是源自吕不韦，至今很多地方还都在沿用。那么，吕不韦口中的“货”究竟是谁呢？他就是秦始皇社会学意义上的父亲——未来的秦庄襄王。

秦庄襄王此时的名字叫异人，在赵国作人质，爷爷是秦昭襄王，老爸是秦国太子嬴柱，人称安国君，也就是后来的秦孝文王。

所谓人质，在那个年代，是国家间睦邻友好的担保，一般是相互送个儿子或者孙子给对方，像“投名状”一样。

其实，现在国家之间也玩这一套，不过不叫“人质”了，听起来不雅观，容易引起误会，便以“投资创业”等为名头。本质上是一样的，都是为了赢得对方的信任！

当然，除特殊情况外，谁也不会傻到真把自己最中意的儿子或孙子送过去，因为风险太大了。

身为诸侯王，谁还没几十个子孙啊？子孙多了，自然就有稍微笨点的，不受待见的。异人的老爸嬴柱是太子爷，妻妾成群，仅儿子就有二十多个，异人排行居中。俗话说："老大好，老小娇，中间夹个臭屎包。"异人就是那个"臭屎包"。他的老妈名叫夏姬，也不受宠爱，所以他就被爷爷秦昭襄王送到赵国做了人质。

按说，孙子在赵国做人质，秦赵两国应该和睦相处才是，可是秦国仍然动不动就攻打赵国。估计秦昭襄王压根没把异人这孙子当亲孙子看待。而赵国呢，当然更是把异人当空气了，从不以礼相待。

因此，在赵国做人质期间，异人过得很悲催，可以说是穷困潦倒，经常连车马和家用都供应不上。

这时，大商人吕不韦做生意来到赵国都城邯郸，机缘巧合之下，认识了落魄的异人。吕不韦认定异人是"奇货"，决定做一笔大买卖，于是他便开始公开地结交异人。

独在异乡为异客，不受待见的异人，一个人在异国他乡，那种郁郁寡欢就甭提了，突然有这么一位大富豪公开主动来结交，可想他是多么兴奋和激动吧！

一来二去，两个人很快就成了好友。成为好友仅仅是吕不韦这桩大买卖的序曲，后面还需要更大的投入。

可能这桩买卖实在太大了，吕不韦当时心里也没底，就抽空回了一趟老家寻找初心和动力。正所谓："生活的烦恼跟妈妈说说，工作的事情向爸爸谈谈。"和所有在外工作的游子一样，在老家，吕不韦经常和老爸谈起自己生意上的事情。

这天，在闲谈中，他突然向老爸发问道："您老在家辛勤耕田种庄稼，能获得几倍收益啊？"

"最多十倍。"

"那儿子我在外用心做珠宝生意呢？"

"最多百倍。"

“如果设法扶持一个人当上国君呢?”

“无数倍!”

吕不韦不由地为之一振，略显亢奋地说道:“看来您老再努力种庄稼，儿子我再勤奋做生意，也不可能获得真正的衣食无忧！现在有一个拥立国君的机会,照您老所说,一旦成功,必定恩泽后世,儿子我准备做这桩买卖!”

上述对话非常著名,流传甚广,源自国别体史书《战国策》。这也说明，吕不韦谋取秦国政权是有计划的，不是率性而为。

至于吕不韦的老爸是什么态度，史书中没有继续交代，想必是支持的，说不定还会大加鼓励一番，毕竟收益太大了，整个家族可以因此直接华丽转身，脱胎换骨了。

西方有这么一段名言:“一有适当的利润，资本就会非常胆壮起来。只要有 10%的利润，它就会到处被人使用；有 20%的利润，就会活泼起来；有 50%的利润，就会引起积极的冒险；有 100%的利润，就会使人不顾一切法律；有 300%的利润，就会使人不怕犯罪，甚至不怕绞首的危险。”

现在吕不韦面对的是无数倍利益的机会，而且自己还有能力达成，岂能放过？于是第二天一大早，他便收拾包袱再次赶往赵国都城邯郸。而邯郸城中的异人很久没见到好友吕不韦了，甚是想念，当然，更多的是想念吕不韦腰包里的钱，这没钱花的日子实在是太难过了。这天，吕不韦突然登门拜访，可把异人给高兴坏了，寒暄一番后，便摆酒设宴吃喝起来。趁着酒兴，两个人谋划了一个局。什么局呢?

2. 吕不韦的阴谋

从老家回到赵国都城邯郸不久，吕不韦便去拜访异人。异人见吕不韦来了，非常高兴，赶忙摆酒设宴招待。酒过三巡，菜过五味，趁着酒兴，吕不韦大手一挥说道:“兄弟，你信不信，我能光大你的门庭!”

异人瞥了吕不韦一眼，笑着说道:“你老兄是不是喝多了？你还是先光大自己的门庭，然后再来光大我的门庭吧!”显然，异人认为吕不韦在取笑他。

只见吕不韦一脸严肃，把刚端起的酒杯又轻轻放下，然后意味深长地说道:“兄弟，你是真不懂，还是装不懂啊！我就是一介商人，门庭再怎么光大，也不会大到哪里去。你就不同了，你是王孙，机会无限，我的门庭只有靠你的门庭光大了才能光大啊!”

看吕不韦说得认真，异人好像明白了什么，他收起笑容，拉着吕不韦坐到身边，那意思是让吕不韦继续说下去。

吕不韦小声说道:“当今秦王已经老了，你老爸安国君是太子，迟早要继承王位。听说安国君非常宠爱华阳夫人，而且已经将其立为正夫人，可华阳夫人没有儿子，她一定会从你们兄弟中挑选一位，立为太子。你的兄弟有二十多人，而你排行中间，又长期滞留在国外做人质，是没机会得到关注和赏识的，如果不赶快采取行动，等你爷爷秦王驾崩了，你老爸安国君继位为王，你的每个兄弟都有可能做太子，唯独你不可能!”

异人不住地点头称是，急切地问道："谁说不是啊！那该怎么办呢?"

吕不韦便拍着胸脯说道："这事包在我身上了！我知道你现在手头不宽裕,又客居在此,肯定拿不出什么礼品派人回国运作。我吕不韦虽然不富有，但愿意拿出千金来为兄弟你西去秦国游说，保准让安国君和华阳夫人立你为太子!"

异人做梦都想回国做太子，这么多年心里有多苦，只有自己知道，吕不韦这番话一下子就说到了他的心坎上。异人感动得稀里哗啦，当即拜谢，拍着胸脯发誓道："如果兄弟帮我继承了王位，以后咱哥俩共享秦国!"

就这样，一场谋取国家领导权的计划秘密展开了。

怎么展开呢？不用说，要用钱开道，有钱好办事嘛!

吕不韦是大富豪,钱有的是,他一下子就提出来一千金,然后一分为二:五百金送给异人，一方面给他作生活费用，一方面让他花钱去结交各路英雄豪杰和达官贵人，提高美誉度和知名度。以防万一他去秦国还没回来就给饿死了，或者被赵国杀了，那所有计划就都泡汤了。从这一点可以看出，吕不韦考虑问题非常缜密，每个细节都能想到。另外五百金用来购买奇珍异宝，吕不韦自己随身携带，作为西去秦国活动的"敲门砖"。

到了秦国，吕不韦首先去拜访华阳夫人的姐姐，一小波糖衣炮弹，再加上甜言蜜语，就把华阳夫人的姐姐给搞定了。这是《史记·吕不韦列传》中的记载,《战国策》中却说搞定的不是华阳夫人的姐姐，而是华阳夫人的弟弟。弟弟也好，姐姐也罢，反正搞定的是华阳夫人的直系亲属，我们姑且按照华阳夫人的姐姐来述说，感觉应该更符合逻辑。

吕不韦确实不一般，你看这手段拿捏得多有分寸，那时候就知道先从最容易搞定的领导亲属下手。所以，现在政府搞反腐，反复告诫各级官员要管住自己的亲戚朋友，还是很有道理的，因为堡垒最容易从内部攻破。

在华阳夫人姐姐的引荐下，吕不韦见到了华阳夫人，他把随身带来的奇珍异宝以异人的名义，全部敬献给了华阳夫人，顺便猛夸异人如何聪明贤能，如何广交天下豪杰。

当然，重点还说了异人如何日夜思念老爸安国君和华阳夫人。思念老爸有可能，思念华阳夫人纯属瞎掰，可以说异人和华阳夫人半毛钱的关系都没有，哪里来的那么多思念之情！

可华阳夫人竟然信以为真，顿时心花怒放，当即表态会记得异人的好，希望异人能早日回国团聚。

从华阳夫人那里出来后，吕不韦不敢放松攻关力度，又让华阳夫人的姐姐趁热打铁继续去做华阳夫人的思想工作。这位姐姐对华阳夫人说："妹妹，你跟太子这么多年也没生个男孩出来，将来人老色衰了，看谁来保你后半生啊？"

华阳夫人猛然一惊，问该怎么办。

于是，这位姐姐顺势劝说道："异人这小子，我看不错！表面上愣头愣脑，没人待见，其实聪明得很，而且心地善良，如今被送到赵国做了人质，听说整天念叨他老爸和你的好，如果你能够帮助他回国并设法立其为嫡嗣，这小子肯定会感激你一辈子，妹妹你后半生自然就有了着落！这样的话，你这一生在秦国都会受到尊宠！"

一席话说得华阳夫人如梦初醒。

常言说："雪中送炭是君子，锦上添花是小人。"华阳夫人也是个聪明女人，能在佳丽成群的太子府中独受宠爱，能不聪明吗？当然知道做"君子"比做"小人"更有价值了。她非常感谢老姐的提醒，答应立刻着手去办。

怎么办呢？无非是在异人老爸安国君嬴柱那里吹枕边风了，吹捧异人在赵国做人质期间，才能得到了飞速提高，如今出落得一表人才，交往过的人无不称赞。

一说到儿子异人，嬴柱就满怀愧疚，儿子出去做人质那么久了，他作为父亲能不心疼吗？

看嬴柱有点伤感，华阳夫人便哭着说道："我有幸能填充后宫，非常遗憾的是没有儿子，希望能立异人为嫡嗣，以便日后我也有个依靠。"还是太子的嬴柱是个软耳朵，哪经得住华阳夫人的软磨硬泡，最终允诺了华阳夫人立异人为嫡嗣。所谓嫡嗣，也就是具备继承权的儿子。这非同小可，意味着如果嬴柱做了秦王，异人将来就是太子，再将来就是秦王了。

此事办成之后，吕不韦获得了异人老爸嬴柱和华阳夫人的大额奖赏，这奖赏足以收回之前他投入的本钱，而且已经开始赢利。就是在今天，我们也不得不感叹吕不韦的精明，他把人心怎么揣摩得那么到位呢！

回到赵国后，吕不韦第一时间把这个好消息告诉了异人，中间肯定没少说自己多么不辞辛苦、多么忍辱负重的好话。异人又惊又喜，对吕不韦千恩万谢，再次发誓一定会厚报。从此，两人的交情也就更深了一步。

要知道，吕不韦是大富豪，那是见过大世面的，怎么可能只为赚这点小钱呢？如此费尽心机，不辞辛苦，那是因为他有更大的阴谋。这个阴谋就是偷梁换柱，篡夺秦国政权。

那么，吕不韦接下来会怎么做呢？

3. 曲线窃国

吕不韦是个男人，对男人的需求一清二楚。俗话说："英雄难过美人关！"何况"狗熊"呢？他遍寻那种摄人心魄的风骚美女，想用美女勾住异人。

说来凑巧，在邯郸城中还真找到这么一位风情万种、专摄男人心魄的美少女。这位美少女歌妓出身，姓赵，能歌善舞，婀娜多姿，人称赵姬，想想都知道该有多么会讨男人喜欢了。

一般人的做法，可能会将赵姬献给异人，做个美女间谍留在身边，对异人实时监控。吕不韦却没有这么干，而是先把赵姬纳入自己的妻妾队伍，天天与之男欢女爱。

当时的吕不韦年富力强，精力旺盛，不久便把吕氏种子在赵姬肚子里种下了。不但把种子种下了，他还神奇地断定自己种下的是个男种。

我们先不说究竟是真是假，退一步来说，即便是个女种，对吕不韦又有什么损失呢？有时，人生就是一场赌博，只要在能力可控范围内。

吕不韦将吕氏种子种下后，便开始着手实施他的下一步计划。

这天，他请异人到家里做客，佯装开怀畅饮，酒酣耳热之际，就将那摄人心魄的赵姬叫了出来，让她劝酒助兴，挑逗勾引异人。赵姬不负所望，使出浑身解数，只把异人撩拨得心花怒放，忘乎所以。

瞧异人已经入局，吕不韦适时地装作不胜酒力，当场假睡。看见没，是假睡哦！

出门应酬，千万别看到人家喝酒时睡着了，就开始胡言乱语，胡说八道，当心人家在假睡试探你！

这异人可没想那么多，他早被赵姬撩拨地按捺不住了，眼见好友吕不韦睡着了，就色胆包天地朝赵姬贴了上去。赵姬便用半推半就、欲拒还迎的功夫引异人上钩。

异人正要进入佳境，突然从背后酒桌上传来“啪”的一声，紧接着有人大声呵斥道：“你……你怎么能调戏我的女人呢？”

异人慌忙回过头，只见吕不韦器宇轩昂地立在那里，满面怒容。异人心里有鬼，自觉理亏，向吕不韦赔不是，说自己喝多了。

实际上，吕不韦心里才有鬼呢，不过他淡定地冷笑道：“老弟，你真是的！你怎么能做出这样的事呢？俗话说，朋友妻不可欺啊！如果你真喜欢，你就直接告诉我，‘兄弟如手足，女人如衣服’，送给你就是了。”

一听这话，异人感觉有戏，满心欢喜，马上表态道：“如果老兄能把赵姬送给我，日后我得了富贵，绝不相忘！”

吕不韦叹了一口气，深情地望了赵姬一眼，好像很舍不得地说道：

“罢了，罢了，送给你就是了，谁让我们是好兄弟呢？不过，赵姬总算跟了我一场，这样送给你，也得给人家一个交代，你要答应我两件事才行啊！”

经过之前的一番挑逗，异人回味无穷，内心早已被赵姬征服了，他生怕吕不韦反悔，赶快说道：“除让我死外，什么条件我都能答应！”

看来异人还不算太糊涂，能把自己的生命看得更重要一些。

见异人这副模样，吕不韦感觉既可笑又可怜，但他装出一本正经，很为赵姬负责的样子说道：“也不是什么大事，两件小事而已。第一，你要把赵姬收为正室，明媒正娶；第二，如果赵姬将来生了儿子，你要立其为嫡嗣啊！”

这两个条件对异人来说，实在是太容易了，自己现在异国他乡，穷困潦倒，能不能再回到秦国都不一定，还在乎什么正室，什么嫡嗣啊，当即满口答应。他哪里会想到，好兄弟吕不韦已经在赵姬那里打了埋伏。

看异人这么爽快，吕不韦也表现得很大度的样子，上前将异人扶起，又兄弟长兄弟短地安慰了一番，然后索性将赵姬安排在异人身边坐下。

现在名正言顺了，皆大欢喜，三人直痛饮到天昏地暗才散场。

老话说得好：“天上不会掉馅饼，掉下来的多半是陷阱。”出门在外，碰见意料之外的好事还是要先看仔细、想清楚了再说，实在吃不准就躲远点，否则一旦掉入陷阱就难以自拔！“一失足成千古恨，再回首已百年身”，这样的例子只多不少。

看看异人，估计到死都不知道怎么回事，王位被骗走了，还对人家感恩戴德呢！

为什么这样说呢？因为这个时候，赵姬已经有身孕快两个月了。尽管有身孕，她与异人在一起后，肯定也少不了男欢女爱。

可能有人会质疑，怀孕前三个月多危险啊，搞不好会流产的！按现代科学推理，的确如此，但赵姬安然度过了危险期，这不能不说是一个奇迹。也因此，很多人认为史书中的记载不靠谱。

这里我们就不过于纠结了，信不信由你。

不久，赵姬的肚子逐渐大了起来，可是约莫过了八个月，肚子没有什么动静。肚子里的孩子好像知道自己早点出来会没好结果一样，硬是又坚持了两个月才呱呱坠地。生下来的孩子是个男孩，也就是后来的秦始皇。

秦始皇出生在正月，因此取名为“政”。正月的“正”和“政”本来是同音，为避秦始皇名字的讳，后来才发“正”（zhēng）的音调。

秦始皇是嬴姓赵氏，先秦时期，男子称氏不称姓，所以当时名叫“赵政”。

关于姓和氏的区别，有人可能会有疑问，我们这里不妨简单介绍一下。

古代姓氏文化是中国文化的重要组成部分，也是人类进入文明社会的标志之一。

传说，姓的最早起源与原始社会的图腾崇拜有关。但也有人认为，人类之所以发明姓，可能还是出于避免近亲通婚，以实现优生繁衍。

为什么这么说呢？开始时，群居在一起的人们相互通婚，通婚多了，相互间就有了血缘关系，再继续通婚就涉嫌近亲结婚了。怎么办呢？为了区别亲疏关系，人们把在同一个部落生活的人都取用一个姓，约定同姓之间不通婚，这样就有效地避免了近亲结婚。

因为姓源于母系社会，又与婚姻有关，因此上古的姓多是女字旁，比如黄帝是姬姓、炎帝是姜姓，等等。到了商周时期，出现了形式多样的赐姓制度，逐渐丰富了姓的种类。

这些姓的后代不断增多，需要分开群居，有的去东边，有的到西边，有的来南边，有的往北边，总之原始部落四分五裂，形成了多个分支。为了方便区分，人们又给自己的分支取了一个氏，氏的取名可以是地位、地名、国名，甚至是官职，同时要求同氏族之间不得通婚。

先秦时期，姓和氏还没有统一，按照习惯，男子称氏，女子称姓，也就是说，你称呼一个男子，只叫他的氏就行，不用称呼姓。

比如，商鞅是卫国人，卫国是姬姓卫氏，商鞅可以叫卫鞅，等他到了秦国，秦国人看他是卫国的公族，就叫他公孙鞅，在商鞅获得“商”这块封地后，便被称呼为“商鞅”或者“商君”。

秦始皇出生于赵国，故氏赵。后来秦始皇回国继承王位，当然不能再氏赵，故而改回嬴姓。所以把秦始皇叫成嬴政、秦政、赵政，都没有错。

秦始皇统一六国后，建立了郡县制度，加强中央集权，很多姓氏就渐渐衰亡了，有的则进行了合并，到了西汉初年，姓和氏的区别已经微乎其微。司马迁写《史记》时，干脆把姓和氏混为一谈，一直沿用到今天。

关于姓氏，姑且插叙这么多，估计有人早已不耐烦了，下面我们继续述说异人。

那么，异人真的会认为刚刚出生的赵政就是自己的亲生儿子吗?

4. 嬴政称王

异人虽然没有吕不韦精明，但也不傻，赵姬毕竟跟过吕不韦，现在到自己手里了，万一怀了人家的孩子，这收获也忒大了，买一送一啊！所以，一听说赵姬怀孕了，他就在家里天天算日子。这一算不当紧，恰好十个月，于是他认为没错，孩子肯定是自己的了。

说起来，嬴政的命真够硬的，刚出生就躲过一劫，难怪老百姓常说:“人的命，天注定，胡思乱想没有用。”有时候，人世间的很多事情都难以解释，冥冥之中好像自有定数。

一晃过了三年，秦国和赵国又闹翻了，赵国都城邯郸被秦军团团包围，这时赵王想把秦国人质异人给杀了，以解心头之恨。

异人听说后，忙找吕不韦商议，吕不韦二话不说，拿出六百金买通了守城官吏，这才让异人得以脱身，逃到了秦国军营中。

异人逃走了，可苦了赵姬娘俩，赵国当时就要杀掉他们。自家骨肉，吕不韦岂能袖手旁观？于是由他出面运作，谎称赵姬是赵国某位大富豪的女儿，才让他们娘俩侥幸藏匿起来，躲过一劫。

此时的赵政，也就是后来的秦始皇，年仅三岁，已经多次与死神擦肩而过了。

后来，魏国派兵来解救赵国，秦国只好撤军，异人跟随秦军回到了秦国。刚回秦国，吕不韦就敦促他尽快与华阳夫人套近乎。

虽然异人以前托人联系过华阳夫人，但终归自己当面献殷勤更好，否则很可能会前功尽弃。

于是选好日子，异人便穿着楚国服饰去拜见华阳夫人。见到华阳夫人，他倒头就拜，痛哭流涕，大叙思念之情。

华阳夫人是楚国人，看到异人这身打扮，非常开心，认为异人这小子确实聪明，又见他言辞恳切，声泪俱下，顿时百感交集，抹着眼泪说道："回来就好！回来就好！我是楚人，亏得你这么用心穿着楚服来看我，从此我们就是母子了，以后你的名字就改叫'楚'吧！"

实际上，华阳夫人比异人大不了多少，一下子收了一个这么大的儿子只是因为她是异人老爸的最爱而已。正所谓："男怕选错行，女怕嫁错郎。"这女人一旦嫁得好了，马上大富大贵，什么都有了。不过，现代社会提倡女性自立自强，这也最牢靠的。

华阳夫人给异人取了新名字，不管他是真喜欢还是假喜欢，他都唯命是从，欣然接受了。名字都帮你重新起好了，还要怎么样？想想他们这关系该有多近了。

下面，我们不好再称呼他为"异人"了，这名字确实不好听。我改称他为"楚"，当然也有人叫他"子楚"，因为"子"在古代是对成年男子的尊称。

虽然关系已经确定了，但功夫还要下在平时，临时抱佛脚说不定最后要被人猛踹一脚。往后，子楚每天向华阳夫人早请示晚汇报，格外殷勤，直把华阳夫人伺候得比亲妈还亲。

华阳夫人平白得了如此孝顺的儿子，自然满心欢喜，在子楚老爸嬴柱那里天天吹枕边风。又加上子楚在老爸嬴柱面前表现得诚实可靠，偶尔还能献上几条治国良策，因此深得嬴柱赏识，认为子楚是自己一堆儿子中最贤能的一个。

殊不知，这一切都是吕不韦在背后导演的。

六年后，子楚的爷爷秦昭襄王死了，子楚的太子爸爸嬴柱准备继位，也就是秦孝文王，子楚自然脱颖而出，做了秦国太子。子楚刚被立为太子，在吕不韦的游说下，赵国就把赵姬和赵政母子护送回了秦国。

看到老婆孩子安然无恙，太子楚对吕不韦更加感激，许愿承诺的话又说了一大堆。吕不韦不失时机地表现出为朋友两肋插刀的样子，虚情假意了一番。

这一年，秦始皇九岁，从此旧貌换新颜，由赵政变成了嬴政。

太子楚的老爸嬴柱命不好，第二年年初，正式继承王位刚满三天就一命呜呼了。太子楚顺理成章地做了秦王，也就是秦庄襄王。

看看，又是命运的眷顾吧！俗话说：“谋事在人，成事在天。”当真不假！如果老天不帮忙，估计吕不韦再周密的计划也得泡汤。

搞政治和做生意是一个道理，不但要谋划好，更重要的是要敢下注，但能否赌赢，最终还是要看老天是否开眼。所以，一般人玩不了，也不要轻易去玩。

显然，吕不韦赌赢了！

既然昔日的人质异人摇身一变成了秦王，那就该报恩了，以前发誓承诺过的，现在到了兑现的时候了。

于是，秦王子楚立华阳夫人为华阳太后，最直接的恩人肯定不能忘；立自己的亲妈夏姬为夏太后，理所当然，说到天边还是亲妈亲，母子连心嘛；立老婆赵姬为王后，母凭子贵，另外也承诺过；立儿子嬴政为太子，自不用说，名正言顺；最后，拜吕不韦为丞相，加封文信侯，在河南洛阳封地十万户。

至此，吕不韦谋取国家政权的生意不留痕迹地完成了大半。

吕不韦这个人不但擅长做生意，而且在军事和政治方面也多有建树。在他担任丞相期间，东周国曾联合诸侯攻打秦国，吕不韦亲自带兵抵抗，轻而易举地干败了东周国，顺便将延续了八百多年的周朝给灭了。想必编制《易经》的周文王当年无论如何也没有推算到，周朝竟然毁在了一个商人手里。

转眼又过了四年，秦王子楚突然病魔缠身，刚刚三十六岁就呜呼哀哉了。那个在娘肚子里待了十二个月的嬴政自然继承了王位，时年仅十三岁。

虽然嬴政可能是吕不韦的儿子，应该叫吕政，但谁敢说啊？吕不韦不会说，赵姬更不会说。

秦王嬴政毕竟才十三岁，还是半大的孩子，便拜吕不韦为相国，口称“仲父”。相国代表吕不韦与秦王嬴政的官方关系，比吕不韦之前担任的丞相一职还要高一级，名副其实的一人之下万人之上；而“仲父”则代表吕不韦与秦王嬴政的私人关系，通俗地说，就是干爹，关系仅次于亲爹。

吕不韦两者兼而有之，朝政大事自然由他代年少的秦王嬴政来全权处理。不用担心吕不韦会偷懒，他肯定会兢兢业业，任劳任怨，为儿子嬴政将来的万世基业埋头苦干，否则嬴政的老妈赵姬也不会答应。

此时，嬴政的老妈赵姬，不对，应该称赵太后了，才三十岁，本来就是歌妓出身，喜新厌旧，风流成性，过惯了风花雪月的日子，现在老公突然死了，只好独守空房。她哪里受得了这种空虚寂寞？一个少妇天天面对着黑漆漆的世界，那个郁闷可想而知。

那么，赵太后会怎么解闷呢？

5. 移花接木，著书立说

秦王嬴政的老妈赵太后独守空房一段时间后，便耐不住寂寞，不断向老情人吕不韦暗送秋波。吕不韦当年也是违心地把赵姬献给了异人，私下里难免牵肠挂肚，旧情未了。现在大权在握，赵太后又主动勾引，自然乐得勾搭，再续前缘。

秦王嬴政年纪尚小，不懂人事，天天忙着自顾玩耍，哪里会关心大人的事。周围的宫女太监更不用说，没哪个不要命的敢出来乱嚼舌头。就这样，吕不韦和赵太后勾勾搭搭，经常暗地里来往，行苟且之事。

一晃又过了三四年，眼看秦王嬴政就到了弱冠之年，初懂人事。而吕不韦因为年老体衰，过度透支，有点力不从心了。另外，再好的夫妻也有“三年之痒”，何况偷偷摸摸的奸夫淫妇呢？

最重要的是吕不韦心里不安，整天提心吊胆，担心他和赵太后的丑事被逐渐长大的嬴政发现，所以一心想断了这种不正常的男女关系。但赵太后哪里肯放手，仍然经常召唤吕不韦过来缠缠绵绵。

吕不韦实在无法忍受生理和心理的双重煎熬，决定故技重施，物色人选替自己去伺候赵太后。为什么说是故技重施呢？

你想想啊，之前是移花接木，唆使赵姬勾引异人以窃取大位；如今是将李代桃，物色男人满足赵太后以摆脱纠缠。异曲同工之妙啊！吕不韦这辈子活得也够累的，净干些操碎心的事。

通过多方打听，吕不韦在咸阳城里找到一位天赋异禀的浪人。这家伙名叫嫪（lào）毐（ǎi），据说，嫪毐身体好，“以其阴关桐轮而行”。

在日常生活中，很多事情就是这样，只要是“据说”或“听说”来的，都要大打折扣，因为每个人都会在听说的内容里不由自主地加点私货，然后越传越离奇。所以我们平时看人待物，还是眼见为实比较好，不要轻易跟风瞎传。

吕不韦听说嫪毐的特别技能后，不禁连连称奇，立即让人把嫪毐叫过来眼见为实。发现嫪毐的确是极品，于是吕不韦便把他招为门客，待日后好派上用场。

接着，吕不韦开始做赵太后的思想工作，每次与赵太后办完事，趁着赵太后意犹未尽之时，大肆吹嘘嫪毐房事如何如何厉害，直把赵太后的胃口吊得高高的，不由得蠢蠢欲动起来，答应亲身体验一把。

看赵太后松了口，吕不韦十分高兴，立刻着手安排。

怎么安排呢？

陌生男人是不允许进宫的，除非是阉人太监。于是，吕不韦设圈套让人告嫪毐有罪，并设法判其宫刑。

不过，哪能真宫刑，那可是赵太后要试用的宝贝啊！吕不韦派人买通了行刑官，只是拔掉了嫪毐的眉毛胡子，然后让他冒充阉人进宫服侍赵太后。

自从听说了嫪毐的特殊技能，赵太后在后宫一直想入非非，欲火焚身，急不可耐了。一试，果然名不虚传！从此，赵太后如获至宝，与嫪毐腻在一起，朝朝暮暮，卿卿我我，把吕不韦便抛到了九霄云外。

我们不得不佩服吕不韦手段高明，对付不同的人采用不同的办法，总能对症下药，根据需求释放供应，典型的商人套路。如果我们借鉴学习将其用于正道上，必能事半功倍。

这之后，吕不韦终于摆脱了赵太后的纠缠，如释重负，开始专心处理国家政务，做自己想做的事情去了。

吕不韦想做什么事呢？他想广招门客，结交天下英雄豪杰，以超越当时的“战国四君子”。

“战国四君子”也叫“战国四公子”，分别是魏国信陵君魏无忌、楚国春申君黄歇、赵国平原君赵胜、齐国孟尝君田文。这四个人有个共同特点，就是礼贤下士，招揽门客养在家中，并在暗中较劲，比赛谁收的门客多。

对于“战国四君子”，吕不韦很不服气，认为秦国如此强大，自己应该比他们更有号召力，于是开出优厚条件，吸引天下英才聚集秦国，而且以文人学士为主，显得更高级一些。

吕不韦是商人出身，对人性的把握非常精准，在他看来，说得再好听，都没有钱好使，只要条件够诱人，再高级的人才也会屈尊过来，甘受指使。果不其然，不久，一帮文人学士就从四面八方涌入秦国，使吕不韦的门客迅速扩大到三千余人。

那么多人也不能白养着啊，吕不韦给他们安排了一项工作。什么工作呢？就是编撰一部书！因为这部书是由吕不韦组织编撰的，成稿之后便取名为《吕氏春秋》，又称《吕览》。

《吕氏春秋》包罗万象，洋洋洒洒二十余万字，以“道家学说”为主干，以法家、儒家、墨家、农家、兵家、阴阳家等思想学说为素材，熔诸子百家学说于一炉。那么多家一锅烩，就成了一部杂家名著。

吕不韦对这部书倾注了大量心血，为了达到完美，他命人将书稿公之于众，并在咸阳城门上面悬挂一千金赏钱，声称若有人能增删其中一个字，就给予一千金的奖励。史书中没有记载是否真有人拿到这个赏钱，想必是没有，否则也名垂青史了。

如此大的投入，并不仅仅是因为吕不韦的个人爱好使然，更主要的是，吕不韦这时已经在规划吞并天下了，他想将此书作为大秦统一天下后的意识形态指南。但事与愿违，后来执政的秦始皇却选择了法家思想，包括儒家在内的诸子百家全遭废弃，后面我们还会详细说到。

不管怎样，吕不韦对于大秦基业的努力有目共睹，只可惜这一切都毁在了赵太后的情欲之中。为什么这样说呢？因为赵太后和那个浪人嫪毐越陷越深，最终一发而不可收。

这究竟是怎么回事呢？

6. 嫪毐之乱

说来，嫪毐也真是个神奇人物，不同凡响。赵太后与吕不韦勾搭那么多年都没有再怀身孕，可是嫪毐进宫没多久，赵太后的肚子就大了。

赵太后已经是王太后，身份特殊，不比当年了，这等丑事怎好传出去！那时候也没有终止妊娠的好办法，堕次胎搞不好丢条命，赵太后再会玩，也不想玩命。怎么办呢？

她与嫪毐一合计，决定生下来，好歹也是爱情的结晶嘛！但毕竟是私生子，既不合理，也不合法，万一被那个火暴脾气的大儿子秦王嬴政知道了，还不闹个天翻地覆啊？一定要秘密地生才行！

说来巧了，当时夏太后，也就是秦王嬴政的奶奶死了。赵太后便以宫中阴气太重，心情不爽为借口，非要到宫外住几天。

秦王嬴政哪里知道他老娘赵太后梅开二度啊？就同意赵太后到雍宫住些日子。嫪毐自然也跟过去伺候。

住进雍宫不久，赵太后就偷偷给秦王嬴政生下了一个小弟弟。生完孩子，赵太后干脆常驻雍宫，与嫪毐日夜淫乱，结果一发而不可收，竟然又给秦王嬴政搞出了一个更小的弟弟。

常言说:“母凭子贵。”其实，对于没有权势的男人来说也是一样，父也能凭子贵。嫪毐差不多就是如此!

两个儿子都生出来了，赵太后更是把嫪毐当心肝宝贝，于是便找个理由加封嫪毐为长信侯，封地在太原，享受侯级待遇。

按说，一个街头泼皮无赖能得到如此待遇，理应满足了，可嫪毐却不是个省油的灯，偏偏人心不足蛇吞象，打起了王位的主意。

人往往如此，过于顺风顺水就会得意忘形，不知道自己几斤几两了。正如一些所谓的成功人士，不小心发了一笔横财，就开始忘乎所以、目中无人，大有老子天下第一的感觉。实际上，骨子里还是让人看不起的瘪三而已。

这个没文化的地痞流氓嫪毐更是如此，没什么大本事，靠着脐下三寸混出来点名堂，就真当自己“无敌”了。他私下里也吹起了枕边风，有一天竟然与赵太后密谋，准备待秦王嬴政死后，立他们的儿子来做秦王。

大家可别小看了这枕边风，自古不知道多少大事小事、国事家事都是在枕边神不知鬼不觉地策划完成的。

儿子秦王嬴政还那么年轻，赵太后就已经想着他死了，看来真是被嫪毐的花招冲昏了头脑!一旦有了野心，嫪毐的言行举止就变得嚣张起来，还真以为自己是太上皇了，平日里牛气哄哄，不把任何人放在眼里。

这天，一群大臣喝酒吹牛，嫪毐也参与其中。大家喝得正兴起的时候，不知道为什么事，嫪毐和一个大臣脸红脖子粗地争执了起来。喝酒嘛，吹牛扯皮也是酒桌上常有的事，喝完就拉倒。但嫪毐不干了，脑子里本来就充斥着自己是太上皇的思想，趁着酒劲，说话便开始口无遮拦起来。只见他狠狠把酒杯往桌子上一丢，骂道:“老子是秦王的假父，你算个什么东西?竟然敢和老子争高低，没大没小，难道不想混了吗?”

一听这话，大家吓得马上闭嘴，继续喝下去也没什么味道了，于是就不欢而散了。你说这嫪毐猖狂不猖狂，自称秦王假父，这不是找死嘛!

正如老百姓常说的，人如果没有真本事，即便享受了超越其能力的富贵，也承受不住几天。显然，嫪毐没能承受住，膨胀了！

这帮大臣都是喝过墨水的人，多会算计啊，表面上不动声色，回头就把嫪毐的言行转述给了秦王嬴政。

此时，秦王嬴政已经在位九年了，年龄大概在二十二三岁的样子，正是血气方刚的小伙子，头脑容易发热。听到这等丑事，他异常愤怒，马上派人去查个究竟。一查不要紧，嫪毐和赵太后以及吕不韦的事情全部败露。

本来事情败露了，嫪毐应该赶快逃跑，溜之大吉才是，可嫪毐平时被赵太后惯出毛病了，已经胆大包天，竟然不知死活，盗用御玺，伪造敕文，调动军队，企图先发制人攻击秦王嬴政居住的宫殿。

秦王嬴政闻讯，立即派兵讨伐。真的假不了，假的真不了，两军相遇，肯定要对质一下，真假立判，结果就可想而知了。咸阳城中一场大战后，嫪毐很快被拿下查办！

大家都知道，自从商鞅变法后，秦法里的刑罚就特别残酷。嫪毐犯的又是重罪，最后包括他的党羽在内，都被判了辕刑，也就是车裂，通俗地说，就是五马分尸。

当然，车裂和五马分尸还是有区别的：车裂是在人死之前行刑，也就是被活活撕扯而死，更加残酷；五马分尸是在人死之后行刑，相对要好受一些。不管怎样，都是不得好死，死无全尸。当年商鞅就是被自己制定的这个刑罚给弄死的。

这还不算完，秦王嬴政又下令灭了嫪毐三族。什么是三族呢？通常指的是父族、母族和妻族。

关于三族的解释，还有其他说法，这里就不再罗列了，反正无论怎么解释，嫪毐都是被灭门了！因嫪毐受到牵连的家庭一共有四千多家，全被放逐到了蜀地，也就是今天的四川省。

如此下场，纯属嫪毐咎由自取，怪不得旁人，也没人去可怜他，反倒成了历史笑柄！

到此为止，按说事情也该结束了，但秦王嬴政岂肯罢休？他要乘胜追击，进一步扩大战果。

那么，接下来，秦王嬴政还会有哪些惊人之举呢？

7. 丢了面子，赢了里子

车裂了嫪毐及其党羽，按说事情差不多也该结束了，但秦王嬴政岂肯罢休？这种丑事让他太没面子了。紧接着，秦王嬴政便派人扑杀了嫪毐和他老妈赵太后给他生的两个小弟弟。这就有点过了，活生生两个小生命毕竟是无辜的啊，怎么能说杀就杀呢？何况是一奶同胞呢！

当然，估计也有读者认为该杀，俗话说："斩草不除根，春风吹又生！"何况，王室贵族家的事不同于普通百姓人家，血缘关系在权力斗争面前，一文不值。

好吧，这个还算能理解！那么，秦王嬴政又下令把老妈赵太后软禁在雍宫，是不是就有点说不过去了？这不是在关自己老妈的禁闭吗？

试想，刚失去两个儿子的赵太后被关了禁闭后，会是什么样的一个心境，只有做了母亲的人才能深刻体会到，那肯定是撕心裂肺的！

古时候特别讲究孝道，无论父母犯了什么错误，做子女的都不能说半个"不"字。其实，现在也一样。

但是，秦王嬴政此时已经恼羞成怒了，才不管什么孝道，处理完老妈赵太后，他又想到了那个所谓的仲父吕不韦，因为所有这些事都是由吕不韦一手造成的，理应连坐处死。

念及吕不韦侍奉过先王，后又辅佐自己，兢兢业业，再加上很多人都为吕不韦求情，秦王嬴政咬咬牙总算网开一面，只是免了吕不韦的相国职位，将他赶回封地河南洛阳去了。

在这次事件中，秦王嬴政虽然丢了面子，却赢了里子，因为从此他收回了王权，掌握了实权，也算是有得有失吧。只是由于手段太过凌厉，百姓议论纷纷，颇有微词。大多数人认为嬴政干得不妥，有悖人伦，毕竟是自己亲妈、亲弟弟，怎么能说关就关、说杀就杀呢？甚至当时很多大臣也无法接受秦王嬴政的做法。可能是出于好心，为秦国未来着想，有几个大臣率先上书劝说释放赵太后。

可秦王嬴政正在火头上，哪听得进去？不听则罢，一听更加恼火，杀心顿起，当即下令将那几位多嘴的大臣给杀了，并通告天下："有敢因为太后的事，再对寡人进行规劝的，一律斩首，砍断四肢，堆在宫殿之外示众！"

本以为这样，耳根子就可以清静了，偏偏仍有不怕死的一些忠诚义士跳出来啰唆。好吧，统统杀了！前后一共杀了二十七人。秦王嬴政够狠吧，那狠劲超越他亲爹吕不韦不知道多少倍。有人说吕不韦是阴，并不狠。不狠怎么会阴啊？看看"狠"字和"阴"字长得多像，好好体会一下。这一顿杀后，再也没人敢出来废话了。谁傻啊，别人家的事，自己干吗要出头找死呢？

正当秦王嬴政为此暗自得意时，有一个名叫茅焦的齐国人，竟然跪在王宫大殿前的阶梯上，声称要为赵太后求情。

秦王嬴政闻讯大怒，派人出来责问道："你难道没有看见堆在宫外的那些尸体吗？活腻歪了？"

显然，那意思就是让茅焦知难而退，趁早滚蛋。但茅焦不为所惧，从容回答道："臣听说天上有二十八星宿，现在已经死了二十七个人了，臣这次过来就是为了凑够这二十八位数。臣绝不是那种怕死的人！"

茅焦不怕死，但他的老乡和亲戚朋友怕死啊，听茅焦这么说，害怕受到牵连，纷纷赶快跑回家收拾包袱，四散逃亡去了。

这话被很快回报到秦王嬴政那里，秦王嬴政顿时怒发冲冠，吼叫道："这个家伙，竟敢故意冒犯寡人，寡人今天非烹了他不可，让他尸骨无存，看他还如何凑满那二十八星宿?”

估计是吼叫得太过激烈了，只见秦王嬴政口中唾沫星乱飞，像喷壶一样。吼叫完，秦王嬴政强忍着胸中怒火，令人召茅焦入见，他要看看茅焦究竟是一个什么货色，然后再烹了。

茅焦进入宫中，缓缓向秦王嬴政走了过去，看到秦王嬴政怒目而视，他面不改色，心可能乱跳哦，你想谁不怕死啊。但他表现得镇定自若，伏地拜了再拜，不慌不忙地说道:“臣听说，怕死的未必不会死，不怕死的未必会死，国家也是如此，这是生死存亡之道也，大王愿意听臣说道说道生死吗?”

秦王嬴政一听，心想搞错了，搞错了，这小子是来给老子上哲学课的，好像不是为老妈求情的。既然如此,他也客气了起来,稍微放缓了语气说道:“那你给寡人说说看吧!”

见秦王嬴政情绪稳定了，茅焦来劲了，朗声说道:“大王最近的做法实在是有悖人伦！车裂了嫪毐也就算了，是他罪有应得！但将两个弟弟装进囊袋中用刑具拷打致死，就有点过了，如今又把赵太后给囚禁了起来，而且还残杀了过来规劝的大臣。如此暴虐，连夏桀、商纣都不如啊！以后天下人如果知道大王是这个样子，谁还敢来秦国辅佐大王得天下呢？如此下去，秦国早晚亡国，大王迟早失败！臣认为，大王您应该是位明主，所以不忍心看着大王再执迷不悟下去，才冒死前来进谏大王。”说完，茅焦主动脱起衣服来，那意思是让秦王嬴政烹了他。

这家伙好像也没说什么惊天大论，很平常的几句话，这是基本道理啊。估计前面冤死的几位也应该会这样说，除非没有机会。

可是，秦王嬴政这次听了却很受用，貌似恍然大悟的样子，快步走下台阶，来到茅焦面前，拍拍他的肩膀，让他穿好衣服，并感谢他的好心提醒。

想必秦王嬴政最近杀过瘾了，出气了，已经回过神来开始认真思考事情的严重性了，恰好此时有人给了个台阶，他也就顺坡下驴了。总之，秦王嬴政接受了茅焦的建议，同时加封茅焦为上卿，然后亲自驾车，空出左边的尊位，前往雍宫迎接老娘赵太后返回都城咸阳。母子二人和好如初！

当然，秦王嬴政知错能改的精神也非常值得我们后人学习，毕竟是帝王啊，不能随便出尔反尔，搞不好会失去威信，但当他认识到自己的错误之后，却能巧妙进行纠偏，实属不易。

由于秦王嬴政及时纠偏，赵太后总算恢复了自由身。她的老情人吕不韦会有她那么幸运吗？其结局又会如何呢？

第二章

荡平六国

8. 终于可以施展拳脚了

吕不韦自从被赶回了封地河南洛阳，一住一年多。在这一年多的日子里，各诸侯国的宾客使者络绎不绝，前来问候吕不韦。

吕不韦是治世能人，把秦国治理得井井有条，无人不知，无人不晓。现在失势了，下岗在家，其他国家自然会派人过来下聘书让他再就业。人才嘛，什么时候都会有人惦记！

这事不久便被秦王嬴政知道了。秦王嬴政担心吕不韦耐不住寂寞，生出二心，对秦国不利，就派人给吕不韦送去了一道手书："君何功于秦？秦封君河南，食十万户；君何亲于秦？号称仲父！其与家属徙处蜀！"意思是说，你吕不韦算什么玩意儿，对秦国有什么功劳，能享受十万户封地的待遇；和我有什么关系，竟敢号称仲父，赶快带着家属滚到蜀地去。

吕不韦看到亲生儿子的手书，不知道有多么难受，那眼泪哗啦就流了下来，长吁短叹，无可奈何。本想回信把自己的委屈说清楚，但转念一想，这能说清楚吗？今非昔比啊！搞不好弄个家破人亡，株连九族就划不来了。算了，也罢，反正也是自己的儿子，当年那么费劲心血不就是为了成全他吗？还是自己死了算了，免得连累更多的人，也省得受罪。

父爱如山，只有做了父亲的人才会明白吕不韦的心理状态。主意已定，吕不韦斟满毒酒，老泪纵横地喝了下去。

当时吕不韦究竟是怎么想的，没人知道，但肯定是悲喜交加：一方面，为自己大功告成，生了个有出息的儿子而高兴；另一方面，为自己满肚子说不出的委屈而伤心难过。总之吧，谁造的孽，谁来承受。

吕不韦死后，被亲信安葬在了今天的洛阳北面，与他早逝的老婆合葬一处。至此，秦王嬴政开始了他真正意义上的独揽大权，但他不满足于现状，接下来便着手筹划一件惊天动地的大事。

什么事呢？

就是一统天下！

一统天下，首先要灭六国。

当时，经过春秋战国上百年的刀光剑影，中原大地仅存齐、韩、魏、赵、燕、楚、秦七个国家争雄。

先说齐国。

齐国本来还算富足，号称“东方强国”，但自从齐王建这个太平王继位后，安于现状，不思进取，又加上他比较能活，一下子活了四十多年，最终导致齐国整体实力落后于他国，内无贤臣，外无良将，此时只剩下“东方强国”的虚名了。

再说韩国。

韩国在山东六国中最弱，早在韩桓惠王时就臣服于秦国了。秦王嬴政计划灭六国时，韩国基本上已经名存实亡。

再说魏国。

魏国在战国初期傲视群雄，后来由于被秦国常年侵扰，慢慢就衰弱了下来。曾经有一次信陵君“窃符救赵”的机会，可以让其恢复元气，但是魏王昏庸无能中了秦国的离间计，罢免了信陵君，也就失去了最后一次东山再起的机会。

再说赵国。

赵国一直是北方强国，实力雄厚，历史上出现过一位比较能干的赵武灵王，倡导胡服骑射、革新政治、富国强兵，让国势为之一振。那时，赵国北拒匈奴，南抗强秦，成为唯一能与秦国抗衡的诸侯国。但之后的赵王都比较昏庸，对本国良将廉颇、李牧等不能重用，导致奸臣当道，国势日渐衰退。

再说燕国。

燕国早期比较弱小，经过几代燕王的励精图治，疆域不断扩大，发展得蒸蒸日上。但在燕王喜执政期间，穷兵黩武，经常与邻国赵、齐搞摩擦，劳民伤财，国力消耗巨大，国势骤然下降到六国中的倒数老二，略强于韩国。

再说楚国。

楚国在山东六国中最为强大，长期称雄南方，兵多将广、地大物博。但自从秦国的“杀神”白起攻陷过一次楚国都城后，就有点被秦国打怕了，数次迁都，大大挫伤了士气，国势大不如前。

最后说说秦国。

秦国原为关中地区的一个戎狄小国，远祖据说名叫伯益，在舜时代曾经帮助大禹治水，干得很出色，被赐姓为嬴。

传了几代后，到了一个名叫恶来的子孙这一代，这位祖宗有点小本事，跑得快，力气大，长期跟着商纣王瞎混，助纣为虐，结果与商纣王一起被人家干掉了。

恶来虽然被干掉了，但是其香火得以延续。他有个五世孙名叫非子，擅长养马，为此很受周孝王赏识，得封秦地。由此传了四代，到了秦襄公。秦襄公辅佐当时的周王立有大功，得到一块肥沃的土地，受封为伯。从此之后，秦地逐渐发展起来。

又传了几代，到了秦穆公。秦穆公兼并周围十二个小国后称霸一方。又过了十余代，到了秦孝公。秦孝公起用商鞅实行变法，经过商鞅变法，秦国很快强大起来，定都咸阳。

秦孝公的儿子嬴驷继位后，于公元前 325 年改“公”称“王”，成为秦国第一个王，也就是历史上著名的秦惠文王。到了武王、昭襄王的时候，秦国开始与山东六国争雄中原。经过若干代人的努力奋斗，秦王嬴政时期，秦国已经脱颖而出，傲视群雄了。

这就是当时战国七雄总的现状。

我们可以从中明显窥测出一个趋势，就是秦国上升势头迅猛，而其他六国都在不同程度地衰落。为什么会出现这种现象呢？

俗话说："火车跑得快，全靠车头带。"大到一个国家，小到一个公司，都是如此。

秦王嬴政这位老大就是一位厉害角色。他不像现在一些所谓的富二代、官二代，甚至穷二代，一心想着花天酒地，吃喝玩乐，全无斗志理想，躺平度日，而是一位不甘心于享受既得成果的帝王。他聪明好学，生性好斗，手段毒辣，雄心勃勃，把一统天下作为毕生之理想，而灭六国是他完成这一理想的最重要一步。

面对灭六国的课题，秦王嬴政清醒地意识到，虽然山东六国早已有了衰败之相，但都是大浪淘沙下来的，不是说灭就能灭的，需要做好周密谋划才行。

那么，秦王嬴政会怎么谋划呢？

9. 柿子要挑软的捏

兵法有云："谋定而后动，知止而有得。"于是，秦王嬴政组织群臣谋士花大量时间制定了灭六国的战略战术指导方针。

首先，以强大的政治外交攻势，拆散六国的“合纵”联盟，集中优势兵力，各个击破，逐一并灭六国。

其次，根据六国当时的强弱态势和山川地理形势，先由北路进攻赵国，赵国被攻灭后，再转向灭燕，继而灭韩、魏，最后再进攻齐、楚两国。

显然，前一条偏战略规划，后一条偏战术指导。正是按照这套打法，秦王嬴政开始了他荡平六国的战争。

但是，很多事情总是“理想很丰满，现实很骨感”，计划往往赶不上变化。这种国家战争更是如此，战况瞬息万变。在率先攻灭赵国的过程中，就出现了意想不到的情况。

秦王嬴政开始采用的办法还是比较巧妙的，他先利用离间计，挑起燕赵战争，然后以援燕攻赵的名义，分三路大军对赵国发动突然袭击。一路上还算顺利，秦军打到赵国都城邯郸附近，眼看就要成功，战局却发生了逆转。

什么原因呢？原来赵国有一位将领名叫李牧，非等闲之辈，可能有很多人听说过，那是一位叱咤风云的著名战将，在赵国北部边疆防御匈奴时，曾歼灭匈奴进犯之敌十万之众，威震四方。这么一位优秀将领，却在赵国郁郁不得志，处处受排挤。

俗话说：“国难思良将，家贫思贤妻。”赵国都城邯郸危在旦夕，赵王自然就想到了驻守北部边疆的将军李牧，马上急调他回来抗秦。李牧虽然长期受到不平等待遇，但是接到赵王求救后，仍然迅速带着边防军赶了过来。

自古忠臣良将大多比较听话，遇到明主可以成为盖世英雄，遇到昏君就可能成为刀下鬼了。李牧的最终结果也差不多如此。所以做事业一定要跟对人！

国家危难之际，李牧来不及想是不是跟对人了，只想着尽忠报国，结果不负所望，回来后一战告捷，秦军几乎全军覆没，不得已撤出赵国。

当头一棒，开局不利，秦王嬴政接到战败的消息会是什么心情呢？不说也知道，那肯定是百爪挠心！

受到如此严重挫折，秦王嬴政并没有气馁，而是越挫越勇。大凡能够成功的人，身上都有这种特质，屡战屡败，屡败屡战，不达目的誓不罢休。

嬴政十五年，秦军兵分南北两路再次对赵国发动攻击。赵国依然派出战将李牧带兵阻击。李牧的战争素养非常高，面对强敌，没有两面开花，全面迎敌，而是采用集中优势兵力，各个击破的打法。先打击北路秦军，战胜之后，回过头再阻击南路秦军。

另外，李牧指挥的军队是边防军，在对匈奴作战中经过血火淬炼，风驰电掣，机动灵活，几次战斗下来，把秦军打得晕头转向，不敢应战。秦军一时无法取胜，只好无功而返。

对赵国的进攻虽然都以失败告终，但是劳民伤财的战争很大程度上重创了赵国经济，让赵国国力急剧下降，兵源不足。尽管如此，秦军想一下子灭掉赵国也绝非易事。

俗话说："柿子要挑软的捏。"面对赵国的积极防御，秦王嬴政没有选择一味地死打硬拼，咬着不放，而是改变策略，从长计议。灭不掉较为强大的赵国，那就先灭最弱的韩国。

其实，韩国的地理位置也决定了它的宿命。韩国正好位于秦国出函谷关东进的位置，咽喉之地，非常重要。因此，历史上两国经常互殴。当然，韩国一般处于被殴的一方，所以国家越来越小，越来越弱，直到最后臣服于秦。

嬴政十七年，也就是秦王嬴政三十岁的时候，韩国被彻底消灭。

同年，赵国发生了特大旱灾。这对被战争折磨得满目疮痍的赵国来说，更是雪上加霜。

第二年，秦王嬴政趁机派出大军对赵国再次发动进攻，试图一举荡平赵国。赵国的守护神李牧又跳了出来，秦军被他率领的赵军牢牢阻挡着不能前进，军事上始终无法取得突破。

这次，秦王嬴政真有点着急上火了，前前后后和赵国已经打了快九年了，每次都是因为李牧而前功尽弃，难道要等到李牧这家伙老死了才行吗?李牧万一长命百岁怎么办？还不被他给耗死啊！当初的战略再好，战术执行不下去有个毛用！所以在制定战略的时候，一定要尽量考虑到战术本身的可行性，以便做应对之策，否则就会耽误事。

秦王嬴政不怕耽误事，他是王八吃秤砣铁了心，非灭掉赵国不罢手。

冷静下来后，秦王嬴政反复考量战场上的形势，认为军事行动无法快速达到目的，不如另谋出路。这就反映出了秦王嬴政的机智，在战术层面会拐弯，不是一根筋。

秦王嬴政听取了一位谋臣的建议，利用重金收买了赵王的宠臣郭开，采用反间计让赵王换掉了手握兵权的李牧等能征惯战的将领，改任赵葱和颜聚为赵军统帅。

换掉就换掉了吧，万一将来打仗还可以再重用。可是赵王昏庸透顶，不但换掉了李牧，还杀掉了李牧，这不是自掘坟墓吗！

记着，人都是自己作死的，赖不到旁人！

李牧死了，克星死了，绊脚石没了，秦王嬴政在宫里高兴得三天没睡觉，大呼“天助我也”。

嬴政十九年，秦军在大将王翦的率领下对赵国发动最后一次进攻。

赵国的统帅赵葱算哪棵葱啊，他哪里是老将王翦的对手，很快战败被杀掉。赵王闻讯，后悔不已，彻底崩溃，被内奸郭开任意摆布，最终开城投降。

至此，建国二百五十多年的赵国宣告灭亡。

接着，秦王嬴政便想马不停蹄地直接去灭楚国，只是秦楚之间还有个倒霉蛋魏国杵在那里。好吧，那就把魏国这个倒霉蛋先干掉再说，省得碍事绊脚。

魏国的地理位置和韩国差不多，也处在秦国出函谷关东进的咽喉之地。因此，历史上秦国也经常狂殴魏国。魏国打不过，就割地赔款，时间久了也没什么地盘了，只剩下都城大梁周围一些城池。

那么，秦军又会用什么办法攻陷大梁城呢？

10. 王翦的手段

嬴政二十二年，秦国派大将王贲统率秦军攻打到大梁城下，也就是今天的河南省开封市西北。大梁城是魏国都城，又是老城，常年维护打理，城高墙厚，非常坚固。

大将王贲是老将王翦的儿子，得老爸王翦真传，很会打仗，面对大梁城，他没有采取强攻，而是采用水攻，连续冲灌三个月。当时的魏王名叫假，被冲灌得实在受不了，脑子估计都冲进水了，只好开城投降。王贲可能根本就没准备接受投降，立刻就把魏王假给杀掉了。至此，魏国也灭亡了。

下面便轮到了楚国。

楚国当时不一定是强国，但肯定是大国。它地域宽广，包括现在的河南西部及东南部、山东南部、湖北湖南两省、洞庭湖以东和江西、安徽、江苏、浙江全部。

当然，楚国肯定没有秦国强大，但那也不是“吓大”的，还是很难打的。而此时，已经灭了三个国家的秦王嬴政多少有点骄傲自满情绪。

人往往如此，有点成绩就可能会飘飘然，甚至膨胀，而也正是在这个时候，灾难悄然而至，所以还是时刻准备着比较安全。

在灭楚国的过程中，由于秦王嬴政大意轻敌，就出现了意想不到的重大反复。这里面有个故事非常精彩，也流传比较广，我们不妨拿来述说一番。

故事要从选将说起。

我们都知道，派兵打仗第一要务便是选将，也就是派谁来统率三军，这个自古都很有讲究。

在准备进攻强大的楚国之前，选将问题自然就成了首要问题。秦王嬴政手里有两位比较合适的人选。

一位是少壮派的李信，属于新秀，刚刚在灭燕战争中取得以少胜多的辉煌战绩，风头正盛，年轻激进；一位是元老派的王翦，属于老生，常年在战火中摸爬滚打，战绩无数，成熟持重，经验丰富。

两个人可以说各有所长，一时难分高下。选谁呢？和现在选秀一样，较量过才知道。于是在朝上，秦王嬴政抛出了一道题，让两人分别作答。题目很简单，就是这次攻打强楚需要多少兵力。

年轻人嘛，容易冲动，李信一挺胸就出来了，朗声说道："大王，什么强楚啊，给臣二十万灭了它！"

秦王嬴政当时年纪也不太大，听了很高兴，正合心意，便转过头向老将王翦问道："王老将军啊，你看呢？"

王翦轻声咳了咳，清了清嗓子，然后缓步走了出来，面色凝重地回答道："大王，恕老臣直言，少于六十万，这仗没法打啊！"

秦王嬴政一听，脸都绿了，好像发生"股灾"一样，心想这老家伙要把我的家底全拿走啊。什么意思？想造反吗？嬴政哼了一声，没好气地说道："王老将军，你是真老了吧！怕死了吗？要那么多人干吗？哼，还是李将军神勇！"

这话还是有点伤人的！所以我们平常说话做事，即便是领导也要注意，你真能保证自己一定是对的吗？留点回旋余地不好吗？等到丢人现眼失去威信的时候，再反悔就来不及了。

话都说到这个份上了，老将王翦很没面子，只好借病告老还乡，那意思无疑是在告诉秦王嬴政，我老人家不陪你们这些青瓜蛋子玩了！

李信则志得意满，携将军蒙恬，带兵二十万出征伐楚。开始还算顺利，蒙恬从一侧进攻，李信带主力从正面进攻，没怎么打，两路大军就深入到了楚国腹地，胜利会师。楚国那也不是吃素的，泱泱大国，会看着秦军往东一直打下去吗？肯定不会，楚国很快便派出其得意名将项燕带兵迎敌。

项燕比较著名，可能很多人听说过。如果没有听说过，我说个人你肯定知道，就是西楚霸王项羽，项燕正是项羽的亲爷爷。

项燕不愧为名将，面对秦军的凌厉攻势，没有急于出战迎敌，而是坚守不出，以逸待劳。李信这小子年轻气盛，心浮气躁，耗不下去了，率主力长途转战，准备偷袭楚军后方。项燕趁机出奇兵，尾随秦军三天三夜，在秦军毫无准备、兵疲马乏之时，突然进攻。结果，秦军大败！

这次失败是秦军灭六国以来的第二次重大挫折，统帅李信还差点被俘，险些小命不保。秦军的第一次重大挫折就是赵国战将李牧对秦军的抗击。

听说李信打败仗了，秦王嬴政大发雷霆，肠子都悔青了，后悔没有听老将王翦的话。可总要面对现实啊，这就又到了考验秦王嬴政智慧的时候了。

经过认真反思，秦王嬴政认为，之所以失败主要是用错人了，并不是楚国不可战胜。想通这件事后，秦王嬴政灭楚之心非但没有打消，相反更加坚定。痛定思痛，他决定重新启用老将王翦。

王翦已经借病回老家抱孙子养老去了，你说让来他就来啊！打仗这事不好勉强，那是事关国家存亡的大事，一定要心甘情愿才行。

秦王嬴政绝非一般帝王，他能屈能伸，心想王翦你不是躲了吗，好的，那寡人移樽就教，亲自前往你老家请你出山总可以了吧，给足你面子！

三顾茅庐的把戏不只是三国时期的刘备会玩，性格强硬的秦王嬴政也一样会玩。

关于秦王嬴政的这个性格特点，可能有人表示怀疑，认为不可能，在我们的习惯认知中，好像秦王嬴政始终是威武霸气的形象，怎么可能会向人低头服软呢？实际上，并非如此！

当时有一个谋士，名叫尉缭，他对秦王嬴政的为人有过这样一段描述：

> 秦王为人，蜂准，长目，挚鸟膺，豺声，少恩而虎狼心，居约易出人下，得志亦轻食人。我布衣，然见我常身自下我。诚使秦王得志于天下，天下皆为虏矣。不可与久游。

意思是说，秦王这个人高鼻梁，眼睛细长，有鸷鸟一样的前胸，豺狼一样的声音，刻薄寡恩，心如虎狼，失意时能够谦卑待人，得意时也会杀人不眨眼。我不过是一介布衣百姓，然而因为要用到我，他就常常甘居我下。如果秦王将来得志于天下，天下人都要成为他的俘虏。所以不能和他这个人长期相处啊！

这段对秦王嬴政的相貌以及性格特点描写，既犀利，又深刻，应该比较客观。因为尉缭这个人聪明绝顶，深得秦王嬴政赏识，类似反间计等灭六国的奇谋诡计多出于他之手，秦王嬴政对他应该有知遇之恩，所以他不太可能会对秦王嬴政进行恶意贬低。

如果尉缭的评价属实，那么秦王嬴政为了灭楚国，放下身段主动示好老将王翦也就不足为怪了。

其实，能屈能伸是成功人士的共同特点，没什么大惊小怪的！

老将王翦看秦王嬴政来了，自有打算，并不买账，还是装病。他知道秦王嬴政不是个好伺候的主，不把话说清楚，将来会有麻烦，便当面谢绝道："大王，不是老臣驳您面子，您这次可能要白来了。老臣现在伤病缠身，无法成行，恕难从命啊，您还是另谋良将吧！"

这话一出，差点把秦王嬴政的鼻子给气歪了，他本以为亲自出马，肯定没问题，结果王翦这个老东西竟然如此搪塞自己，不过也没办法，谁让自己过去那么伤他老人家呢？心想好吧，算你狠，不就是要提条件提要求吗？于是就笑呵呵地说道："王老将军啊，本王都亲自来了，您老有什么委屈尽管说，有什么要求尽管提，只要肯出山，寡人答应您老就是了！"

听秦王嬴政说得如此诚恳，老将王翦不好再端着架子了，秦王嬴政是他看着长大的，那火暴脾气他比谁都清楚，他无非也就是想要这句话而已，便佯装无奈地叹了一口气说道：“唉，大王您现在是迫不得已起用老臣，老臣可不是有意为难您啊，还是那句老话，灭楚国非六十万兵不可啊！”

听到老将王翦又提到这个要求，秦王嬴政真的会答应吗？

11. 拿人钱财，替人消灾

秦王嬴政亲自去请老将王翦出山，老将王翦还是坚持认为灭楚国非六十万兵不可。秦王嬴政没办法，咬咬牙只好满口答应。

那个心疼啊！六十万兵差不多是秦国的全部老本，都给了王翦，万一有个好歹就全完蛋了，他能不心疼吗？

老将王翦对秦王嬴政的顾虑当然一清二楚，无非是担心他拥兵自重，进而造反！所以，当他带着大军出发时，秦王嬴政一直亲自送行到灞上，也就是今天的陕西省西安市东边的白鹿原。

在灞上，老将王翦趁机提出个人诉求，而且是狮子大开口，要求秦王嬴政赐予他秦国最好的田园住宅。秦王嬴政很纳闷，好奇地问道：“王老将军啊，您这么大年纪了，还在为国效力，寡人怎么会亏待您呢？一旦凯旋，还担心会受穷吗？”

老将王翦轻轻点点头，略显尴尬地回答道：“大王，臣实话实说，您别不爱听。为大王您带兵打仗，再有功劳也不可能封王封侯，不如趁着大王您还用得着老臣的时候，多要点土地田园留给后世子孙啊！”

秦王嬴政听完，哈哈大笑，当即爽快答应，让老将王翦尽管放心，他绝不食言。

这还不算完，在大队人马西出函谷关时，老将王翦又先后五次派人向秦王嬴政要钱要地。为此，身边的人有点为老将王翦担心，好意劝说道："王老将军啊，您这样没完没了地向大王索要财物，不好啊，过分了！大王会不高兴的！小心给您秋后算账啊！"

老将王翦笑了笑说道："此言差矣！咱们大王性情粗暴多疑，不肯轻信别人。现在他把举国之精兵都给了老夫统领，心里肯定惴惴不安啊！老夫现在多向他要点东西，他就知道老夫图的是财，而不是权，那他就放心了，他放心了，我们就好安心在前线打仗喽。"

正如老将王翦所料，秦王嬴政非但没有责怪他的贪婪，反而对他带兵深信不疑，满足其所有要求，让其无后顾之忧。

听说老将王翦亲自出马，还带了那么多兵马过来，楚王知道这是要以多打少，搞群殴，于是仍然派出名将项燕，也举全国之精兵前来迎战。

王翦是老将，见多识广，作战经验丰富，他首先虚心汲取了李信之前失败的教训，避免长途跋涉，当打到平舆一线，差不多在今天河南东南和安徽交界处，就安营扎寨，不肯再前进，只是经常派小股兵力去骚扰楚军。

这次轮到项燕着急了！本来项燕打算采用阻击李信的打法，以逸待劳，相机而动，现在王翦也玩这么一套，稳扎稳打，让他一时无计可施，只好耐心耗着。

两军对战，不但考验前线将帅的军事应变能力，更考验后方总指挥的智慧和定力。

秦军后方总指挥是秦王嬴政，他放手让王翦发挥，要钱给钱，要人给人，只看结果不看过程。而楚军后方总指挥是楚王，他不懂用兵之道，沉不住气，非要项燕拒秦军于国门之外，主动出击。这说起来也是人之常情，谁愿意在自己国家里打仗啊。

项燕被楚王逼得没办法，只好不遗余力主动出兵进攻王翦的营地。可是王翦命令秦军坚守不出，任由楚军天天骂阵，他每天和将士们同吃同喝同住，唱唱歌，打打牌，玩玩游戏，逍遥自在。

过了很多天，王翦派人到军队基层对士兵的状态进行调研，调研问卷只有一个："士兵们都在忙些什么啊？"

回来的人报告道："士兵们现在吃饱喝足，闲得很，天天扔石头玩，比赛看谁扔得远。"

王翦听后非常高兴，说道："好了，现在可以让他们出去打仗了！"

再看楚军，近段时间天天在秦军营前骂阵挑战，喉咙都喊哑了，士兵们不免牢骚满腹，士气逐渐低落下来。

正所谓："一鼓作气，再而衰，三而竭。"项燕担心这样下去时间久了会生变，决定主动后撤，以便于后方供给。

王翦眼看机会终于到了，乘楚军撤退之际突然出击，楚军顿时陷入大乱，四散逃窜，项燕则战死沙场。

据说项燕临死的时候很不服气，说出了一句咒语："楚虽三户，亡秦必楚！"

历史结果大家已经知道了，果然应验了这句话，而且在后来灭秦的著名战役——巨鹿之战中，项燕的孙子项羽打败并杀掉了王翦的孙子王离，算是报了当日之仇。当然这是后话，我们后文中还会详细说到。

嬴政二十四年，楚国灭亡。

楚国灭亡后，秦王嬴政开始派兵收拾燕国残余。

按照灭六国最初的战略，灭赵后就是灭燕，所以在灭赵的第二年，也就是嬴政二十年的时候，秦王嬴政已经派老将王翦带兵攻打过燕国了。当时攻打燕国的理由比较充分，就是燕太子丹派荆轲刺杀秦王嬴政。

关于荆轲刺秦王的故事，家喻户晓，还拍成了电视剧，咱们这里就不再详细述说了。

前文中说到的年轻将领李信，正是在追击燕国太子丹时，以少胜多，立了战功，从而得到秦王嬴政赏识的。

堂堂燕国被打得无反手之力，最后把太子丹的人头都献给了秦王嬴政，还是不能阻止秦军进攻的步伐，直到燕王逃到辽东，秦楚战争爆发，才算停下来。

现在楚国已经灭亡了，燕国残部也该收拾了！

嬴政二十五年，大将王贲彻底荡平了燕国。

燕国灭亡后，就只剩下一个齐国。

齐国不打也早已废了！

这么多年，秦王嬴政一直派人贿赂齐国朝野上下，尤其对齐相国后胜进行了重点策反。后胜这个家伙爱财如命，贪得无厌，一边领取齐国高薪，一边收取秦国巨额贿赂，相当于拿了双份工资。

类似后胜这种人，最可恶，最可恨，任何时代都有，身居高位，却干着卖国求荣的事，还美其名曰曲线救国，其实就是肥了自己，害了国家。

在我国近代历史上，李鸿章和汪精卫是这种人的典型代表，现在竟然还有人为这两个民族败类翻案。尤其对李鸿章，有些人认识不清，说什么“年少不知李鸿章，长大方知真中堂”，简直是无稽之谈！“宰相合肥天下瘦”才是对李鸿章的真实写照，李氏父子的贪婪无耻已经到了令人发指的地步，将来有机会我们再详细述说。

正所谓：“拿人钱财，替人消灾！”齐相国后胜就是如此，看到其他国家都已经灭亡了，就苦劝齐王建尽快投降。

齐王建也不是个好东西，昏庸无能，长期执行绥靖政策，在秦军进攻其他国家的时候，袖手旁观，安享太平，吃喝玩乐，结果只剩下自己一个国家了，傻眼了。

齐国朝野上下大都已被秦国收买，全无丝毫斗志，仗没法打。嬴政二十六年，也就是公元前 221 年，齐国不战而降。

降国之君向来没有好下场，齐王建享受了一辈子的荣华富贵，最后被活活饿死了之。

至此，年仅四十岁的秦王嬴政荡平六国，统一天下。

那么，面对自己一手打下的江山，秦王嬴政又会怎么治理呢？

第三章

千古一帝

12. 中国历史上第一个皇帝

面对自己一手打下的江山，秦王嬴政踌躇满志，妄想打造一个空前绝后的大秦帝国。荡平六国不久，他向群臣发布了一条命令：

“早些年，韩王先是请求成为秦国藩臣，接着却背信弃义，与赵国、魏国联合起来制衡秦国，寡人这才兴兵讨伐，俘虏了韩王。此事了结后，寡人本以为可以偃兵息甲了，所以赵王派李牧来签署停战协定，寡人当即就同意了，还送还了他在秦国作人质的儿子。不想赵国也背信弃义，寡人只好再兴兵讨伐，抓获了赵王。而赵公子嘉不服，自立为代王，寡人便发兵消灭了他。

“魏王呢，最初和韩王一样，说好的，也是臣服秦国，却暗地里与韩国、赵国联手，寡人不得已派兵前往讨伐，摧毁了魏国。还有那个荆王，也是因为背信弃义，寡人才发兵讨伐的。

“燕王就更不像话了，他的太子丹竟然派荆轲刺杀寡人，寡人不灭他灭谁？

“齐王这老家伙就不用说了，胆敢阻止秦国使者进入齐国，寡人当然要灭他。寡人这个人啊，没什么了不起的，微不足道，之所以能够兴兵诛暴乱，全凭列祖列宗显灵。

“如今六国都已认罪伏法，天下大定，寡人以为可以更改名号了，否则这千秋功业就不能流传于后世。因此呢，请大家回去研究一下，看看帝王的称号改成什么比较好，然后上报寡人!”

秦王嬴政的这条命令有点长的，其实就说了两件事：一件事是回顾过去为什么要荡平六国，话里话外，全是六国咎由自取，这种说法是胜利者的惯用说辞，不新鲜，目的无非是为了向天下人说明自己是正义之师。另一件事是从回顾荡平六国的历程中引申出来的，既然自己那么能干，那么正义，就应该换个名号，以彰显自己震古烁今的千秋功业。

俗话说：“领导一张嘴，属下跑断腿。”自古如此!

这令一下，丞相王绾、御史大夫冯劫、廷尉李斯可忙坏了，他们迅速召集一帮有学问的人，连夜开会研究。第二天一大早，便跑到秦王嬴政那里汇报研究成果：

> 昔者五帝地方千里，其外侯服、夷服，诸侯或朝或否，天子不能制。今陛下兴义兵，诛残贼平定天下，海内为郡县，法令由一统，自上古以来未尝有，五帝所不及。臣等谨与博士议曰：“古有天皇，有地皇，有泰皇，泰皇最贵。”臣等昧死上尊号，王为“泰皇”，命为“制”，令为“诏”，天子自称曰“朕”。

考虑到能让大家对皇帝称号来源有更清晰的认识，我从《史记》中原文引用了这段话。

大概意思是，过去啊，五帝仅仅管辖千里见方的地区，在这个地区之外，谁愿意朝拜谁朝拜，天子并不能有效管控。现在陛下派正义之师，诛灭残贼，平定天下，四海之内均设郡县，法令从此统一，这是亘古未有的，五帝也望尘莫及。古有天皇、有地皇、有泰皇，其中泰皇最为尊贵。臣等认为，陛下应该称为“泰皇”，陛下的想法就是制度，陛下说的话就是诏令，只有陛下您才能自称“朕”。

“朕”字原本是当时普通老百姓对自己的称呼，现在收为国有，由秦王嬴政独家享名。也有专家推测说，这么做主要是为了避名讳，因为“朕”字与“政”字谐音，所以干脆不让老百姓用了。

按道理，这帮大臣煞费苦心也够可以的了，但是秦王嬴政并不满意，心想这有什么了不起，既然说我功高古人，那么厉害，干吗还要套用古人的称号，还泰皇最贵，贵个毛线，不过是些陈芝麻烂谷子的称呼，有什么稀奇。正要发作痛骂群臣，转念一想稍加改动也不错，于是便不动声色地说道：“这样吧，去掉‘泰’字，留下‘皇’字，采用上古表示地位称号的‘帝’字，凑合着称作‘皇帝’。其他称谓先按你们的建议施行！”

王绾这帮家伙忙了一天一夜，一大把年纪了，早都困死了，听秦王嬴政这么讲，赶快上前附和道：“陛下德过三皇，功高五帝，就称‘皇帝’，我们这帮人没文化，才疏学浅，还是陛下圣明啊！”

说完，群臣纷纷跪倒在地，前仰后合，三呼陛下圣明。秦王嬴政很高兴，挥挥手示意群臣退去，然后才心满意足地回了后宫。

秦王嬴政从此就成了秦皇嬴政，也就是中国历史上第一个皇帝。

与此同时，秦皇嬴政追尊他社会学意义上的老爸秦庄襄王子楚，也就是异人，为太上皇，至于那个有可能是他生物学意义上的老爸吕不韦，他就不管了。

这样看来，异人也不算太吃亏，没白为人家养儿子，毕竟自己成了有史以来第一个太上皇。

过了几天，秦皇嬴政突然又想出了一个主意，便下诏道：

> 朕闻太古有号毋谥，中古有号，死而以行为谥。如此，则子议父，臣议君也，甚无谓，朕弗取焉。自今已来，除谥法。朕为始皇帝。后世以计数，二世三世至于万世，传之无穷。

这段话的意思比较简单。从中可以看出，秦皇嬴政想得比较周全，生前考虑到了，死后的名声也想到了。他认为，过去的谥号制度不好，儿子评价老子，大臣妄议君主，不成体统，应该废除谥法制度。那以后怎么办呢？秦皇嬴政把自己当作始皇帝，也就是第一个皇帝，接着就是二世、三世，直至千万世，传之无穷。

而“传之无穷”只是秦王嬴政的一厢情愿罢了，历史怎么可能完全按照他的意愿发展呢，用现在的话说，太唯心主义了。不管怎样，从此秦皇嬴政被后人称之为“秦始皇”，我们下面也跟着这么称呼。称谓有了，名正言顺，秦始皇开始对社会生活的方方面面进行改革。

那么，他会怎么改革呢？

13. 全面改革

秦始皇的改革首先从秦朝的五行属性着手。所谓五行属性，就是根据五行学说，判断朝代的属性。

五行学说由春秋时期齐国人邹衍（yǎn）创立，主要研究金、木、水、火、土相生相克的学问。邹衍认为，宇宙万物由金、木、水、火、土五种物质组成，而且这五种物质相生相克：火克金，金克木，木克土，土克水，水克火；木生火，火生土，土生金，金生水，水生木。

这种学说，现在科学无法证明，常称之为迷信，属于道家玄学。但是，当时大家都对其深信不疑，秦始皇也不例外。

根据五行学说这套理论，周朝被认为属火德，那么秦朝就必须属水德，因为水克火嘛，否则万一周朝死灰复燃了怎么办？所以，秦始皇规定秦朝的一举一动、一言一行都要按照水德的标准去做。

黄河是中华民族的母亲河，秦始皇要求将其更名为“德水”，作为水德正式实施的开始。假如有人在你面前故弄玄虚，说“德水啊、德水啊”，其实说的就是黄河。

水德主黑色，那么秦朝的主色调就定为黑色系，大家的衣食住行也都要崇尚黑色。你看关于秦朝的电视剧里的人，个个都穿得黑不拉几的，画面也乌漆墨黑，给人的感觉很压抑。用现代人的审美来看，一点也不漂亮，黑色看久了说不定还容易让人得抑郁症。

但是那时候，秦始皇不管这个，大秦的万世基业才是最重要的。老百姓没办法，只有服从，一夜之间全国上下都换成了黑色系，搞得像“黑社会”一样。长期生活在这种颜色的世界里，老百姓的心情肯定也好不到哪里去。

水德代表阴，阴主杀气，象征刑法。所以，秦始皇要求实施严刑峻法，必须完全依法治国，不准讲仁义道德，这样就显得更水更阴呗。牢狱之灾，对当时的老百姓来说，自然也就司空见惯了。老百姓生活在恢恢法网之中，估计天天被水呛得要命。

这还不算完，水德不是代表冬天吗？那么就改变周年计算顺序，每年以冬十月为第一个月，十月初一改成大年初一，群臣要在这个时间进宫朝贺。

另外，水德的幸运数字为六，那么无论计算什么，最好都以六为节拍，比如灭六国，六尺为一步，帽子高六寸，车宽六尺，六匹马驾车，等等，反正“六六大顺”。

总之，秦朝的老百姓从此生活在了水深但火不热之中。

当然，这些制度的出台主要还是因为当时的落后思想造成的，无可厚非，我们作为后人也没必要嘲笑。

除了五行属性稍微荒谬，秦始皇在社会生活的其他方面还是做了很多功在当代、利在千秋的改革的。

比如统一了度量衡、货币、文字和车轨等，这些我就不多说了，初高中历史课本中讲得非常详细。关于车同轨，可能有人不太理解，我稍微啰嗦一句。

所谓车轨，就是指车子的两个轮子之间的距离，车同轨后，无论马车还是牛车，只要是车，都必须是六尺宽，对应的全国道路系统也随之保持一致。这个改革意义重大。

就这样，秦朝社会生活的方方面面总算得到了统一。

但对于大秦江山，大臣们都垂涎三尺，不想统一，妄图重新分裂，因为按照以前周朝的老规矩，江山是要裂地分封给大家的，也就是搞分封制度。丞相王绾就是其中最典型的代表，他率领一帮大臣经常向秦始皇委婉请愿："陛下，现在天下刚刚平定，还不安生，特别是燕、齐、荆这些边远地区，地广人稀，没有封王的话不好管理，不如将陛下的儿子们派过去做王。"

秦始皇多聪明啊，一听就明白了，什么要加封朕的儿子们为王啊，明明是这帮家伙在变相为自己争取封王封侯。心虽这么想，但他不好当面拒绝，毕竟分封制度是祖传下来，已是惯例，又加上这帮家伙确实为大秦江山没少出力，手里还握着各式各样的权力，要从长计议才比较妥当。于是每次说起这事，秦始皇都是建议大家再商量商量，达成共识之后再说。

很显然，秦始皇的目的是通过拖延的办法为自己争取支持。

秦始皇的成功肯定离不开列祖列宗的功业沉淀和积累，但也与他个人的超凡能力有非常大的关系。秦始皇表面性情急躁易怒，但在大是大非面前又总能做到能屈能伸，异常冷静，沉得住气。

不久，在大臣中，就有一个极其聪明的人窥探出了秦始皇的真实想法。这个人名叫李斯。

李斯是楚国上蔡人，也就是今天的河南省上蔡县人，年轻时在郡府里做个小办事员。小办事员无职无权，见谁都要低头哈腰，却忙得像狗。这对聪明的李斯来说，实在是太卑微了。

李斯不甘心一辈子如此，每天挖空心思为自己寻找出路。

其实，每个人都在为自己寻找出路，尤其是生活在底层的小老百姓，但是如果思路打不开，仅仅局限于原有的思维模式，无论怎么努力，也只是在原地打转。

李斯就是如此，冥思苦想，不得其道。

世上的很多事，就怕天天想，想多了，不知道哪天就可能灵光乍现，茅塞顿开，就像牛顿被苹果砸到头上，发现地球万有引力一样，貌似偶然，其实必然。

李斯很幸运，因为一个生活常识，他顿悟了。

什么生活常识呢？他发现，茅厕里的老鼠，吃的食物又脏又臭，骨瘦如柴，每逢有人或者狗进入茅厕，都会受惊逃窜；而粮仓里的老鼠，吃的是精米白面，肥头大耳，有人或狗来了，毫不惊慌，往粮袋里一钻了事。

李斯一下子开窍了，不由得慨然长叹道："原来如此啊！一个人有没有出息，就如同老鼠一样，是由自己所处的环境决定的！"于是，他辞职了，决定去拜一位名师学习帝王之术，将来好到庙堂之上去工作。这位名师就是荀子。

荀子是战国时期著名的思想家、哲学家、教育家，儒家学派的代表人物，先秦时代百家争鸣的集大成者。

在这么一位高人的悉心教育下，李斯学有所成，对帝王之术谙熟于心。

所谓帝王之术，顾名思义，肯定是为帝王服务的。当时那么多诸侯王，究竟为谁效力呢？李斯进行了认真筛选。

首先要考虑的，肯定是自己祖国的楚王了，但李斯左思右想，认为楚王水平太次，不值得辅佐。再看其他诸侯国，除了秦国蒸蒸日上，都在不同程度地走下坡路。于是，李斯决定西行前往秦国，在那里实现自己的政治理想。

那么，李斯在秦国的仕途会顺利吗？他又是如何脱颖而出的呢？

14. 赤裸裸的机会主义者

李斯决心西行前往秦国，在那里实现他的政治理想，过上粮仓大老鼠的生活。

临行前，他没忘记向老师荀子道别。荀子问李斯究竟是怎么打算的，楚国是祖国，为什么放着自己的祖国不待，偏偏跋涉千里到人地两生的秦国去呢？李斯直抒胸臆道：

> 老师啊，学生我听说“得时无怠”，也就是说，机会到了，千万不能错过。如今，诸侯纷争，能人当道，尤其是秦王，野心勃勃，一心想着吞并天下，称帝而治。这正是无权无势的寒门子弟奔走四方、施展抱负、出人头地的好机会。而地位卑贱，生活穷困，却不知道趁机谋取功名利禄的人，和那些只会张嘴等人喂食的圈养禽兽有什么区别？白白浪费了一张人脸和直立行走能力！学生我认为，最大的耻辱莫过于卑贱，最大的悲哀莫过于穷困。那些长期处于卑贱和穷困之中的人，不是埋怨社会不公，就是仇恨富人不仁，还动不动自我标榜与世无争，其实就是无能，这绝不是他们的真实想法！所以，学生我下定决心，一定要到秦国去，为秦王奉献毕生所学！

李斯的机会主义观点极具现实意义，即便今天听来，也让人振聋发聩。

就是不知道儒学大师荀子是否认同，因为史书上没有明确记载。估计是喜忧参半：喜的是，这孩子真聪明，对时局分析得太透彻了，具备一个政治家的敏锐眼光、深刻洞察力和非凡气度；忧的是，这孩子太功利，对人生价值的理解过于偏激，将来难免会被命运捉弄，下场不会好。

实际上，李斯的下场不是不会好，而是非常凄惨，后文中我们还会详细说到。李斯那种期待功成名就的急切心理和露骨言辞，也从反面警醒今天的我们，应当理智清醒地对待所谓的成功或成就，切忌走火入魔。

先不管他将来的下场怎样，只说这次西行入秦，无疑是李斯命运中的重要转折点。李斯当时也深知这一点，于是向老师荀子辞行后，便匆匆向西出发，赶往秦国。

刚到秦国，正赶上秦始皇的老爸秦庄襄王去世，当时朝政交由秦相国吕不韦全权代理，李斯托人找关系，在相国府内谋得舍人一职。这中间，他肯定没少打着老师荀子的旗号到处自我标榜，因为傍名人、蹭热度、给自己贴金，自古都是“屌丝”逆袭、走上成功之道的必经之路。

不过，老师荀子的名号只是敲门砖，最终还是要看个人才华。而李斯才华横溢，做舍人没多久，就赢得了吕不韦的赏识。吕不韦把他推荐到宫中做了郎官，辅佐年少的秦王嬴政。

从此，李斯便有机会与秦王嬴政密切接触。在接触过程中，李斯经常与秦王嬴政畅谈他的“机会主义”和天下大势：

> 一个人之所以平庸，主要是因为经常错失良机；而一个人之所以成功，主要是因为能够把握时机，果断出手。从前，秦穆公称霸天下，却始终不敢东进吞并山东六国，为什么？就是因为时机不成熟，那时诸侯国还有很多，周朝还没有彻底衰落，五霸虽然交替兴起，但仍然都推尊周朝。自秦孝公以来，周朝才真正开始衰落，关外诸侯则互相兼并，直至剩下六国，而秦国置身于函谷关以内，独善其身，坐

山观虎斗，趁机要挟关外诸侯已长达六代。现如今，长期被要挟的诸侯各国就像秦国下属郡县一样畏服秦国。所以，将来以秦国之强大，大王之贤明，荡平六国，统一天下，成就帝业，如同扫除灶台上的灰尘一样容易。这可是千载难逢的机遇啊！倘若现在大王还不抓紧将此事提上日程的话，等到诸侯各国再强盛起来，又订立合纵盟约，即使大王您和黄帝一样贤明，也不可能吞并它们了。

年轻的秦王嬴政对李斯的见解非常认同，于是提拔他为长史，进入自己的智囊团。

后来，根据李斯的建议，秦王嬴政暗中派间谍携带奇珍异宝到各诸侯国搞收买策反工作，重点收买策反那些所谓的“公知”和权贵，因为这些人不但有影响力，而且做人的底线比较低，缺乏爱国情怀，如果收买策反不成，就派人将其暗杀掉。这样一来，各诸侯国的君臣关系就变得越来越缺乏信任，越来越糟糕，为秦始皇荡平六国埋下了伏笔。

为此，秦王嬴政任命李斯为客卿。所谓客卿，简单地说，就是在秦国担任高级官员的外国人。

有了这么个头衔，李斯非常高兴，但正当他春风得意的时候，却在嬴政十年，也就是秦王嬴政诛杀嫪毐、赶走吕不韦的第二年，发生了一件大事，险些毁了他在秦国的政治前途。

这究竟是件什么大事呢？主要与一桩间谍案有关。

秦国向各诸侯国派送间谍搞离间工作，同样，各诸侯国也不断向秦国派送间谍搞破坏工作。正所谓：“敌中有我，我中亦有敌。”任何时代，这都是不可避免的！即使现在是和平时期，我们的国家安全工作一刻也不能放松，尤其对处于国家关键工作岗位的人，一定要政审，否则一旦出现间谍，后果不堪设想！秦国的这桩间谍案就发生在一个关键工作岗位上，间谍主角名叫郑国。

说起郑国，估计很多人都听说过，是一个水利专家，秦国有一条超大型灌溉水渠就是由他设计和主持施工完成的，后来以他的名字命名为郑国渠。郑国渠位于今天的陕西省泾阳县西北 25 公里的泾河北岸，它西引泾水，东注洛水，长达 300 余里，历经十年才修建完成，投入使用后，大大改变了关中的农业生产面貌，使土地贫瘠的关中变得富庶甲天下。

而这么一个对秦国百利而无一害的水利工程，竟起源于韩国的阴谋，其设计施工负责人郑国正是实施这一阴谋的实际执行人。

这究竟是怎么回事呢？

15. 官越做越大

原来，秦国关中连续多年大旱，农业生产受到严重影响，韩国便派水利专家郑国前来游说秦王嬴政，说只有修一条大型灌溉水渠才能从根本上解决关中干旱的问题。秦王嬴政信以为真，当即任命郑国负责灌溉水渠工程的建设工作。

其实，郑国是一个间谍，身负政治任务，也就是以修建水渠的名义，大肆挥霍秦国财力，最终达到“疲秦”的目的。谁料没过多久，郑国的真实身份就被秦王嬴政获悉。

秦王嬴政那暴脾气，眼睛里容不得沙子，不但把郑国抓了起来，还迁怒于所有在秦国做官的外国人，也就是客卿一类人，并下了所谓的“逐客令”，将客卿全部赶出秦国。而李斯正是这类人中的一员，因此也受到了牵连。

李斯闻讯，内心无比焦灼。刚刚崭露头角就半途而废，能不心焦吗？看到很多客卿同僚一边埋怨时运不济，一边收拾行囊准备回老家，他心有不甘，于是连夜奋笔疾书，写就了一篇上书，对秦王嬴政进行劝谏。这篇上书是历史名篇，流传千古，后人称之为《谏逐客书》，至今都是义务教育阶段学生的必背篇章。

文章开宗明义，反对“逐客令”，接着先谈历史，再谈现实，论据凝练充分，权衡利害，正反论证，进而说明“客卿强国”的重要性，内容逻辑严密，雄辩滔滔。

秦王嬴政看完后，被深深打动，不但收回了已下发的“逐客令”，恢复了包括李斯在内的大部分客卿的官职，还释放了农业间谍郑国，让他继续担任郑国渠工程的设计施工负责人。为此，郑国感激不尽，弃韩投秦，最终不负所望，修成水渠，造福关中百姓。

通过这件事，我们不难看出，秦始皇是一个有胸怀、有远见、识大局的帝王。跟着这样的领导混，只要有真才实学，一般都能得到充分发挥。

李斯才智过人，自然官也就越做越大，在秦始皇荡平六国时，他已经成为朝廷九卿之一，官居廷尉，掌管全国司法工作，可以说是手握实权。而现在，丞相王绾一伙人建议学习古人，继续实施分封制，搞得秦始皇很被动。而李斯对分封制向来是嗤之以鼻的，他主张中央集权制，当他窥探出秦始皇反感分封制那一套时，便趁机率领另外一伙人跳了出来。

在朝上，李斯义正词严地对王绾进行了反驳：

你们这些人的提议是误国误民，蒙蔽陛下！当年周朝就是采用你们说的这套办法，结果如何？开始还可以，后来呢？各国之间互相攻打，抢夺地盘，最后周天子也管不住了，导致周朝灭亡！如今，天下刚刚被陛下费尽心血平定统一，老百姓刚刚过上太平日子，你们这些人却为了个人私利又想玩这一套，难道想要秦朝重蹈覆辙吗？居心何在？

秦始皇边听边频频点头，这番话无疑说到了他的心坎上。王绾这伙人看秦始皇态度暧昧，面面相觑，场面一时陷入尴尬。

李斯见好就收，话锋一转，语气平和地接着说道："不如大家都吃国家俸禄，安享太平，别再要什么裂地分封的虚名了，以后国家还是由朝廷统一管理比较好！"

秦始皇一听，认为李斯这人真心不错，深知朕意，不但把王绾这帮老家伙的提议给否了，还提出了解决问题的办法，人才难得啊！于是，还没等到有人跳出来反对，他便装模作样地表态道："李斯的建议很有道理啊！天下百姓之所以常年受战祸侵扰，正是因为诸侯国互相争斗引起的啊！朕如今好不容易统一了天下，为天下苍生谋得了太平，怎么好再按照周朝的陈规弊制进行呢？难道又想陷百姓于水火吗？必须改革！"

这就是定性了，谁还敢再废话？都低头不语。最后，秦始皇指着李斯说道："李斯，就按你说的办，抓紧时间研究一下，把具体实施方案报上来！"

王绾这帮老家伙被搞得灰头土脸，扫兴而归。秦始皇因为有了李斯等人的支持，才不会再考虑他们的感受呢，高高兴兴地回了后宫。

李斯接到新任务后，激动不已，赶快回去召集人，按照秦始皇的要求，进行顶层设计。经过反复设计论证，最终将建国方案确定为郡县制，目的是加强中央集权管理。

其实，郡县制并不是李斯的发明创造，早在春秋战国时期很多地方就已经施行了，只是还没有在全国大规模推行过。因为没有过，所以困难非常大，只能摸着石头过河，特别是还要打破既得利益集团的固有管控模式和利益版图，政治阻力可想而知。但郡县制是李斯的政治理想，又有秦始皇做后台力挺，排除万难也要搞定。

按照郡县制的顶层设计，全国行政管理体系划分为三级：第一级是中央；第二级是郡；第三级是县。

中央一级最高长官是皇帝，也就是秦始皇，下面设置“三公九卿”辅助皇帝。

所谓三公，包括：丞相，负责全国行政方面的工作；太尉，负责全国军事方面的工作；御使大夫，负责全国纪检和监察方面的工作。

所谓九卿，指奉常、郎中令、卫尉、太仆、廷尉、典客、宗正、治粟内史、少府，分别掌管国家礼仪、禁卫、宫门、车马、司法、民族、宗室、财政、税收等工作，有点像现在的几大部委。

中央之外，全国划分为三十六郡，相当于现在的省，后来增加到四十郡，每郡设置守、尉、监："守”相当于现在的省长或省委书记，负责郡内政务；“尉”相当于现在的省军区司令或政委，负责郡内军事；“监”相当于现在的省纪检委书记，负责郡内纪检和监察。

郡下面又设若干县，每县设置令、尉、丞："令”相当于现在的县长或县委书记，负责全县政务；“尉”相当于现在的县武装部长，负责全县军事；“丞”相当于现在的县公检法司，负责全县治安和司法。

县级及县级以上官员一般都由朝廷统一任免；县级以下人员一般由民间选出，有点像现在的基层民主选举。

县下面设置乡、里、亭，十里一亭，十亭一乡，其中乡和里是行政机构，亭为治安组织。

“乡”相当于现在的镇，工作由民间推举的三老、啬夫和游徼负责：三老掌管教育风化；啬夫掌管诉讼税收；游徼掌管社会治安。

“里”是秦国最基层的行政单位，相当于现在的行政村或自然村，工作由民间推举的里正或里典负责。里正或里典相当于现在的村主任或村支书，主要负责管理村内日常事务，组织农业生产，在村内很有权威，像土皇帝一样。

“亭”是治安组织，不是行政单位，相当于现在的乡镇派出所。十里一亭，设有亭长，主要负责约十个村的治安工作，遍布于乡镇的各个重要地段。

后文中我们会写到刘邦，他就是亭长出身。

李斯的这套郡县制与我们现在的行政管理体系相似，形式上稍有区别，本质上都是为中央集权制服务。

郡县制确定了，接下来，就要按照郡县制的管理特点对百姓进行制约。

那么，具体怎么做呢？

16. 开始“作”了

郡县制确定了，接下来，就要按照郡县制的管理特点对百姓进行治理。首先将百姓的称呼统一更改为“黔首”。

为什么叫黔首呢？我们不妨把这两个字拆分后进行分析：“黔”字由“黑”和“今”组成。“黑”指黑色，前文中我们说过，秦朝是水命，崇尚黑色，老百姓日常身穿黑衣服、头裹黑头巾出门；“今”的意思是“当面的”。“首”指人的头部。“黑”“今”“首”结合在一起便有了“戴黑色头巾出门见人”的意思。

从“黔首”这个名字可以看出，秦始皇对他的万世基业用心良苦，只是用错地方了，用到封建迷信上了。正像现在的一些贪官，被政府批判为“不信马列，信鬼神”，结果栽了跟头。

为了庆祝实施郡县制的伟大胜利，秦始皇特别恩准百姓与亲朋好友聚会畅饮三天。有人可能好奇，聚会还要恩准啊？

是啊，这也要恩准！按照当时的秦朝法律规定，老百姓平时不能随便聚在一起，更不能三人以上聚会吃喝。所以，对于这次特别恩准，百姓们甭提多高兴了。但玩得正嗨呢，朝廷突然传达三项诏令：

一是老百姓要把家里藏的金属制品统统上缴，用来熔化铸造十二铜人，每尊重达二十四万斤，剩下的制成乐器。二是全国各地豪强总共十二万户即日起集体迁往首都咸阳，被政府密切监视居住。三是全国地势险要的地方，比如过去诸侯国之间往来经过的关隘、出口、城堡等防卫设施，必须拆除。

为什么要下达这三项诏令呢？秦始皇主要是担心诸侯各国的百姓思念故国，造反闹事，通过上述手段来管控风险。毋庸置疑，这些手段对防范百姓造反还是有作用的，但与此同时也带来很多负面影响：收缴了大部分金属制品，不但给百姓的生活带来了麻烦，还使整个社会的工作效率变得低下，不利于发展经济。地方豪强都被迫迁往咸阳，长途跋涉，背井离乡，人生地不熟，一旦返贫，不利于社会稳定。拆除地方城墙等防卫措施，虽然能从形式上防止地方势力割据一方，但不利于防范盗贼流寇。这些负面影响导致百姓怨声载道，为后来群雄造反奠定了人心基础。

但秦始皇当时可没想到这些负面影响，他感觉这样挺好，令行禁止，好不威风，天下好像也从此太平无事了。于是，他就开始变着法找乐子，用现在的话来说，就是开始“作”了。怎么“作”呢？

很多有钱人有个不好的习惯，在发达后的第一件事往往是置办房产，然后再娶几个美女老婆，生一大堆孩子。秦始皇贵为皇帝，也未能脱俗，而且变本加厉，更加“高大上”。

首先，他对自己的宫殿不满意了。以前的宗庙、殿堂、园林都是先秦时期留下来的，在渭河南边，早都玩腻了。现在六国已经荡平，秦始皇便派能工巧匠考察六国宫殿，把那些最好的建筑物画成图样。他亲自做总设计师，认真筛选，按照最满意的设计图样仿制建造六国宫殿。

六国宫殿可不是小工程，规模宏大，需要大量土地。秦始皇大笔一挥，拨出一块空地，不像现在有那么多审批手续，秦始皇说建在哪里就建在哪里。地块选在了咸阳北边，南到渭河，西到雍宫，东到泾河和渭河的交汇处。

不久，六国建筑拔地而起，有殿宇，有楼阁，有亭台，有园林，美轮美奂，绵延不断，层出不穷。为了适合各种天气玩耍，避免风吹日晒雨打，宫殿上面还特意建造了相互贯通的连廊，下面修筑了蜿蜒曲折的道路。宫殿完工后，秦始皇将六国的美女、乐器、奇珍异宝安置于其中，让每处都有美女侍候，每处都有音乐响起，每处都有珍宝把玩。

这样玩了一年多，秦始皇有点腻了，嫌地方太小，又下令在渭河南边增添宫殿，取名叫信宫。后来感觉名字不够大气，改名为极庙，象征天极星。

从极庙到骊山之间，又造了一座超大的宫殿，也就是甘泉前殿。这座殿通过一条甬道直接通到咸阳宫。

什么是甬道呢？所谓甬道，是指两边建有围墙的道路。这种道路既可以防范闲杂人等干扰，也能增加帝王的优越性和神秘感，很实用，只是太过奢侈。

搞得如此穷奢极欲，按说秦始皇应该满足了。但是，他哪里是位容易满足的主啊？很快他就厌烦了！

于是，秦始皇打算出去走走，巡游天下，看看自己亲手打下的大好江山。

“江山如此多娇，引无数英雄竞折腰。”腰都快累弯了，图个啥？不就是为了这大好河山吗？

巡游天下确实不错，既可以游览风景名胜，陶冶情操，又可以熟悉各地风土人情，向天下人昭示自己的文治武功，震慑四方。岂不一举两得！

只是秦始皇身份特殊，九五之尊，一国之主，出巡可不是件简单的事！什么安全保障、饮食起居、花天酒地、国家政务等乱七八糟的事一样都不能少，全都必须准备周全才行。想想，这得是多么庞大的一支队伍啊！

不说这些，仅道路交通就是个大问题，不像现在，有汽车、有高铁、有飞机，想到哪里分分钟的事。那个时候，最先进的交通工具莫过于马车，道路都是泥巴路，坑坑洼洼，崎岖不平。

那么，怎样才能让秦始皇舒舒服服地出去巡游呢？

第四章

巡游四方

17. 先西巡，再东巡

秦始皇准备巡游天下，看看自己亲手打下的大好江山，为了能够舒适出行，最起码要先把道路修缮好。

既然修了，就不能草草了事，秦始皇要用的道路，那叫驰道，相当于现在的“国道”，必须修出个样子。路至少要五十步宽，路两边每隔三丈还要种上青松，一定要高大茂密的那种，万一天气太热也能防晒避暑。总之，不能让功高古人、威风八面的秦始皇受了委屈。

要修路，就得花钱，而且是花大钱，这些钱自然要从老百姓身上搜刮，百姓们苦不堪言，而那些负责修路的官员都很高兴，因为趁机又可以大捞一笔了。不搞基础建设，那做官发财不就成了泡影吗？

既然是全国巡游，那么路就不能只修建一条，秦始皇诏令一下，九条“国道”同时开干，充分发挥中央集权制的长处。中央集权制最大的好处，就是能够在短时间内动员全国之力办大事。

始皇二十七年，“国道”修建得差不多了，这年秋天，秦始皇大约四十一岁的样子，下诏西巡，这也是他的第一次出巡。

所谓西巡，据史书记载是“巡陇西，北地，出鸡头山，过回中”。这些地方主要位于今天的陕西、甘肃、宁夏等省境内，距离都城咸阳并不太远。

为什么先西巡呢？除了游玩，秦始皇的主要目的是视察西北地区的边境防务工作，因为那里的匈奴人特别活跃猖獗。

由于是秋天前往，一圈下来，差不多就到了初冬，草木凋零，景色全无，北风吹过，令人不由得瑟瑟发抖。尽管当地官员热烈欢迎，秦始皇还是兴奋不起来，于是下诏，原路返回都城咸阳过冬。

第一次出巡略显无聊，过了几个月，冬去春来，万物复苏，春暖花开，秦始皇蠢蠢欲动又要出巡。不过这次路线变了，改成东巡。

东巡的“国道”早已修好，档次自然不会低于西巡的标准。因为是春天，路两边草木生长，空气清新，一派欣欣向荣的景象。秦始皇兴致勃勃，左顾右盼，心情比第一次巡游时显然要好很多。

行了一路又一路，一路顺当，没什么大事好说，秦始皇的巡游队伍直达齐鲁大地，也就是今天的山东省境内。

这天，秦始皇远远望见一座山，只见此山层峦叠嶂，木秀石奇，顿时被吸引，便问左右是什么山。左右回奏他是邹峄山。秦始皇游兴正浓，当下登山游览，览胜探奇。

在山上，他向东方远眺，又看到一座更为高大的山。这座山高俊挺拔，迎着晚霞，很是壮美。秦始皇不由得驻足凝视，感慨万千，好久才缓过神。他用手一指，向左右问道：“如果朕没说错的话，那应该就是东岳泰山吧？”

左右赶快上前齐声奉承道：“陛下圣明，正是泰山！”

有些领导非常自信，甚至自负，为什么？因为天天都能听到这样的马屁话，时间久了难免会迷失自我。秦始皇早已习以为常，配合着左右若有所思地又问道：“朕听说，古时三皇五帝到了这里都要举办封禅大典，朕要仿照古制，你们有人懂吗？”

你想想，三皇五帝到秦始皇该有多久远了，远古没有文字记载，全靠口口相传，哪里有人会搞这一套？

左右被秦始皇问得无法回答，摇头晃脑，相互交头接耳。秦始皇也是位见多识广、饱览群书的皇帝，就自己出主意道："这里是孔孟故乡，儒风盛行，肯定会有隐士高人知道这封禅遗制。你们把他们找来，在泰山脚下接驾，朕一问便知。"左右好像恍然大悟一般，又是一番"陛下圣明"，立即派人去找。

秦始皇这还不算完，认为既然已经来了，就应该留下点歌功颂德的文字，否则后人怎么知道自己来过。便对左右说道："朕好不容易到了这里，总得写点什么留给后人。你们可以弄篇好文章，找块大石头刻上。"群臣一听，忙齐声高呼万岁应答。

秦始皇留下的文字不知道还在不在，但是他的爱好还真被后人继承了下来。直到现在，无论到哪里去玩，总能看到"某某到此一游"的字样。如果你是个人物，字写得不错，文采飞扬，自然会被当成墨宝流传后世，可有的人写字如同鸡爪挠的一样，就大煞风景了，希望有此癖好的人能有自知之明，千万不要再干这种招人咒骂的事了。

事情安排妥当，天色已晚，秦始皇一行便下山住宿了。

当晚，那个最懂秦始皇心思的李斯，亲自咬文嚼字草成一文，呈给秦始皇审阅。秦始皇看到文章里褒扬自己的文字，十分高兴，当即批复。

第二天一早，李斯书写篆文，让人镌刻在邹峄山下的一块大石头上。

李斯的篆书堪称一绝，鲁迅曾盛赞其"小篆入神，大篆入妙"，李斯本人也被后世称为"书法鼻祖"。

李斯为什么那么受秦始皇重用，总结起来，与李斯的三个特点有关：

首先，李斯才华横溢，比如文章、书法都是当世一流，而秦始皇是个爱才之人。其次，李斯的政治主张与秦始皇契合，比如极力推行郡县制，加强中央集权管理等。最后，李斯擅于揣摩秦始皇的心思，用现在的话说，是最懂秦始皇的人。

游览完邹峄山，秦始皇一行浩浩荡荡地来到泰山脚下。

这个时候，早有七十多个老儒生等在那里了，他们远远望见秦始皇的车队，赶快分列两旁，夹道迎接，待车队来到跟前，纷纷跪倒在地，等候秦始皇接见。秦始皇缓步走下车，让老儒生们起身说话，先是装模作样客气一番，然后貌似谦虚地询问关于周天子泰山封禅的往事。这些老儒生虽然有学问，但泰山封禅毕竟是很久以前的事了，谁也没有亲身经历过，哼哼哈哈说不出所以然。

秦始皇就有一点不高兴了，大家默然不语，气氛略显紧张。

一个年迈的老儒生可能是眼神不好，抑或自持“年高望重”，颤颤巍巍走过来贸然进谏道：“怎么封禅俺不懂，但封禅时的一些规矩，俺还是知道点的。天子有好生之德，登山的时候注意不要伤到了花花草草，最好在路上铺些垫子，祭祀的时候打扫一下卫生，这才能显示天子的仁义节俭啊！”

老儒生的话没什么不妥，人之常情嘛，封禅祭祀总要心存善念，干干净净才好。可秦始皇不这样认为，听了很不高兴，心想你们这帮老家伙连封禅遗制都不懂，还给朕讲规矩，岂有此理，顿时脸色阴沉。

秦始皇是出了名的暴脾气，其他儒生一看情况不妙，赶紧上前替老儒生解围。但不管他们怎么胡诌逢迎，秦始皇都不买账了，索性让他们赶快滚蛋。

儒生们被赶走了，秦始皇才不会管老儒生口中的所谓规矩呢。那么，他会怎么做呢？

18. 泰山封禅，琅琊筑台

老儒生们被赶走了，秦始皇才不管那么多规矩呢，他的诏令就是规矩，于是派人斩木削草，凿山撬石，很快从山南面开出一条通向山顶的山路。沿着山路，车队顺利开到了山上。

在山上，秦始皇按照以前秦国的祭祀仪式，用土方铸成一座祭坛，摆设一些祭具，然后对着天空默默祷告，最后不忘了在石头上镌刻些文字表达一下自己的心愿，就算完成封礼了。

封和禅是两回事，封是“祭天”，禅是“祭地”，封礼结束后，还需要另外寻找地方搞禅礼。

于是，车队慢慢从北面下山，差不多到了一个叫作梁父的小山时，秦始皇感觉位置不错，便按照自己的想法，并结合传说中的一些办法，把一块平地打扫干净后，搞一个祭祀仪式就算完成禅礼了。

封禅仪式搞得是否准确不好说，秦始皇自己满意就行了，后来很多帝王都模仿着他的样子来到泰山举办封禅大典，也算是开了先河。

不知道是不是封禅仪式搞得不准确，抑或不合老天爷的意思，正要下山的时候，山上突然刮来了一股无名阴风，直把秦始皇仪仗队的旗帜吹得东歪西倒。接连又是几个大的旋风，吹得飞沙走石，整座山都阴暗了下来，瞬间暴雨如注，倾盆而下。

山里面下雨和平原不一样，不但雨水从天而降，而且山上的积水也会顺流而下，仿佛人处于瀑布之中，显得很恐怖。那么多人，那么多车，那么多随行物品，在那半山腰，秦始皇车队狼狈不堪的样子可想而知。

正当大家惊慌失措时，有人眼尖，发现不远处有棵粗大茂密的松树，像把硕大的雨伞支在那里。左右赶快把秦始皇的车架推过去避雨，围成一团。

由大松树遮风挡雨确实不错，只是偶尔从树叶缝隙中滑落的水滴有些烦人，但总比在空地上要好很多。这里特别说明一点，打雷下雨还是要尽量远离大树，秦始皇那会儿还没有科学常识，另外又是春天，躲在大树下问题也不太大。

躲在大树下能免遭风吹雨打，秦始皇很欣慰，认为这棵松树救驾有功，当即封其为五大夫。

其实，哪里是松树的功劳啊，是左右随从照顾周到而已，但秦始皇被他们照顾惯了，总认为是理所应当的，对他们的付出已经熟视无睹，所以才对突然出现的大松树心存感激。

秦始皇封赏大树，对身边人的功劳视而不见，肯定会引起不满，只是碍于他如日中天的权势没人敢说而已，一旦遭难，难免会墙倒众人推，后来的事实也证明了这一点。

不久，风停雨止，天空渐渐又亮了起来，大家四处收拾完，准备下山。但秦始皇意犹未尽，又命人在旁边的大石头上镌刻些歌功颂德之辞，这才下了泰山。

下了泰山，稍微休整，秦始皇的车队继续向东行进。一路上，只要遇见好山好景，秦始皇总要留些锦绣文章，自不必多说。

这天，秦始皇的巡游队伍来到了琅琊山脚下，也就是今天的山东省胶南县境内。登上琅琊山，秦始皇看到一座古台遗址，由于年久失修，破败不堪，于是就问左右古台的来历。

这座古台不算太久远，又比较著名，马上就有人上前回答道："回陛下，这台名叫琅琊台，是当年越王勾践命人建造的，距今估计有几百年了吧，当时主要是为了方便越王勾践向海上眺望而建。后来，晋国、齐国、楚国，还有咱们秦国，曾经在这座台上歃血为盟，辅佐周室。”

秦始皇听完，“哼”了一声，很不服气，大声说道：“越王勾践有什么了不起，竟然能够在这荒郊野岭建造琅琊台争霸中原，朕现如今一统天下了，难道还不如勾践吗？传朕旨意，立刻削平该台，重新建造，规模要大它几倍，以显我大秦神威！”

秦始皇发话了，谁敢不服从啊？但还是有懂行的人壮着胆子试探着进谏道：“陛下，这么大一个工程，短时间内恐难完成啊，不如从长计议，我们先到其他地方转转，回头再说。”

秦始皇一下子就火了，大怒道：“什么短时间内很难完成？这么个小破台子，朕亲自在这里督造，难道还不能完成吗？”

此话一出，谁还敢再磨叽，立即着手安排开干。秦始皇肯定不会自己动手领着干，身边的大臣和地方官也不会，这就又苦了当地老百姓。一万人不够，两万人，两万人不够，三万人，人多力量大，又加上秦始皇亲自督造，没有人敢偷懒，效率自然比平时高很多倍，三个月就完工了。

一些领导都爱说这样一句话：“没有干不到，只有想不到！”从主观能动性的角度来讲，这话还是有一定道理的，只是代价比较大。如果没有考虑好代价和产出的关系，贸然行事，难免得不偿失，即便做到了又有什么好处呢？还是认真分析，科学决策比较好！

对秦始皇来说，他的旨意就是科学决策。在他的科学决策下，琅琊台仅基础就建有三层，每层高五丈，台下面可以容纳几万人家居住，规模宏大，极为雄壮。看到自己的杰作，秦始皇很满意，这一满意便会皇恩浩荡，当即下诏奖赏那三万劳力，命他们携家人迁过来居住，免役十二年，看守琅琊台。

琅琊台好不容易建造好了，按照老规矩，立碑刻辞留念是规定动作，文章内容对秦始皇歌功颂德，是永恒不变的主题。接下来，秦始皇便在这里住了下来，经常带着左右跑到琅琊台上看海。遥望浩瀚无垠的大海，秦始皇浮想联翩，对大海尽头充满好奇。突然有一天，秦始皇望见海上有高楼大厦，人影往来，摩肩接踵，好不热闹，仿佛繁华闹市一般，揉揉眼睛，仔细辨认，却又忽隐忽现，一会儿就不见了。

这究竟是怎么回事呢？

19. 世上只道神仙好，哪知成仙太难了

在海边，秦始皇看到了一幕奇异景象，其实这个奇异景象就是海市蜃楼。

秦始皇长期生活在今天的陕西关中地区，四面环山，大海都没怎么见到过，哪里会知道这种自然景象，自然惊讶不已，他问左右是否看到了刚才海上的情形。有人说看到了，也啧啧称奇。

秦始皇身边很少有人在海边长大，即便有，对这种自然现象也无法用今天的科学观点来解释，就神秘兮兮地胡诌道：“陛下，听说这海上有蓬莱、方丈、瀛洲三座神山，山上有神仙啊，想必是他们在显灵！”

经人一提醒，秦始皇恍然大悟，拍着脑袋说道：“对……对……朕很早以前就听说过，有几个燕国人，名叫宋毋忌、羡门子高什么的，声称世上有成仙之道，说人死后可以升天成仙，很多人还拜他们为师，请求传授长生不老术。据他们说，在海上有三座神山，那里有很多神仙，可以提供长生不老的丹药。”

听秦始皇讲故事，左右不管听过没听过，都装作很好奇的样子，竖耳倾听，偶尔还会点点头，呈现出“原来如此”的神态。看左右听得认真，

秦始皇情绪高昂，稍微顿了顿，好像很有见识地继续说道："朕还听说，齐威王、齐宣王、燕昭王都曾经派人入海寻找过那三座神山，由于风大浪高，无法靠近，没有成功。原来那三座神山就在这里啊，以前朕只以为是江湖术士骗人的把戏，不想今天亲眼得见！"

听秦始皇说到激动处，左右都附和着说道："是真的！是真的！"

在附和声中，秦始皇沉思片刻，突然略显惆怅，长叹一声说道："唉……朕贵为天子，却免不了生老病死，还是做神仙好啊！"原来，秦始皇想到了生死之事才如此伤感，左右忙齐刷刷跪倒在地劝慰，祝福秦始皇万寿无疆的话说了一大堆。但再怎么祝福，也无法让秦始皇释怀。

接下来一段时间，秦始皇干脆不在琅琊台上看海了，而是直接来到海边四处张望，想必认为离得近看得清楚一些吧。偶尔还是能看到之前所见过的奇异景象，这让秦始皇非常着迷，流连忘返。

俗话说："上有所好，下必趋之。"秦始皇有了求仙得道的想法，身边左右便想方设法去迎合。通过打听，大家了解到附近有一个叫徐福的方士神通广大，对成仙长生这种高级技术很有研究。

什么是方士呢？通俗点说，就是以中医炼丹、占卜算卦、仰望星空为职业的一类人。这类人现在被认为是搞封建迷信的，在那个年代却非常重要，因为他们懂中医，可以给人看病开方，貌似有神奇的力量。

在古代，医卜不分家，从事中医研究的人都懂一些占卜算卦的玄学。从某种意义上来说，它们有一定的内在的逻辑联系，我们这里就不多做解释了。

徐福就是一位方士。现在很多电视剧把徐福有点妖魔化了，说他是一个江湖骗子，实际上他还是有点真本事的。据说，徐福是鬼谷子的关门弟子，传说的事情大家听听就可以了，不必太较真，但不管真假，既然这么传说，也说明徐福能耐不一般。

有史书记载，徐福博学多才，通晓天文、地理、航海、医学等专业知识，即便现在看来，这些专业也都属于高精尖学科。而且，他还精通辟谷、气功、炼丹、修仙等玄学，甚至他的武功也不错。

徐福不但本事很大，而且人品口碑也极好，他同情百姓，救死扶伤，乐于助人，因此在沿海一带深受爱戴。后来徐福不见了，当地老百姓还主动出资为他修建了“徐福庙”，他出生的村庄改叫“徐福村”。

就是这么一个人，被推荐到秦始皇那里，秦始皇肯定深信不疑了，当即下令召见。而徐福也是艺高人胆大，当仁不让，见了秦始皇主动请缨道：“陛下，给俺三千童男童女，愿舍命入深海，前往求仙。”为什么非要三千童男童女呢？史书中没有说明，我们也无从得知，难不成神仙那里需要童工？这个不必纠结！反正秦始皇非常满意，认为徐福不同凡响，说话痛快，不像身边那些人只会溜须拍马，关键时候啥都不懂。

于是，秦始皇命人严格按照徐福的要求准备。待准备妥当，徐福便带领三千童男童女，择吉日，选良辰，斋戒沐浴之后，航海东去。

自从徐福走后，秦始皇也没闲着，天天站在琅琊台上翘首张望，盼星星盼月亮地苦等。等了一两天，一点消息也没有，又过了一两天，还是音讯全无，真是度日如年啊！时间久了，秦始皇不免焦躁不安起来，就经常到海滩上溜达。

这天，突然有几只求仙的船只回来了。秦始皇匆忙派人喊来船夫，询问求仙的情况。那些船夫摇头晃脑，唉声叹气地说道：“哎呀，海风实在太大了，而且是逆风，多次都接近神山了，可是怎么也靠不上去啊！徐福先生还在那里想办法，让我们先回来向陛下禀报。”秦始皇闻听，不免有点失望，但还有一丝侥幸心理，便继续等消息。

不久，徐福也乘船回来了，说辞和之前船夫的差不太多，只是把困难描述得更大一些，顺便不忘记把自己吹捧成九死一生的英雄。也许徐福说的是实情，但也不排除他和船夫们串通好来蒙骗秦始皇，赚点钱花。至于究竟什么情况，只有神仙知道了。总之，一无所获！

正所谓：“世上只道神仙好，哪知成仙太难了。”尽管求仙未果，但向来霸气侧漏的秦始皇这次表现得很大度，并没怪罪徐福。估计他对徐福这种半神半人的方士也有敬畏之心吧。这样一来二去，秦始皇在海边就住了很长一段时间。既然仙人没有求到，那也该回咸阳老家了，总在琅琊台耗着也不是办法，万一都城咸阳发生变故，别说神仙做不成，就连皇位也要拱手让人了。

临走前，秦始皇不忘再三嘱托徐福继续求仙，千万别懈怠，只要能求仙成功，钱是小意思。之后，便依依不舍带队起驾西归。西归路上，秦始皇也不顺心，那么究竟还会发生哪些不顺心的事呢?

20. 无名怒火瞬间爆发

秦始皇在琅琊台求仙未果，率队西归。这天，路过彭城，也就是今天的江苏省徐州市，他突然想到了一件旧事。

什么旧事呢?

这件旧事发生在先秦时期秦昭王的时候，史称“九鼎迁秦”。

所谓“鼎”，通俗地说，就是指做饭用的大锅，“九鼎”就是九座大锅的意思。因为民以食为天，所以做饭的大锅自古就被赋予了政治意义，象征着国家政权。

传说九鼎最早由上古时代大禹派人铸造而成，代表中华九州，谁拥有了，谁就是中华九州的统治者。九鼎如此重要，所以被当权者当作传国之宝妥善保管传给后人。到了周朝，自然归周王保管，一直流传到周朝最后一位君王周赧王手里。

周赧王时期，秦国已经非常强大，国王是秦昭王。如果不熟悉秦昭王的话，那他的老妈你肯定知道，电视剧《芈月传》曾经风靡全国，里面的芈月就是秦昭王的老妈，原名芈八子，史称秦宣太后。

俗话说："一个好媳妇，三代好子孙。"芈月那么厉害，儿子秦昭王更是了不得，今天打这个，明天攻那个，嚣张得很。当时韩、赵等国被秦国打急了，就联合起来共同抗秦。西周深受诸侯国的影响和胁迫，也卷入了这场是非。

说到西周，细心的读者可能会想到我们在前文中曾说过吕不韦灭东周的事。其实这里的东、西周指的是东周末期分治出来的东、西周两个国家，并不是时间顺序上先后出现的东、西周朝，大家别误会了。

西周掺和进来了，诸侯联军为了师出有名，便打着周赧王的旗号合纵抗秦。这可惹恼了秦昭王，他向来雄心勃勃，虎视天下，早就想干掉西周了，既然西周参与抗秦，正好为他出兵提供了口实。

公元前 256 年，秦昭王派大军攻打西周。

真动起手来，迫于秦国的强大国威，其他诸侯国都不敢轻举妄动。西周本来就名存实亡，没什么实力，哪敢正面对抗。周赧王一看情况不妙，保命要紧，赶快投降。

秦昭王一不做二不休，干脆把周赧王的王爵给削了，将其赶去梁城，也就是今天的陕西省韩城市。到梁城一个多月，周赧王就死了，自此西周灭亡。

看见没，这西周和东周一样，也是由秦国所灭。

西周灭亡了，九鼎自然归了秦国，秦昭王派人将其迁入秦国都城咸阳。但是在途经彭城东边的泗水河时，有一鼎不小心掉进河里，当时没能打捞上来，结果九鼎变成了八鼎。为了好听，后人还是称之为九鼎。有了九鼎，意味着秦国就成了天下共主，以后可以名正言顺地讨伐诸侯国了。

这个故事中有个细节，不知道你有没有留意到，就是九鼎中有一鼎不小心掉进了泗水河里。秦始皇路过彭城时，就想到了这尊鼎，认为自己都统一天下了，九鼎还没团聚，不应该啊！于是，他便派人下水打捞，这一派就是上千人，而且这些人各怀水中绝技。

按照辈分，秦昭王是秦始皇的太爷爷，自从那只鼎掉到泗水河里，粗算也有五十多年了。你想想，当时都没能打捞上来，现在还能打捞上来吗？

结果可想而知，如大海捞针一般，一无所获。

秦始皇自尊心多强啊，讨了一场没趣，感觉很不吉利，羞恼万分，但也无计可施，只好带着一肚子火离开了彭城。从彭城向南渡过淮水，然后乘船驶入长江，顺江而上，秦始皇的船队这天就到了洞庭湖附近。突然，水面上狂风大作，把船只吹得东倒西歪，险些翻船，比在泰山上那股阴风还要危险。

水上不比陆地，一旦翻船不死也淹得够呛，俗话说“水火无情”嘛。秦始皇吓得魂不附体，幸亏船由真材实料建造，又加上船工们都是精挑细选的老手，总算控制住平衡，慢慢向岸边靠近。

这一路，回想起来，没一件顺心事，秦始皇越发懊恼，一股无名之火已经点燃。待船队靠岸稳定后，抬头向岸上举目张望，当头就是一座高山，山中隐隐约约有红色围墙显现，状似一处祠庙，秦始皇好像认得，强压怒火回头问左右道：“这就是那座所谓的湘山祠吧？”左右忙呼陛下圣明。秦始皇略显不屑地又问道：“祠里供奉的是哪路神仙啊？”有人上前应承说是湘君。想必秦始皇也是好学之人，总是打破砂锅问到底，继续问湘君的来历。

这下可把左右给问住了，都支支吾吾说不清楚。幸好，随从中有一位博士对此有所了解，他从旁边凑过来，小心翼翼地解释道：“陛下，传说这湘君就是尧的两个女儿，舜的两位夫人啊，名叫娥皇和女英。舜东巡时死在了苍梧，娥皇和女英听说后，赶过去奔丧，路过此地，由于悲伤过度，最后都死在了这座山上。后人为了纪念她们，在此立了祠堂，取名为湘君祠。”

仙没求到，锅没找到，秦始皇一路上就没有称心如意的事，刚又受到了惊吓，闻听此言，更是气不打一处来，顿时怒火中烧，吼道：“什么香君臭君，朕不管！朕贵为皇帝，皇帝出巡，鬼神都必须让道！湘君算老几，也敢出来吓唬朕，把这山给朕烧了！”

说烧就烧，君无戏言！左右赶快跑下船安排地方官员组织人马，把山上树木给砍伐得一干二净，然后付之一炬。这把无名大火直把整座山烧得通红，方才消了秦始皇心中那股恶气。恶气出了，秦始皇下令启程，然后取道南郡，进入武关，回到了都城咸阳。

这一路奔波，虽说有地方官的精心招待，宫女宦官的周到伺候，但无论如何也比不上在皇宫里住着舒服啊，咸阳的豪华六国宫殿才是安乐窝：六国的奇珍异宝任由欣赏把玩；六国的美酒佳肴任由随时尝鲜；六国的美妙音乐任由缠绵不断；六国的美女娇娃任由日夜狂欢，这样快活的生活真是胜似神仙！

由于之前战乱不断，老百姓苦不堪言，自从秦始皇荡平六国，统一天下后，虽然朝廷专制，秦法严酷，以暴易暴，但老百姓总算过上了安定的生活，都很珍惜这来之不易的局面，天下自然进入了较为稳定的状态。

很快又过了一年，也就是始皇二十九年，此时，秦始皇大概四十二三岁的样子。虽然前两次出巡都是跋山涉水，饱受风霜雨露，而且还有些许不愉快，但秦始皇好大喜功，生性好动，是个安静不下来的人，一想到外面的大好河山，就又动了出巡的念头。

那么，这次他又要去哪里呢？

21. 天上掉下来一个大铁锤

在都城咸阳待了一年多，秦始皇又动了出巡的念头，说走咱就走，正好阳春三月，方便出行。

通过前两次出巡，秦始皇认定还是春天出去好玩。上次东巡，没玩尽兴，很多心愿未能达成，最重要的是，他很想知道徐福这小子是否已经帮他求到仙了，所以这次仍然安排东巡，故地重游。

出去玩多了，经验更加丰富，就像驴友野外探险一样，每次都会有新的感悟，然后不断改进，加强装备。秦始皇也是如此，这次出行无论是仪仗队、随从武士，还是宫女、宦官，数量都比上次加倍，声势空前，目的无非是更有排场一些，更舒适一些。

一排排雁行而过，一对对鱼贯而出，一个个全副武装。好在道路修得足够宽敞平整，这么多人也能宽松前行。一路上，除了日常公务，没什么大事发生。这天，车队进入了阳武县，也就是今天的河南省新乡市原阳县境内。

当路过博浪沙时，忽然听到一声巨响，一个庞然大物从天而降，擦过秦始皇的座驾，正中旁边的一辆副车。众人惊呼，一片哗然，都飞奔过来护驾。再看那被砸中的副车，早已歪倒在地上，面目全非，只见一个大铁锤牢牢地压在上面。幸好是辆空车，车上没人，否则不死也残了。

为什么是空车呢？古代帝王出行一般有三十六辆附属车辆，前后左右蜂拥前行。一方面显得威风霸气上档次，另一方面主要是出于安全考虑，万一有紧急情况，可以作为缓冲隔挡。

正是这种空车掩护，秦始皇才幸免于难，可他的心理却受到了强烈冲击。

平白无故，突然一个大铁锤从天而降，岂不是怪事？难道天上掉下了陨石吗？而这陨石长得也太有型了吧！显然，肯定是有人蓄意而为，是冲着他秦始皇来的！

秦始皇顿时暴跳如雷，这还了得，光天化日，朗朗乾坤，竟然敢行刺朕，还有王法吗？左右随从武士急忙四处追寻刺客，结果空手而回，毫无收获。秦始皇瞪着龙眼大吼道：“天上难道会下铁锤？绝不可能！一定是你们都来保护朕，让那刺客溜掉了！这么短时间，肯定跑不远，你们抓紧再去搜查。朕活要见人，死要见尸！”

左右一听，哪敢怠慢，急命地方官增加人手，扩大巡视范围，挨家挨户搜查。周围百姓哪见过这阵势，都吓得要死，乖乖配合，但还是一无所获。

地方官只好硬着头皮回来，请求秦始皇再宽限点时间，并将搜寻范围进一步扩大。秦始皇抓人心切，同意延展十天，要求务必将刺客缉拿归案，并号令天下搜捕。

十天转眼就过了，刺客还是音讯全无。秦始皇干生闷气，也没辙，只好处理了几个地方官了事。

那么，行刺秦始皇的人究竟是谁呢?

真正动手的人，历史上并没有详细记载，只说是一位大力士抛了那个大铁锤，究竟姓甚名谁，没说，我们也无从得知。但凡是刺客杀手，一般背后都有指使人，这次也不例外。那么，指使人会是谁呢?他的名字叫张良，字子房，对历史稍微有点了解的人对他的事迹都应该耳熟能详。对，你想得不错！他就是汉初三杰之一，刘邦的首席军师，名垂千古的张良，张子房是也。

张良出身相门，祖上是韩国人。他的爷爷名叫张开地，老爸名叫张平，都曾经是韩国的相国，而且都是著名的政治家和军事家。在当时，张家有“五世相韩”的美誉。

什么叫五世相韩呢?张开地自己辅佐了三个韩王，儿子张平又辅佐了两个韩王，加在一起可不就是五世相韩。

看来帝王不好干啊，好像都不太长命，人家两代陪你玩了五代，还落个“五世相韩”的美名。

所以，大家不要总想着当老大，那往往不是人干的活，容易折寿短命，还是老实做好自己力所能及的事比较安全。

张良出身于“五世相韩”的相门家族，是名副其实的官少爷。本来，如果不是秦始皇荡平六国，统一天下，张良这官少爷肯定当得逍遥自在，平时开开马车，逛逛夜总会，溜溜爱犬，将来说不定还能子承父业，做个官三代，顺畅一生。

可是，韩国偏偏被秦始皇给灭了，而且还是六国中第一个被灭的，这官三代是做不成了。国破家亡，何况是相国之家呢？受到严重冲击在所难免。

韩国刚灭亡时，张良还是一翩翩少年，没有成人，突遇如此变故，小小心灵受到的创伤可想而知。但张良非同寻常，小小年龄却有凌云之志，国破了，家亡了，他仍然不甘心，一心想着为国家报仇雪恨。家里门客仆人原本有三四百号，张良都给打发走了；自己亲弟弟死了，他也不管，匆匆埋葬了事，整天忙着花钱收买些义士能人，计划行刺秦始皇。

当时秦国正在势头上，秦法又那么严酷，谁敢在老虎头上抓痒，太岁头上动土啊？好不容易碰到几个力大如虎、貌似义薄云天的勇士，也是骗吃骗喝而已，因此折腾了好多年，张良也没弄出个名堂。他不甘心，心想天下之大，就不相信找不到一位侠义之士帮助自己完成心愿，于是借着游学之名，到处寻访。

张良先到淮阳去学习了礼法，因为懂了礼法，气质谈吐才显得高大上，才容易让人接受。淮阳现在仍然叫淮阳,位于河南省周口市。那里有座陵墓，非常著名，名叫太昊陵，相传埋着人文始祖伏羲氏，有机会大家可以去祭拜一下。

在淮阳学完礼法，张良认识了一位知名人士。这位知名人士人称仓海君。仓海君是何许人也？很遗憾，史书上没说太清楚，只说他为人仗义，在当地德高望重，有点地位。之前的礼法没有白学，张良的言行举止都比较得体，亲和力爆棚，仓海君与他一见如故，很是投缘，无话不说。

所以，懂得为人处世非常重要，它可以帮助你结交各种各样的朋友。如果你“出口成脏”，目中无人，自以为是，不懂礼数，只会让人敬而远之，人生之路自然也就越走越窄。也许有些年轻人不以为然，认为自己聪明得很，见人说人话，见鬼说鬼话。其实，当你形成了某种不良习惯后，想靠一时的见风使舵蒙混过关是很难的，因为真正有见识的人，一眼就可以洞穿你的想法，离你而去，怎么可能还会给你机会呢？气质和气场是通过长期的生活习惯潜移默化形成的，由内而外发出的，靠一些自鸣得意的小把戏与人相处，只会自欺欺人。这也是物以类聚、人以群分的主要原因！

张良和仓海君两人就是属于同类，志同道合，当他们谈到对秦始皇的看法时，产生了强烈共鸣。仓海君好像比张良还激动，怒发冲冠，眼珠子都快瞪出来了，张良趁机表达了自己计划刺杀秦始皇的真实想法。

仓海君闻言，当即承诺帮助张良找到一位大力士完成心愿。不久，他还真找到了，那么，张良对这位大力士满意吗？

22. 精心谋划，失败告终

仓海君帮张良找来了一位刺杀秦始皇的大力士。这位大力士长得五大三粗，身材挺拔，双目炯炯有神，一看就不是等闲之辈。张良非常满意。

人已经找到了，怎么用，就看张良的了。

张良已经长大成人，而且之前又有过多次上当的经历，现在看人待物谨慎了许多，他没有一上去就把自己的真实想法说出来，而是先交朋友，好吃好喝管着，平日里试探这人的本事和德行。

所以说，年轻人吃亏上当是福，越早吃亏越好，不要抱怨江湖险恶，出来混总是要先缴学费的，悟性好少缴点，悟性差多缴点。总之，没人会给你免费授课。

此时张良的年龄还不太大，但为人处世已经很老到了，就是因为其经历坎坷所致。

现在很多年轻人是在父母的精心呵护下成长起来的，可能做事就没有张良那么缜密，毛糙得很。一看是好朋友介绍来的人，那还有错？人又长得高大魁梧，正气凛然，自己也急于成功，肯定第一次见面一激动便和盘托出真实意图。俗话说：“人心隔肚皮，做事两不知。”你知道人家是什么来历？朋友介绍的就一定可靠吗？还真不一定！

我们还是应该学习张良，试探后再说。一试不当紧，张良更加满意！

这位大力士虽然人长得粗壮，但动作很麻利，矫健绝伦，手段高明。更重要的是德行很不错，知恩图报，耿直爽快。看时机差不多成熟了，也成为好朋友了，张良才直言相告自己的真实打算。

有书上说，大力士还没听完，就爽快答应了。我对这样的说法向来持怀疑态度。怎么可能呢？他又不是傻子，这是要掉脑袋的事啊！

估计更大的可能是，大力士思前想后，感觉受了张良那么多恩惠，自己又有那么好的口碑，不能坏了名声，这才勉强答应，但又装作很爽快的样子，因为再勉强也不能破坏了“造型”啊，你说是不是？所以，出门做事，没有把握，尽量不要随随便便拿人家的好处。常言说：“拿人家手软，吃人家嘴短。”

虽然不要学西方人那样没有人情味，凡事都搞什么AA制，但最好也能够做到礼尚往来，不能只管吃拿，过于受人家恩惠。否则，不知道哪天人家要你以死相报，就划不来了。你说我就是不报，那你的名声坏了，导致“社死”也总归不好吧！

废话少说，还是看张良怎么进行下一步行动。

既然要行刺，而且行刺的是秦始皇，那就要准备得更加周密一些。那时候没有枪支大炮，就连刀枪剑戟等金属制品，也都被秦始皇没收熔化了。即便有这些武器也不行啊，秦始皇是皇帝，走到哪里不是里三层外三层的，陌生人很难近身。

怎么办呢?

张良和大力士反复合计，决定根据大力士的能力特长，量身定做一款新式武器——大铁锤。一锤抛过去，非死也重伤。有人说，真笨，怎么不用箭，箭多好使，携带也方便。不过对箭的准确度要求很高，这大力士也不一定擅长，一时半会儿很难练出真功夫来。还是大铁锤比较顺手，准确度要求也没那么高，一下子抛过去，车毁人亡，杀伤力足够大。

铁锤秘密铸造好了，大约有一百二十斤。一听这个数字，估计很多人吓了一跳，心想，那么重，有没有搞错！其实，秦汉时期的一百二十斤没那么重，最多相当于现在六十多斤的样子。这个重量对大力士来说应该正好，既能抛得足够远，也能确保足够大的杀伤力。

张良将铁锤交给大力士，让他平时多训练一下抛铁锤的功夫，提高准度。经过一段时间的训练，大力士感觉得心应手了，张良便带着他告别仓海君，伺机而动。

恰巧，秦始皇这个时候开始了他的第二次东巡。

张良获知消息后，兴奋得直搓手，忙与大力士一起商议如何行动。接下来，他们就像劫匪打劫银行一样，开始研究秦始皇的行驶路线和所经路段的地形地貌，反复进行沙盘推演，看哪里既方便下手，又方便逃跑。

选来选去，就选在了博浪沙。为什么选在博浪沙呢?很多人有疑问，包括史学家也都质疑，认为这个地方选得实在不好。

博浪沙位于今天的河南省原阳县城东郊，去过的人都知道，那里属于豫北黄河冲积平原地带，周围没有小山丘。有电视剧将剧情拍成张良和大力士藏在山丘之上抛下铁锤，应该不符合实际情况。

既然没有山丘，在平地上，那就只有平抛了。六十斤的铁锤，平抛的话，随便抛能抛多远，就是现在的专业铅球运动员最多也就抛二十米出头。距离太近了，秦始皇的仪仗队都能覆盖，所以也不太对。

有人可能会说，那就在铁锤后面拴条绳子或铁链，转两圈甩过去。采信这个说法的人为数不少，包括有些电视剧也是这样拍的。但我个人认为这也很牵强。这样转着圈甩，准度有保证吗？能一击必中吗？还真不一定有射箭来得精准！

我们不妨试着推理一下，权当做次考证吧。

我们先看看博浪沙的名字，顾名思义，博浪沙这个地方，风沙应该很大，因地取名嘛。事实也是如此，有史书记载，当年博浪沙那里一旦风沙起来，铺天盖日，让人睁不开眼，昏天黑地的。张良和大力士刺杀秦始皇的那天应该就是如此。

另外，我们再研究一下秦始皇所经过的道路。

这是条精心修建的“国道”，也就是秦始皇专门为出巡而修的驰道，前文中我们已经说过，道路级别非常高。搞过土木工程的人都知道，这样的道路，路基一般都要进行大量土方置换。置换的土方在路两侧会形成土堆，而且还有一定的高度和宽度。按照当时的要求，道路两侧还种着高大茂密的树木。

作案现场姑且按照这样的推理分析布置完毕。然后，张良和大力士来到作案现场，首先是察看地形。

张良一介书生，过来也没什么用，跑的时候说不定还很容易被抓住当作侦破案情的突破口。因此，与其说他是来协助的，不如说他是来监督的，别被大力士这小子给耍了。

为了方便逃跑，张良应该站在土堆外侧下面，一旦得手，马上逃掉。而大力士呢，一个人爬到土堆上，借着茂密树木的掩护蹲在那里，又赶上风沙天气，更加安全可靠。

待秦始皇东巡的车队浩浩荡荡开过来，大力士屏住呼吸，看准秦始皇的座驾，突然站起，从高处将铁锤抛下。可能太紧张了，刺杀秦始皇谁不紧张啊？结果用力过猛，铁锤擦过秦始皇的座驾砸中副车。

这样推理不知道是否合情合理，大家如果有兴趣的话，也可以去推理着玩，就不要在这里争论细节了！

大铁锤已经抛出去了，中不中也来不及管了，逃命要紧，张良和大力士两人趁着遮天蔽日的风沙逃之夭夭。当然，与所有作案团伙一样，一旦完事，两人各奔东西，永不相见，以免逮着一个，另外一个也跑不掉。

结果大家已经知道了，秦始皇安然无恙。张良听说后，捶胸顿足，扼腕叹息，但没听说大力士被抓，又庆幸不已。那他以后又会做何打算呢？

23. 偶遇世外高人

行刺秦始皇失败，张良倍感遗憾。遗憾归遗憾，还是逃命要紧。博浪沙非久留之地，张良只好隐姓埋名，逃到了下邳，也就是今天的江苏省睢宁县古邳镇，距离博浪沙大概有好几百里。

来到下邳，张良找个地方藏匿了起来，风声实在太紧，暂时不敢抛头露面，吃喝全靠外卖，估计没少打赏外卖小哥，否则如此鬼鬼祟祟，早被人举报了。

幸好身上钱多，不上班工作也能保证吃穿住没有大问题。看来财务自由自古都很重要，可以随心所欲干自己想干的事。

过了一段时间，朝廷对博浪沙刺杀事件追查得没那么严了，张良才出来透透气，散散心。人是社会性动物，老宅在家里自娱自乐，早晚也会宅出毛病。张良这一年轻小伙子肯定早都憋坏了。下邳有一座桥，周围景色宜人，行人较少，他经常来这里晒晒太阳，发发感慨，聊以自慰。

一天，正当张良在桥上出神发呆的时候，有一位白发苍苍的老头蹒跚着从桥下走上来。刚走到张良身边，突然他的一只鞋子不小心掉了，顺着台阶滚落到桥下。

这老头看张良在旁边，就不客气地指使道："小伙子，快下去，把鞋子给我老人家捡上来！"

张良正在想心事，听有人这么没礼貌地冲他讲话，打断他的思绪，有点生气，转过头就要发作，但一看说话的人是个老头，年龄大约七八十岁的样子，身穿毛布衫，手里还拄着个拐棍，眼睛死死地盯着滚下桥的那只鞋。

张良是在淮阳专门研修过礼法的人，科班出身，尊老爱幼是必修课。他意识到这老头年老体衰，行动不便，才叫他帮忙捡鞋，虽然说话不礼貌，但毕竟是老同志，倚老卖老也正常。

看看张良这情操多高尚，比现在一些少不更事、动不动骂老人的"喷子"不知道好多少倍。什么老人不能扶了，什么坏人都变老了，什么老人全变坏了，好像自己家没有老人，自己不会变老一样，站着说话不腰疼。你真正去了解过老人的内心世界吗？了解他们的感受吗？如果没有，你就不能妄自下这样的结论，以偏概全！

俗话说："老变小。"不只是说人的身体结构，也在说人的性格。人一老就如同小孩子一样，会有点任性，其实只是渴望有人关注关心罢了。

希望那些爱喷老人的年轻人多学习中国历史，向张良同志学习。而我们中国历史上也从来不缺张良这样的楷模榜样。

那么，张良究竟是怎么对待那个求助他的老人的呢？

张良二话不说跑到桥下，把鞋子给老头捡了上来。那老头已经坐在了桥的台阶上，斜靠着桥栏板正瞅着张良。按说张良已经做得够可以的了，可是老头又发话了："小伙子，把鞋子给我老人家穿上！"

张良有点挂不住了，又好气又好笑，心想你小伙子长小伙子短，真不把自己当外人啊，不过又想，老人家嘛，就是这样，我不妨好人做到底。于是，他一条腿长跪下来，另一条腿曲着，弯下腰，一只手捧着老头的脚，另一只手小心翼翼地将鞋子给老头轻轻穿上。

忍不住又想夸张良几句，从史书中的描写可以看出，张良的确有涵养，不是一般人，不愧为流传千古的英雄人物！

想想我们遇到这样的事可能会怎么做，估计大部分人早已经破口大骂了："你有完没完，拿自己不当外人啊，得寸进尺啊，倚老卖老啊，回家找你们家儿子去！"可是张良没有这么做，这就是他的过人之处，非常值得现在的年轻人学习。

此时，老头脸上流露出一丝不易觉察的微笑，待鞋子穿好，也不感谢，起身从容地径直向桥下走去，也没了当初的蹒跚。张良感觉这老头很奇怪，不由自主地跟了过去。

大概跟了一里路的样子，那老头好像发现有人在跟踪他，突然停了下来，转过身朝张良招招手，示意张良过来。张良立即快步奔上前去。老头和颜悦色地说道："小伙子啊，你人很不错！我们爷俩有缘，这样吧，五天后的早晨，你到桥上来等我，我有话跟你说。"

张良是绝顶聪明之人，一看这架势，就知道遇见世外高人了，马上跪倒在地满口答应。老头也没扶他，转身扬长而去。张良心情澎湃，激动不已，也不再跟了，直接回家专心候着。

一晃五天到了。

这天，天刚亮，张良便起床了，他认真洗刷一下，打扮得干干净净来到桥上。可那老头好像早已等在那里了，看到张良才来，有点不高兴地说道："小伙子啊，你与我老人家约会，应该早到才是，怎么这个时候才来呢？你回去吧，五天后早点再来见我！"

说完，不听张良解释，又扬长而去。张良知道自己做得不对，睡懒觉了，无话可说，只好老老实实回家再候着。

一晃又过了五天。

天还没亮，张良听到鸡叫声，立刻起床，脸都没来得及洗，就急吼吼赶到桥上。哪里料到，那老头又已经等在那里了。这次老头明显很生气，叫张良再过五天过来。

张良被连续两个五天折腾得够呛，那种虐心的滋味就甭提了。但也没办法，谁让自己又没有老头早到呢，只好垂头丧气地回去继续候着。

到了第四天晚上，张良索性不睡觉了，直接来到桥上等着，心想你让我第五天来，我第四天就来等着，看你还能比我早！

这次老头终于没早到。

看见没，这就是张良。你看到这里有什么感想？如果换成自己会怎么做？这就是差距。你还有理由怨天尤人吗？吃得苦中苦，方为人上人啊！

没过多久，老头也到了，这次他非常满意，笑呵呵地说道："小伙子啊，你真的很不错哦！做得很好，做人就应该如此！"

显然，张良经受住了考验，过关了，听老头夸他，不好意思地挠挠头。老头顺手从怀里掏出一卷竹简递给了张良，表情严肃地说道："回去好好研读这本书，将来遇到明主，可以去辅佐，定能成就一番大事业！"

张良双手接过，心中又高兴又激动，正要问老头的来历，老头接着说道："估计十年后，你就可以完成一件惊天动地的大事业。十三年后，你到济北谷城山下来找我，也许到时候我已经不在了，如果看到一块黄色的石头，那就算是我了。"说完，不待张良回话，便转身离去，一会儿便消失在茫茫夜色之中。

这个时候已经是深夜，天空中的月亮若隐若现，光线忽明忽暗，书上的字看不太清楚。于是，张良小心翼翼怀揣着这本书回到了家里。一夜没睡觉，又跑了那么远路，回到家，张良疲惫不堪，倒头睡下。

没过多久，天亮了，张良急着想看看那本书，便一跃而起，将书拿出来展开一阅，不禁大吃一惊。书分三卷，卷首赫然写着"太公兵法"四个字。这太公也太著名了，就是周文王的军师姜太公，姜子牙是也。张良早就知道姜子牙著有兵书，但听说已失传，没人看到过，此时竟在自己手中，顿时喜出望外。从此，张良便开始研读这部兵家奇书。

要知道张良出自相门，爷爷张开地本来就是军事家。有基本功，再加上勤奋研读，张良的学识眼界自然得到很大提升。将来我们还会说到张良辅佐汉高祖刘邦打天下，使用的奇谋诡计多源自《太公兵法》这部兵书。

最后我们再说说那个老头，大家可能会很好奇，他来无影去无踪，究竟是人还是神？

据说此人真实存在，原名叫魏辙，是秦始皇老爸时期的重臣。秦始皇当政后，魏辙对秦始皇的做法不太认同，道不同不相为谋，于是他就辞职隐居在济北谷城山下，后人称其为黄石公。

魏辙本人著有大量军事谋略方面的书籍，所以有人说，他给张良的兵书其实就是他自己写的，而非姜子牙的《太公兵法》。现在当地人还在纪念魏辙，立有黄石公的纪念碑，关于魏辙赠书于张良的故事更是家喻户晓。

好了，关于少年张良，我们姑且说这么多，回过头，我们继续来说秦始皇。

那么，秦始皇经历过博浪沙刺杀事件后，还会继续东巡吗？

24．微服私访遇暴徒

秦始皇经历过博浪沙刺杀事件后，继续东巡。因为这次东巡目的是故地重游，所以到了海边芝罘，也就是今天的烟台市转了一圈，回头又登上了那巍峨的琅琊台。

在琅琊台，秦始皇派人把徐福找来，问他是否已经见到了仙人，长生不死药究竟有没有拿到。结果肯定是没有了，因为世上根本就没那玩意儿！但也不知道徐福对秦始皇说了些什么，秦始皇仍然对他深信不疑，继续让他负责有关寻找仙人、求取仙药的工作。

这次东巡，秦始皇险些被刺，又没拿到仙药，感到非常晦气，也不想在外面长待了，便早早起驾回都城咸阳。

回去的时候，为了避免再碰到倒霉的事，秦始皇下令不要原路返回，而是绕道上党进入关中。

就这样，这次东巡在一种紧张诡异的氛围中结束了。

因为博浪沙刺杀事件，秦始皇回到皇宫后，一直心有余悸，一时半会儿也不想再出巡了，便老实在宫中宅着，深居简出。

时间是治愈创伤的良药，对秦始皇来说也不例外。一晃过了三年，渐渐地，秦始皇就忘记了之前的不愉快，又想出去活动活动了。

去哪里活动呢？这次，秦始皇没有选择出远门，而是准备在咸阳城周边转转，去体察一下民情，他认为在自家门口，都是原来的老邻居，应该没太大的安全问题。但他还是怕出意外，干脆低调点，微服私访，不成群结队了。

看到微服私访，有人可能眼睛一亮，好面熟啊，电视剧《康熙微服私访记》不是专门演过类似的事吗？康熙皇帝在宫中待腻了，带着几个人，改名换姓，装作老百姓的样子，以考察民情的名义去民间游山玩水，途中有艳遇啊、仇杀啊、冤案啊等一系列稀奇古怪的事情。这些事，有的真实发生过，有的纯属杜撰。但秦始皇微服私访确有其事。

这天，秦始皇带了四个贴身侍卫，深藏利刃，不露痕迹地出宫了。正在瞎逛，突然发现一群人在路边唱歌，估计和今天街边的卡拉 OK 差不多，不过应该是清唱。在宫中，秦始皇听了太多靡靡之音了，早都没了新鲜感，听到宫外这别有风味的乡村小调，不禁驻足围观，仔细品味起来。只听那些人吟唱道：

神仙得者茅初成，
驾龙上升入太清。
时下玄洲戏赤城，

继世而往在我盈。

帝若学之腊嘉平。

秦始皇感觉这歌词很奇怪，既不是卿卿我我的情歌，也不是壮志豪迈的劲歌，有点莫名其妙，就上前去打听。有一个年龄稍大的人神秘兮兮地向他进行了简单解释。

原来，有个人名叫茅盈，精通道术，号称真人，他的太爷爷名叫茅蒙，字初成，曾经在华山得道成仙，乘云驾龙，大白天升天了。这首歌就是根据茅蒙得道成仙的故事所编，广为流传，俨然成了民间流行歌曲，老百姓基本上都会唱。

我们现在一看就知道，这不过是“某翔成仙得道学校”发布的广告营销歌曲。古代没有电视、广播、报纸，更没有网络，怎么做广告呢？一些高级骗子便通过“流行音乐”的形式进行传播，冒充民谣或童谣。这种手段即便放到现在，也比较有效，何况那个时候，老百姓不自觉地免费为它做了宣传。

秦始皇哪里晓得这是诈骗广告啊，天天想成仙都想疯了，听到老头的解释，顿时来了精神，兴奋地问道：“人若得道，真的能够成仙吗？”

那个老头也不知道从哪儿来的底气，可能出于美好愿望吧，貌似坚定地回答：“心诚则灵，只要有道心，注意修炼，就可以长生不老，一旦长生不老了，成仙估计问题也不大！”

秦始皇认为有道理，连连点头称是。与这些人告别后，他也没心情再去微服私访了，直接回了宫。

在宫中，秦始皇念念不忘，反复吟诵那首歌谣，若有所悟，于是根据歌谣的最后一句“帝若学之腊嘉平”下诏，将“腊月”改称为“嘉平月”，算是对神仙表达敬意吧。心诚则灵嘛！

不久，秦始皇又下令在咸阳城东边挖一个东西二百里、南北三十里的大坑，将渭水引入坑里，形成人工湖，取名兰池。

兰池底用石头做地基，在上面建造一座宫殿，取名蓬莱。这个名字大家听着可能有点熟悉。不错！它的创意就是来自那三座海上仙山之一的蓬莱。另外，秦始皇又命人将一块巨大的石头雕刻成鲸鱼的模样放进兰池里，充当海中的真鲸。

在秦始皇的督造下，工程很快就完工了。以后有事没事，秦始皇就带着一帮人过来逛逛，像是真去了海上神山一样，聊以自慰。

兰池远在郊外，池子里还有漂亮的宫殿楼阁，平日少有人居住管理，秦始皇只是偶尔过来看看，时间久了，难免会像现在人迹罕至的废弃建筑物一样，有流浪汉啊、盗贼啊、丐帮啊过来开会或休息。

当时，有一伙亡命之徒经常在兰池附近出没，估计把这里当成了他们分赃的“聚义厅”。秦始皇哪里了解这个情况，每次他大张旗鼓来的时候，这里都是干干净净、清清爽爽的，因为提前有人做了准备嘛。

一天晚上，秦始皇在宫中睡不着觉，又想起了得道成仙的事，便带着四个贴身侍卫微服私访，来到兰池旁边。说来也巧，住在兰池附近的那伙亡命之徒正要出去干一票，眼看有几个穿着打扮好像很有钱的人主动送上门，怎能放过？于是他们一拥而上，把秦始皇一行五人团团围住。

大半夜，月黑风高，来这么一出，可把秦始皇吓得不轻，赶快躲在四个贴身侍卫中间。幸好那四个贴身侍卫都是大内高手，身手了得，又加上秦始皇本人身强力壮，虽然人少，靠着拼命抵抗，还是把那伙歹徒打伤几个。其他人自知打不过，便一哄而散都逃跑了。

秦始皇受了惊吓，哪里还有心情再去兰池看神仙，当即回宫，下令缉拿那伙强人。为此，咸阳城开展了很长一段时间的严打工作，直到抓了一批嫌疑人杀掉才算完事。

经过这件事，秦始皇再也没兴致玩什么微服私访的游戏了，又躲在宫中安生了一年。平日里，他对得道升仙的事始终念念不忘，坚信世上肯定有长生不老术。

秦始皇认为，如果成了神仙，就能未卜先知，还怕什么暴徒刺客呢。

当时在燕赵之地，也就是今天的河北省一带，一直流传着很多成仙得道的故事，什么这个人升天了，那个人入地了，传得神乎其神。

实际上，关于成仙得道的传说，多半是老百姓的美好愿望。由于老百姓对某些人比较有感情，在这些人死后，就神秘兮兮地把他们传成了神，以求自我安慰。

秦始皇是在深宫大院成长起来的,怎么会懂得民间这些神神道道的风俗，所以他深信不疑，非常向往，于是下定决心再出巡一次。

不用说，这次出巡的目的地肯定选在燕赵之地这个神仙窝了。

秦始皇的出巡队伍一路前行，马不停蹄直到碣石山。碣石山位于今天的河北省秦皇岛市渤海湾附近。这里方士既多又著名，而且还有几个据说真的成了神仙。听说秦始皇来求仙，当地方士都兴奋不已，心想终于可以大显身手了，发财的机会终于到了，钱不能都让徐福那小子挣去，他们自告奋勇，纷纷过来请命。

那么，秦始皇会轻易相信他们吗？

第五章

北伐南征

25. 鬼迷了心窍

秦始皇来到碣石山求仙,当地方士闻讯,纷纷过来请命。在这群方士中,有一个人最得秦始皇赏识,史书上称其为卢生。

“卢生”一听就不像人名。那个时候,“生”专指儒生,所以“卢生”,意思就是姓卢的儒生。

你可能会奇怪,儒生怎么变成方士了呢?

也没什么好奇怪的,当时有些儒生学习一般,毕业证没拿到,无所事事,便专攻旁门左道,干了方士的行当,主要是为了赚钱养家糊口。另外,不能识文断字,也干不成方士啊。卢生可能就属于这种情况,恰好秦始皇好这口,算是歪打正着,有了用武之地。

为什么那么多方士,秦始皇唯独最赏识卢生呢?因为卢生有过人之处,他不但对方士专业钻研得精深,而且口才极好。

看看又是口才好!很多专业搞得好的人有个共同特点,就是口才不行,只会干,但不能以外行人容易接受的方式说出所以然。试想,如果你所学的东西领导听不明白,听不进去,他怎么可能会重用你呢?所以,口才训练相当重要,可以让你事半功倍。

当然，做领导的也不能只听下属怎么说，还应该多关注他说了什么，做了什么，不能因为他长得顺眼，说得中听，就认为他一定是个人才！考察人才只有做到“察其色，听其言，观其行”才比较稳妥。

正因为卢生口才极好，说到了秦始皇的心坎上，所以他才得到了秦始皇的特别赏识。赏识归赏识，秦始皇也不是那么好忽悠的，他要看看卢生究竟有没有真本事，于是，便派卢生到海上寻找仙人。

这卢生和徐福有一拼，都是艺高人胆大、赚钱不要命的家伙。卢生接到诏令二话不说，带人就去了深海。不同的是，他手段更简单，不需要什么三千童男童女。

卢生走后，秦始皇自然是在家里牵肠挂肚地苦等。等了好久，卢生终于回来了，也不知道他趁机到哪儿去旅游观光了，反正得道成仙的药肯定也没拿到。

但是，卢生最大的特长，前面我们说了，不只是专业，还有口才。只见他不慌不忙，口若悬河，绘声绘色地把自己在海上求仙的经历煞有介事地描述了一遍。

上了什么神山，进了什么神宫，拜见了什么神仙，直把秦始皇糊弄得一愣一愣的。话说完了，总要有点成果吧。秦始皇那是一代帝王，文韬武略全懂，怎么可能让卢生就这样蒙混过关呢？他是要看结果的！

卢生最后老实交代仙药没求到，但是从怀中小心翼翼掏出了一卷竹简，对秦始皇说，神仙们既小气又狡猾，无论如何不愿意给仙药，他实在没办法就冒着生命危险偷偷抄了一些成仙得道的文字回来。秦始皇接过竹简欣喜万分，如获至宝，在宫中研读起来。

看看，人一旦走火入魔，过于迷信，无论曾经多么英明神武，都会犯低级错误。

卢生的话其实漏洞百出，但秦始皇竟然信以为真。

为什么？说白了，就是鬼迷了心窍，丧失了基本判断力。所以做任何事都要有个度，过度了就会走向事物的反面，不可理喻。

卢生给秦始皇的竹简称不上是一本书，也就几百字，都是些谶言谶语，内容玄乎，文字艰涩难懂，让人看得云里雾里。

事实上，大凡一些看不懂、又说不清的东西，要么是当事人没有真正搞懂，要么是用来忽悠人的。正所谓“大道至简”，万事万物都有相通性，没有那么复杂。原子弹的制造原理深奥吧，一个质能方程也不是阐释明白了吗？我们不妨把“大道至简”作为看人观物的标准，当然具体情况还须具体分析，不能生搬硬套。

秦始皇虽然没看懂这几百字究竟是什么意思，但其中的一句话让他非常紧张。什么话呢？就是历史上著名的预言：“亡秦者胡也！”这个预言太著名了，想必很多人都听说过。

说来也奇怪，我们至今也不知道卢生从哪里搞来的那卷竹简，但上面的预言从某种程度上还当真预示了秦朝的命运，对此后文中我们还会详细说到。

秦始皇尽管求仙心切,但是大秦的万世基业才是他最看重的。谶语“亡秦者胡也”，无疑刺痛了他那坚强而又敏感的内心，何况又是从神山上抄来的。不能掉以轻心，求仙的事只好先放放了，还是先研究研究这句话是什么意思。

“胡”是谁？谁是“胡”？是人是鬼？凭什么能灭亡大秦帝国呢？

秦始皇胡思乱想了很久，认为“胡”非人非鬼，应该是北方的一个少数民族，也就是历史上著名的游牧民族——匈奴。

说起匈奴，大家应该都不陌生，它与汉族人民纠缠了上千年。

据传说，匈奴是夏后氏的后代，自称“夏人”或“胡人”，始祖是夏桀的一个儿子，名叫淳维。这样算来，匈奴和包括汉族在内的所有华夏民族一样，同族同源。

匈奴族的前身是犬戎族，在商朝和西周时期，犬戎族经常攻击内地，最终攻破西周都城镐京，干掉了那个“烽火戏诸侯”的周幽王，结束了西周时代。

西周辖区主要是秦地关中地区，也就是今天的陕西省境内，这些地区当时都被犬戎占领了。那时的秦国还是很小的诸侯国，国君秦襄公一路护送周幽王的儿子周平王抵达洛阳，建立了东周。

出于感激，周平王给秦襄公开出了一张空头支票，就是把犬戎占据的原西周辖区关中秦地划给了秦襄公。后来，秦襄公就是借助这个合法背书，拼尽全力打击犬戎。

经过秦国几代人的努力，最后将犬戎彻底打败，才有了后来秦国的广袤土地。

那么，被打败后的犬戎去哪里了呢？犬戎的去向主要有四部分：

一部分接受了农耕生活，逐步融入秦国。

一部分向南迁移，遭到中原诸侯国阻击，最终消亡。

一部分西迁，演变成羌族。

还有一部分向北逃窜，到了蒙古高原后，演变成了后来的匈奴。

匈奴长期分居在北方，过着游牧迁徙的生活，没有城郭和耕地，也没有文字，靠畜牧业和狩猎生活，精于骑射，骁勇善战。

春秋战国时期，匈奴依然不断侵扰中原边境，还发生过多次比较大规模的战争。当时位于中原北方边境的几个诸侯国，如燕国、赵国、秦国都深受其害、苦不堪言，拿匈奴没什么好办法。因为匈奴是游牧民族，居无定所，打一枪换一个地方，遇见有水草的地方就安营扎寨一段时间，草吃光，水喝光，然后另谋它处。他们的生活习性也比较野蛮，茹毛饮血，像草原孤狼。

匈奴长期侵扰秦国边境，早就成了秦始皇无法释怀的心病，欲铲除之而后快。当年灭六国后，秦始皇第一次出巡选择到西北边境地区视察，就是为了威慑匈奴。现在，卢生寻来的神书上竟然也说“亡秦者胡也”，这还了得，再不铲除，将来大秦帝国说不定真要被匈奴“截胡”了。

秦始皇越想越害怕，干脆仙也不求了，一面命令大将蒙恬率领三十万大军北伐匈奴，一面带着卢生亲自北上督战。

自此，卢生成了秦始皇身边的大红人，不但左右了秦始皇的一些重大决策，而且还坏了秦始皇的名声，影响深远。后文中我们还会说到，这里暂且放一放，先述说一下北伐匈奴的战争。

北伐匈奴虽然因卢生而起，但并不是秦始皇一时兴起，而是早有准备的。

那么，准备好了吗？秦朝究竟能不能打过匈奴呢？

26. 北伐匈奴

秦始皇决定北伐匈奴并不是一时兴起，早在灭六国后不久，他就想兴兵北伐，但考虑到敌我双方力量差距不是太大，不太有把握，便暂时搁置了。这期间，秦始皇一直在积蓄力量，等待时机一击必杀，现在终于下定决心解决匈奴问题了。

秦始皇本是好斗之人，神武九天，一说打仗便精神抖擞，像打了鸡血一样，这从源头上就助长了秦军的士气。

大将蒙恬也是一代名将，将门之后。他的爷爷是蒙骜，老爸是蒙武，都是秦国著名将领。蒙恬更是青出于蓝而胜于蓝，文能安邦，武能定国，文武双全，傲视江湖很多年，号称“中华第一勇士”，由他带队北伐匈奴无疑大大提高了胜算。

又加上秦军是百胜之师，烈火中淬炼出来的，有荡平六国的光荣历史，士气高昂，三天不打仗手都痒痒。

另外，秦军战法先进，军制规范，兵种齐全，有步兵、车兵、骑兵、水兵四个基本兵种，而且武器也非常先进，特别是拥有当时最具杀伤力的武器——弩。

弩者，怒也！因为它射击时声势和威力巨大，像人发怒，所以取名为“弩”。弩源于弓，杀伤力却远远大于弓。

弩有四个主要特点：

一是射程够远。

这点非常重要，双方对战，射程远的武器肯定占有先机，当普通弓箭还没到达攻击位置时，弩已经先发制人射杀对手。

其实，到现在为止，射程远的武器都深受各个国家的重视。譬如，美国说起来是担心朝鲜拥有核武器，其实更担心的是朝鲜具备打击美国本土的远程攻击能力；20世纪六七十年代，我国独立研制的两弹一星，其中一弹指的是导弹，解决的也是远程攻击能力问题。

二是命中率高。

弩不像普通弓箭那样容易打偏，它可以长时间引而不发，在瞄准目标等到需要时才射出，有利于捕捉射击的最佳时机。

三是使用方便。

普通人只要掌握弩的发射原理，不用怎么训练就能上手使用，这样大大提高了军队的作战效率。

四是可以同时发射几支，甚至几十支箭，极具杀伤力。

这点也很重要，秦军的重装战车体形高大，上载各色弩箭，发射起来密集如雨。很多影视剧中都清楚地再现了这一幕，这里就不多加描述了。其效果如同今天的坦克大炮，所向披靡。

弩是秦军所特有的武器，匈奴没有，代表着当时军事技术的巅峰，属于尖端技术。秦朝时期，秦弩的制造已经实行了标准化、规模化生产。

从国家元首秦始皇的战争意志，到三军统帅蒙恬将军的军事素养，再到部队军制战法，到士兵战斗力，最后到武器的先进性，秦军显然都已经准备妥当。

我们反过来再看看匈奴的情况。

匈奴当时的老大是头曼单于，也是匈奴第一位单于，应该说也非常有作为。如果你对他不太熟悉的话，或许对他的儿子冒顿单于有所了解。如果冒顿单于你也不熟悉的话，那么对发生在这对父子单于身上的故事——“鸣镝弑父”应该有所耳闻。如果这个故事你还是没听说过,那就耐心等待，等到后文中写到冒顿单于时，我们再好好说说这个故事，因为这个故事实在是太传奇了。

头曼单于毕竟是第一代单于，原来旧有的生产关系还在协调之中，生产力不发达，周围各个部落的势力错综盘结，不够统一。

另外，匈奴军队当时虽然粗具规模，骁勇善战，长于骑射，机动灵活，但是军制管理不完善，军事战法老套落后，军队组成以骑兵为主，兵种单一，平日里有组织无纪律，很难形成合力，有事的时候聚在一起去干一仗，没事的时候就去放羊抱孩子去了，士兵的战斗力可想而知。而且，匈奴的武器也不够先进，仍然大量使用普通弓箭，这与秦朝的弩无法相比。

通过双方的力量对比，显而易见，秦朝远胜于匈奴，战争的结果也就可想而知了。

蒙恬接到秦始皇的诏令后，马上指挥三十万大军，兵分两路进攻匈奴当时侵占的黄河以南地区。主力一路，由蒙恬亲自率领，经过现在的陕西榆林地区，从北部包抄进攻；另一路，出萧兼关，直接攻击匈奴南部。

之前，中原常年混战，总是被匈奴侵扰，在秦灭六国后，秦朝仍然对匈奴采取了战略守势。现在数十万秦军无缘无故突然从天而降，匈奴哪里会有防备，一接触便被打个措手不及，分头逃窜，把很大一片水草丰美的草原让给了秦朝。

蒙恬按照秦始皇的要求将打下的地盘进行划土分区，实行郡县制，设置了四十四个县,并将内地罪犯发配过来生活。当时的人们称之为“新秦”，后人则称之为河套地区，主要是指黄河的“几”字弯地区及其周边流域。

这还不算完，第二年，蒙恬奉秦始皇之命乘胜追击，再次率领秦军渡过黄河，继续北进，兵势迅猛。

匈奴抵挡不住秦军的凌厉攻势，恐惧万分，只好向北撤退，退出了阴山和贺兰山高地，北撤七百余里，直到阴山以北的漠南一带。秦军则占领了高阙、阴山、北假等地，这些地名大家不用纠结，现在都位于内蒙古境内，了解就可以了。在这些地方，秦朝又设置了三十四个县，将内地三万余户人家迁徙过来居守。

秦朝主动对匈奴发起进攻的这场战争，取得了巨大胜利，匈奴自此数十年内“不敢南下而牧马”，可以说是一战定乾坤。

匈奴被赶跑了，但是没有被彻底剿灭，它对秦王朝的威胁依然存在。为了防备匈奴再次南下侵扰，秦始皇想了一个办法。

什么办法呢？

他要修一道围墙，把还没完全开化的匈奴胡人隔离在墙外面。这个围墙就是流传至今的万里长城。

其实，长城并不是秦始皇个人的发明创造，以前的燕国、赵国、秦国这些国家为了防御匈奴侵扰边境，已经各自建造了长城，秦始皇只是命令蒙恬把燕、赵、秦三个诸侯国的北部长城连接起来而已。

连起来后的长城西起临洮，也就是今天的甘肃省岷县，东到辽东，越山跨谷，绵延五千余里。

后来，又经过若干朝代的加固整修，特别是明朝，就成了今天的万里长城。现在我们去北京看长城，感觉好不宏伟，好不壮观，不禁感叹祖先的智慧和伟大，其实那都是由历代劳动人民的心血所筑就的。

如此浩大的工程，即便放在今天也不是那么容易完成的，何况科学技术极端落后的古代，这无疑会加重历代劳动人民的负担。

那么，付出如此大代价建造的长城，真的有作用吗？

27. 万里长城永不倒

长城并不是秦始皇个人的发明创造，在荡平六国以前，许多诸侯国家都建造了长城，是沿着国界修筑的防御性军事工事。位居北方的秦国、赵国、燕国甚至有南、北两条长城，其中北长城主要用来防御匈奴。

秦国的北长城西起临洮，也就是今天的甘肃省岷县，向北经固原，也就是今天的宁夏回族自治区境内，直至黄河；秦国的南长城位于和赵国、魏国相邻的边界处。

赵国的北长城西起高阙，也就是今天的内蒙古自治区临河，东至代地，也就是今天的河北省蔚县；赵国的南长城为防范魏国和齐国，沿着漳河修筑。

燕国的北长城西起造阳，也就是今天的河北省独石口，东至辽东；燕国的南长城位于和赵国、齐国相邻的边界处。

除这些外，还有魏国为防御秦国修筑的长城，以及齐、韩、楚等国家之间为防备彼此修筑的长城。

严格意义上来说，秦始皇修筑长城的过程应该是边拆除边修筑。拆除的是那些诸侯国之间已经失去使用价值而且又妨碍交通、妨碍集权统一的长城。修筑的是秦、赵、燕三国用来防御匈奴的北长城，将这三段长城连接起来并扩大加固，让它成为一个完善的军事防御体系。

下面，我们再说说长城本身的构造。

长城在建筑构造上主要由关隘、城墙、城台、烽燧四部分组成。

一、关隘

关隘又叫关城，一般设立于高山峡谷等险要的地方或者扼守交通要塞的地方。在这里，可以用较少兵力抵御较多敌兵，起到“一夫当关，万夫莫开”的作用。

历史上最为著名的关隘主要有冷口、喜峰口、古北口、张家口、杀虎口，山海关、居庸关、平型关、雁门关、得胜关等。

二、城墙

长城的城墙主要由土筑石砌而成，顺山岭地势而筑，平均高度约 7.8 米，一般是外高内低，墙基宽约 6.5 米，墙顶宽约 5.8 米。墙身内部每隔不远有一个券门，是用石砖砌筑成的拱顶门，有石级通向墙顶，供士兵上上下下。

三、城台

城台分为墙台、敌台和站台三种形式，相隔半里而设，凸出墙外。有的设双层敌楼，楼下砌筑房间供小队士兵驻守；有的不设敌楼，只在外面砌个垛口，里面开个铺位供士兵巡逻放哨。

四、烽燧

烽燧也叫烟墩，这两个名字估计很少有人知道，但它有个俗名应该都听说过，也就是“烽火台”。烽火台主要作用是传递军情，有的设置在高山之巅，有的设置在平地转折处，有的设置在敌楼的顶部，以方便传递信息。

那个时候没有电话，没有手机，更没有微信和 QQ，通信技术极端落后，一旦遇到紧急军情，如果单靠人力传达，累死也来不及。怎么办？烽火台白天燃烟，夜间举火，有效解决了这个问题，办法虽然土，但很实用。

秦始皇下令修筑长城的同时，不仅派大军沿长城驻守屯防，还在长城附近一带设立了十二个郡，进行“房地产”开发，从内地移民过来开垦荒地，以保证边防物资的供应。

另外，还开辟了驰道、直道以加强边关与中央的联系。有关驰道我们前文中说过了，这里不再解释。那么什么是直道呢？

所谓直道，是一条专供军队使用的军事道路，在陕北俗称“皇上路”“圣人条”。

秦直道南起都城咸阳附近的军事要地，北至北方边境地区，总长有700多公里，路面最宽处有60米，一般也有20米。

秦始皇下令修筑长城一事，历来为史学家、政治家所关注，由于角度不同，评价不一。一般评价历史人物或事件应该从当时和中长远两个方面来考虑，而不能只关注一面，否则就有失偏颇。

我们先看看秦朝当时的情况。

当时战乱刚刚平息不久，秦国的生产力尚未恢复，人民生活也未完全安定。这个时候，国家最需要的是休养生息，修筑长城这么浩大的工程实在是勉为其难。“孟姜女哭长城”的传说虽然是误传，张冠李戴，但是它从某个侧面反映了当时老百姓的痛苦心声。因此，长城非但未按照秦始皇的设想给秦朝带来长治久安，反而为秦朝埋下了祸根，成了后来百姓反秦的导火索。

但是我们也要看到，秦始皇的初衷是好的，是为秦朝的万世基业考虑的，是为边境老百姓能够安居乐业打算的，不能简单地将其与修建阿房宫、骊山陵墓等纯消耗国力、民力的皇家奢侈工程相提并论。而且，长城对后来汉朝初期、中期防御匈奴也的确起到了至关重要的作用。

我们再把长城放在历史长河中看看其深远意义。这个分歧比较大，莫衷一是，而且都是著名政治家、历史学家的论断。

孙中山先生认为，如果没有长城捍卫中原，中国可能等不到宋、明，在楚汉时代就灭亡了，更谈不上汉唐时代的兴盛，长城的作用非同小可，举足轻重。他将秦始皇修筑长城的功劳与大禹治水相提并论。他还把汉民族同化蒙古族、满族的功劳也归功在长城名下，因为长城的存在，使得汉族的同化力更加有效，才能够“虽一亡于蒙古，而蒙古为我所同化；再亡于满洲，而满洲亦为我所同化”。

虽然孙中山很有影响力，但是他的这些褒奖并未得到一些历史学家的认同。一些历史学家认为，秦朝看似解决了北患，但实际上从未在根本上解决匈奴问题，匈奴只是被一时阻挡，长城的防御作用非常有限。汉唐之所以兴盛不是因为长城，而是其开放的文化和自身强大的国力。明朝修建长城最下功夫，然而它也是受外族侵扰得最严重，最终免不了为外族所灭的命运。

清军入关后，决定不再修筑长城，因为康熙认为没有必要，他的看法和这些历史学家的观点比较一致。

长城，就在那里，看得见，摸得着，但其历史作用、历史定位大相径庭，甚至截然相反，我们该相信谁呢？其实，历史活在每个人心中，千人千面，本就不是一个模样，这也正是历史好玩且有魅力的地方。关于长城的是非功过，我们先说这么多，如果你有兴趣可以去好好考证一下，提出自己的观点，不要盲从！

不管别人怎么评价，万里长城已经成为中国作为四大文明古国之一的标志，至今还在发挥着经济文化作用，赚取外汇，这肯定是秦始皇当初想不到的。而“万里长城永不倒”则成了中华民族坚不可摧的精神信仰，激励着中华儿女为民族复兴奋斗不息！

匈奴赶跑了，长城也建了，北方总算搞定，那么，秦始皇又会怎么对付岭南百越呢？

28. 向南进军

北方匈奴总算搞定，长城也在着手建造，秦始皇没有因此停下进攻的步伐，他要收服岭南百越。

“南蛮子，北达子”是中原人民自古对南、北方边远地区少数民族部落的蔑称。当然，现在民族大融合，全国人民一家亲，不能再有这种不合时宜的观念了。什么民族歧视、地域攻击更是要不得，上升到政治高度，那就是在破坏民族大团结。

但在古代，由于全国各地发展极不均衡，少数民族生产力严重滞后，很多地方还处于原始社会阶段，歧视在所难免，尤其对位于中国东南沿海的“百越”更是如此。

为什么叫百越呢?

商周时期，长江下游一带的越国人被称为“越人”，与秦人、楚人的意思差不多。

春秋时期，越人曾参与中原争霸，称雄一时，是形成汉民族的主要族源之一。越人也是我国最早种植水稻的民族。另外，越人的冶炼技术在同时期的各民族中处于领先地位，比如大家耳熟能详的人物有欧冶子、干将、镆铘等。

到了秦汉时期，越人主要指从原来越国分化出来，居住在东南沿海一带的人民。因为他们分布较广，分散众多，所以被称为“百越”。

百越大体分为东越、闽越、南越、西瓯等几个部分。

东越也被称为东瓯或瓯越，主要居住在今天的浙江南部的瓯江流域，以温州一带为中心。

闽越主要分布在以今天的福建福州为中心的地区，基本上都在福建省境内。

南越主要分布在今天的广东南部、北部和西部地区，以及今天越南的北部一带。

西瓯的势力范围主要包括今天的广东西南部和广西南部一带。

南方的读者如果有兴趣的话，可以对照地图看看自己属于哪个越。

由于远离中原，交通又极为不发达，受山川分隔，越人的文化水平和社会发展远远落后于中原地区。到秦灭六国的时候，百越多数地区刚从原始社会进入奴隶制阶段，很多地方仍然保留着原始社会的生活习俗。

为了拓展疆土，建立大秦帝国，秦始皇野心勃勃，早在荡平六国当年，就派主管国家军事的太尉屠睢（suī）率领五十万大军出击百越，欲将那里纳入秦王朝的版图。

太尉屠睢虽然没有王翦、蒙恬这些秦朝名将在历史上的名气大，但其军事才能也不俗，只是随着其战死沙场，大名也被淹没在历史长河之中了。

针对百越居住分散、不擅长大规模作战的特点，太尉屠睢采用了分路进军，遇到强敌再合兵攻击的战略战术。

当时，秦军兵分五路：

东边一路，从今天的江西省向东出发，进攻东瓯和闽越。

中间两路的任务是攻取南越，其中一路经今天的江西省南昌，跨过大庾岭后，进入广东省北部；另一路经今天的湖南省长沙，沿着骑田岭，直接攻击广东省中南部的番禺地区。

西边两路则从今天的广西壮族自治区进军西瓯，其中一路由萌渚岭进入今天的贺州市，另一路经越城岭进入今天的桂林市。

这样的战略战术规划应该说还是比较合理的，但在实际进攻过程中，各路战况出现了分化。

东路军进展顺利，出兵当年便征服了东瓯和闽瓯地区，在那里设置了闽中郡。但其余四路，因为山高路险、河道纵横，当地越人负隅顽抗，都不同程度地受到了挫折。

其实，之所以受挫，最重要的原因有两方面：一是行军作战不顺当，二是军粮的运输极为困难。这两个原因都与道路交通极不发达有关。

为此，秦军与越人相持了三年都未能取得实质性进展。

为了彻底解决行军和军粮问题，秦始皇派负责纪检工作的大臣史禄去前线考察，找出病因。

史禄是何许人也？

史书中记载得不太清楚，只说是“监御史禄”，很显然监御史是个官名，所以后人给他起名叫“史禄”。

史禄这个人不简单，一个搞纪检工作的，本职工作是替皇帝收拾那些不听话的、搞腐败的大臣。但他到了前线没有干老本行去整人，也没有乱发号施令，而是深入实地做调查研究，搞起了水利勘察。

正如毛主席他老人家所倡导的那样：“没有调查，就没有发言权。”史禄通过调查研究发现，在今天的广西兴安县境内有两条河流非常有特点。这两条河流分别是始安河和双女井溪。始安河是漓江的支流，双女井溪是湘江的支流。它距离双女井溪入湘江的地方仅有 1.5 公里，不仅如此，两河的水位差也不过五六米。更重要的是，两水之间的分水岭相对高度只有二十至三十米。史禄认为，利用这一有利的自然趋势，修凿一条渠道，可以解决军粮和兵员运输问题。于是，他把自己的调查研究以及解决方案向秦始皇做了汇报。

这个时候，秦始皇正在湘江上游出巡，他看到史禄的报告，非常满意，认为史禄的调查研究搞得很不错，便发出了“使监禄凿渠运粮”的诏令，也就是派遣史禄过去修筑水渠，以解决运送军粮和兵员的问题。

有了秦始皇这个强势老大的支持，史禄摇身一变，成了水利专家。他调集军队，征集民工，在今天的兴安县东南筑起了一道水坝，拦住湘江水，使之提高六米左右的水位，同时开凿一条总长三十四公里的运河，将始安河和双女江溪两河沟通起来，也将湘江和漓江两江直接沟通了起来。

为了方便行船，运河采取迂回行进的办法，以平缓水势。整个运河分南渠和北渠两部分，南渠连漓江，长三十千米，其中有四千五百米全用人工开凿，其余则利用原有河道；北渠入湘江，长约四千米。漓江又名灵河，这条运河因而得名灵渠，也称兴安运河，由于是秦朝时开凿的，又叫秦凿渠。这样的工程现在看来难度一般，但在当时，一无先进机械，二无炸药，全凭双手和简单工具开山凿河，难度还是有点大的。

两千年来，灵渠一直作为南北水路的重要通道，沟通了中原地区与岭南地区的交通往来，为南北经济、文化交流创造了有利条件，更为中原政权在岭南奠定了统治基础。

大约在始皇二十八年，灵渠工程竣工，自此解决了秦军后勤补给的运输问题。

那么，秦军就能够顺利南下、统一岭南了吗？

29. 统一岭南，开通西南夷

灵渠终于修筑完工，后勤补给的运输问题得到了有效解决，秦军主力再次开赴前线。越人抵抗不住，被迫藏于山林之间，分散抵抗，打起了游击战。

游击战自古都有，那是弱者对付强者的周旋战，是没有办法的事。谁想在山中神出鬼没啊？都想“老婆孩子热炕头”。

能打游击战的军队一般战斗力和意志力都超强，正规军往往对此头疼不已。因为不是在游动中击倒对手，就是在游动中被对手击倒，一旦掉以轻心，很容易被莫名其妙地干掉。

秦军主帅屠雎就是如此。他看到越人躲到了山林中，以为越人害怕了，心想本帅总算搞定这帮“蛮子”了，这些年被秦始皇那个暴脾气老大给骂死了，这次老子非大开杀戒，彻底平定岭南！于是，他亲率大军，从今天的长沙宜章南下，一路上只要碰到抵抗的越人，杀无赦。越人对屠雎屠夫式的做法恨之入骨，一心想除之而后快。

由于进军顺利，没有遇到什么像样的抵抗，屠雎开始掉以轻心。始皇三十三年，他率领秦军进至今天的乐昌曲江一带，在路经一片茂密的大树林时，突然一声呼哨，乱箭齐发，密集如雨。

俗话说：“明枪易躲，暗箭难防。”屠雎赶快拔剑拨挡，但还是躲闪不及，面部中了两箭，而且是毒箭。

埋伏在山林中的越人，喊着只有他们自己听得懂的口号，蜂拥而出，冲向秦军。秦军事先没有防备，被打个措手不及，损失惨重，数万人死伤，主帅屠雎中毒箭身亡。

看看，这就是大意轻敌的结果，大好局面在胜利的前夜丧失殆尽。所以老人家常说：“谨慎能捕千秋蝉，小心驶得万年船。”还是非常有道理的，为人做事还是谨慎点比较好。太尉屠雎战败身亡正说明了这一点。

秦始皇闻讯，异常震惊，因为在灭六国的战争中，秦国也没有损失过如此高级别的将领，如今，从没被他放在眼中的越人“蛮子”，竟然杀死了秦朝南征的统帅。这还了得！

秦始皇立即下令调集援军，南下作战，不过援军从哪里来呢？当时到处需要军队，兵源明显不足，又加上南方天气炎热，气候潮湿，山高林密，人迹罕至，北方人过去很容易生病。

秦始皇多聪明啊，知道那鬼地方没人愿意过去打仗，于是，他灵机一动就想出了一个办法。什么办法呢？不是正规军不愿意去吗？好的，那就不去，毕竟是自己的嫡系部队，去了也心疼，不如组织杂牌军。这就涉及杂牌军的兵源问题了。秦始皇首先想到了监狱中的囚犯，于是下了特赦令，要求囚犯当兵。

秦法严酷，动不动削鼻子，剁手剁脚，囚犯们突然被无罪释放，而且还能当兵，何乐而不为呢？当时秦兵的薪资待遇和社会地位是非常高的。

这样一搞，很轻松就搞出来十几万人的军队。

征伐岭南，长途跋涉，各种艰难险阻都可能遇到，这点军队哪够消耗啊？俗话说："只要思想不滑坡，办法总比困难多。"秦始皇左思右想，又想出了其他解决兵源的办法。

那个时候，有两种男人的地位比较低下：一种是入赘的男人，也就是上门女婿，通俗地说，就是老百姓口中"倒插门"的男人。政府公开鄙视，地位极其低下。还有一种男人，就是商人。

说到这里，你可能感觉很奇怪，现在商人多牛啊，是大家最羡慕的群体。这主要因为现在是商品经济时代。

商人在古代一直不受政府待见，认为是不劳而获、赚取中间差价的一伙懒人，所以社会地位非常低。虽然他们很有钱，但吃穿住用，政府都有规定标准，不能随意越线。有钱也不能乱花，悲催吧！

因此，"倒插门"的男人和经商的男人也被要求参军，再加上之前的囚犯，军队一下子就庞大起来了，人数达到了五十万！这五十万秦军经过苦战，终于征服了南越和西瓯，统一了岭南地区。

始皇三十四年，秦朝在那里设置了桂林郡、象郡和南海郡三个郡，五十万秦军奉命原地驻留戍守、开垦，与越人杂居。从此，岭南地区与中原地区的联系日益紧密，中原移民与当地越人共同劳动，共同生活，加速了民族融合及经济文化的发展。

统一岭南的同时，秦始皇还加强了对"西南夷"的统治。

什么是“西南夷”呢?

秦朝时，中原对居住在今天云南、贵州及四川一带的少数民族统称为“西南夷”,主要包括氐、羌、濮等数十个少数民族,他们自成部落,各自为政,相互间很少联系。

秦灭六国以前，“西南夷”的势力已经深入到云南北部、西北部和贵州境内，其中贵州境内的夜郎国、云南境内的滇国以及四川境内的邛都国的势力最大。“西南夷”的社会发展很不平衡，除了一些较大部落已经进入奴隶制阶段，大部分还处于原始社会状态。

为了对“西南夷”进行控制，早在灭六国时，秦始皇就派了一个名叫常頞（è）的大臣，率领民工修筑了一条“五尺道”。“五尺道”北起今天的四川宜宾，南达今天的云南曲靖，比前面说的驰道要窄很多，因为宽约五尺，故名“五尺道”。

“五尺道”修成后，不但加强了云、贵、川等地与中原地区的政治、经济和文化的联系，而且促进了当地的发展。“西南夷”也正式归入了秦朝版图，成为中华民族不可分割的一部分。

自此，秦始皇荡平六国、略定边疆、“固定四极”的军事行动全部完成，他不仅建立了中国历史上第一个幅员辽阔、统一的多民族中央集权制封建国家，而且开启了中国历史新的一页，为以汉民族为主体的中华各族人民的团结发展奠定了坚实基础。

因此，秦始皇被明朝著名思想家、文学家李贽称为“千古一帝”。大家都知道，毛泽东对秦始皇也多有称颂，其原因也主要基于此。

秦始皇统一天下的宏伟理想终于完成了，这天，他大摆宴席进行庆贺，在宴席上却发生了一件意想不到的事。这件事最终引起了后来的一系列事件，历史影响深远。

那么，究竟发生了一件什么事呢?

第六章

焚书坑儒

30. 宴会上的一场争论

秦始皇大摆宴席，朝中大臣、博士和将军都前来捧场，好不热闹。

宴会上，有一个叫周青臣的人，官居仆射（yè），是博士中的一个小头目，他率领七十个博士举起酒杯晃晃悠悠、满脸堆笑地站起来，向秦始皇敬酒，当然也不忘顺便说一些溜须拍马的祝酒词：“陛下实在是圣明啊！想当初，秦国的土地才不过千里，可现在呢？在陛下的神威下，平定了海内，赶走了蛮夷，日月所照，没有不臣服的，真是今非昔比啊！”

秦始皇听了自然非常高兴，哈哈大笑，拍得舒服啊。周青臣看老大这么开心，话不由得多了起来，接着吹捧道：“现在陛下搞得郡县制太高明了！外轻内重，外紧内松，天下太平，政局稳定，老百姓都能安居乐业。这样的制度肯定能够确保大秦万世基业不动摇，陛下从此可以高枕无忧了！臣下不才，斗胆说一句大话，从古到今的帝王，臣也略知一二，但能像陛下这般英明神武的，听都没听说过，找都找不到啊！”

好嘛，这番话等于把秦始皇直接捧成极品奇葩了，估计在场的很多人都听得恶心，说不定还有人跑到卫生间呕吐半天才缓过劲了。

但对秦始皇来说，好话不嫌多，照单全收，很是受用。

不知道是拍得太过了，还是氛围出了问题，旁观的一位博士听不下去了。这位博士名字叫淳于越，以前是齐国人，性格耿直，这次又多喝了点酒。俗话说："酒壮怂人胆，酒亦卸人妆！"很多人平时不敢说的话，不敢做的事，酒桌上就可能喷涌而出，肆意妄为；平时人模狗样，进退有度，酒桌上就可能不顾形象，丑态百出。

淳于越就是如此，他也不看什么场合，就冒冒失失地插嘴道："周青臣，你这是阿谀奉承啊！郡县制真的那么好吗？商周两朝之所以能延续几百年，甚至上千年，是什么原因？那是因为采用了分封制！国家将土地分封给子弟功臣管理多好啊，顺应民意，皇帝也省心省事，这是成熟的经验！一方有难，八方支援，不是很好吗？现在倒好，王室子弟竟然也都变成了普通老百姓，倘若出了齐国田常这样的乱臣贼子，没有自己人，谁来相救？总之，不按老办法干，很难持久，你竟然还好意思在这里蒙蔽陛下！你这个人不是个忠臣！"

此话一出，你想想秦始皇会是什么心情，刚刚还在天上飘着呢，现在呱唧给摔地上了。只见秦始皇脸色一下子就暗了下来。

淳于越口中提到的田常是什么人呢？那可是曾经齐国著名的大奸臣。"窃钩者诛，窃国者侯"的典故，想必很多人都听说过，这个典故就经常拿田常的事迹来做案例分析。田常杀了自己的老大齐简公，擅自拥立了齐平公，把朝廷反对自己的势力全部杀光，权倾朝野，把持着朝政，直到死也没人奈何得了他。

淳于越在这么喜庆的场合提及这么个人，不是很扫兴吗？真是哪壶不开提哪壶，都是酒的错，却是自己惹的祸啊！但是大喜的日子，秦始皇又当了那么多年皇帝，一大把年纪了，处理大臣间的纠纷，已经驾轻就熟，虽然心里一百个不高兴，但并没有急于表态，只是随眼扫了一下李斯说道："众卿以为呢？"他嘴上说的是"众卿"，其实意有所指。郡县制最早是由李斯提出来并亲自落地实施的，现在有人公开反对，秦始皇当然想让他出来澄清了。

李斯是人精，早已由廷尉升任左丞相了，又为秦始皇所倚重，大权在握，看到此情此景，他勃然而起，指着淳于越朗声说道："淳于越，你酒喝多了吧？在这里胡说八道！胡言乱语！治理国家要根据实际情况有所变通，哪里会囿于一种模式。三皇五帝当年治国理政也是因势而变，因势利导，不尽相同的！"

被二领导李斯当头棒喝一声，淳于越有点清醒了，不敢再言语，默默地退了下来，惴惴不安地坐在那里。

李斯岂能罢休，接着说道："仰仗陛下神威，亲手缔造了我大秦帝国。现在施行的是流传万世的郡县制度，你这个书呆子懂什么？你说的分封制真的那么好吗？未必吧！想当年诸侯纷争，百姓各行其是，没有章法。而现在呢？法令统一，有令必行，百姓安居乐业。按说，农民安心务农，工人专心做工，你们这些读书人本应踏踏实实学习朝廷制度法令，老老实实做好宣传工作，现在倒好，不想着思古通今，反倒要学古人过时的那一套，厚古薄今，妄议国政，惑乱人心，蛊惑陛下，真是岂有此理！"

这一顿训斥，让宴会气氛骤然紧张了起来，空气好像凝固了一般，鸦雀无声。然后李斯转过头向秦始皇深鞠一躬说道："还请陛下明断，不要轻信啊！"

秦始皇多有主见啊，内心中笃定郡县制是对的，只是借李斯的话来压制反对者而已。为了打破僵局，活跃气氛，秦始皇佯装无所谓地说道："罢了，罢了，今天是好日子，就不谈国事了，众卿继续畅饮。"说着，他号召大家满饮了三大杯，宴会气氛重新活跃起来，直到尽兴方才散场。

这事算完吗？肯定不算完！

李斯是分封制的强烈反对者，也是郡县制的提出和积极推行者，现在不识时务的淳于越竟然当着满朝文武的面，公开反对郡县制，虽然是喝多了的酒话，不必当真，但也保不准是酒后吐真言啊。

本来就有很多人私下里议论郡县制，李斯早有耳闻。回到家后，他翻来覆去睡不着，认为必须对郡县制和分封制的优劣做个了结才行，否则早晚还会有人跳出来清算翻案。

为了彻底平息不必要的争论，李斯连夜起草了一份具有历史意义的奏章。第二天一早，他便跑到宫中呈给了秦始皇。

这究竟是一份什么奏章呢？秦始皇会批准吗？

31. 一份具有历史意义的奏章

宴会上一场关于郡县制和封建制孰优孰劣的争论，让丞相李斯无法释怀，他连夜起草了一份具有历史意义的奏章。这份奏章在历史上的名字是《焚书议》，顾名思义，就是建议焚书。为了方便大家理解后面要出台的重大政策，我们不妨将奏章原文摘抄如下：

> 古者天下散乱，莫之能一，是以诸侯并作，语皆道古以害今，饰虚言以乱实，人善其所私学，以非上之所建立。今皇帝并有天下，别黑白而定一尊。私学而相与非法教，人闻令下，则各以其学议之。入则心非，出则巷议，夸主以为名，异取以为高，率群下以造谤。如此弗禁，则主势降乎上，党与成乎下。禁之便。臣请史官非秦纪皆烧之。非博士官所职，天下敢有藏《诗》《书》百家语者，悉诣守尉杂烧之。有敢偶语《诗》《书》百家语者弃市，以古非今者族。吏见知不举者与同罪。令下三十日不烧，黥为城旦。所不去者，医药、卜筮、种树之书。若欲有学法令，以吏为师。

在这份奏章中，李斯先谈了他对所谓读书人的看法:“语皆道古以害今，饰虚言以乱实，人善其所私学，以非上之所建立。”这句话是对春秋战国数百年以来所谓“百家争鸣，百花齐放”的经典概括。那么它究竟是什么意思呢？又该怎么理解呢？“道古以害今”的意思是说，读书人喜欢拿古人的条条框框、伦理标准来评判或限制现代人的言行，进而厚古薄今，干预朝政。“虚言以乱实”的意思是说，读书人还喜欢拿一些故弄玄虚、不知所以的言论来吓唬群众，进而妄议时事，扰乱人心。“人善其所私学，以非上之所建立”这句更加直接地描绘了读书人的行为特点：总是认为自己的所教所学是最高明的，别人家的都是垃圾，整天一副怀才不遇的样子，到处去诋毁政府的制度法令。

我们看看，李斯是不是把个别读书人的特点刻画得入木三分，直到现在是不是还很适用，很形象?

李斯认为,正是由于读书人的不良思想作祟,才会胡说八道,胡言乱语,蛊惑人心，不务正业。那么该怎么解决这个问题呢？既然是读书人，无非是杂书看得太多了，只有把那些乱七八糟的书全部烧掉，让他们只读同一类书，才能达到思想统一。具体该怎么做呢？李斯列出了一系列措施：

一、把秦史以外的诸侯国史书全部烧掉；

二、除了官方藏书，把涉及诸子百家的私人藏书全部烧掉；

三、以后再敢妄谈《诗》《书》及百家语者，处以死刑；

四、胆敢厚古薄今者，杀全家；

五、主管领导知情不报，一同治罪；

六、命令发布后三十天内，必须完成烧书任务，否则脸上刺字发配流放。

七、国家藏书和农林牧渔、医学、占卜等专业类书籍不能烧,继续使用。

八、禁止私学、提倡法教，让官吏做老师。

以上就是奏章的中心内容。简单来说，李斯的建议就是让秦始皇用焚书的办法来统一思想。

秦始皇看到这份奏章会是什么态度呢？肯定是龙颜大悦啊！这是他一直想干而没想好怎么干的事。因为昨晚宴会上的事情，秦始皇正生闷气呢，思考着怎么做才能统一思想，结果李斯这奏章一呈上来，问题就全解决了。

于是，秦始皇在奏章上批了一个字“可”。皇帝的“可”非同小可，那是金口玉言，尚方宝剑啊！李斯有了这把尚方宝剑甭提多高兴了，当即号令天下收书。

收书当然要先从都城咸阳开始了。天子脚下，人人膜拜，能起到模范带头作用，以后全国各地依葫芦画瓢就行了。有了都城咸阳的示范效应，各地郡县竞相效仿，自上而下的烧书运动在全国轰轰烈烈地开展起来。

这样大规模地收书、烧书，难道老百姓不反抗吗？

老百姓分两类人，一类是读书的，一类是不读书的。

不读书的老百姓谁管这个啊，说不定还在嘲笑读书人呢，嘲笑隔壁小王就是个书呆子，无所事事，不干农活，整天抱本书到处叽叽歪歪，胡说八道，这回老实了吧！

读书的老百姓虽然真心不想让烧，但是在脑袋和书籍之间，绝大部分人还是选择了脑袋，积极与政府合作，甚至还可能主动检举揭发，争取立功呢！

当然，也有个别胆大、有气节的读书人，视书如命，冒死偷偷藏起来一些。比如，孔子后裔孔鲋，就把一些重要的孔子典籍藏在了夹墙里，“鲁壁藏书”的典故就是指这件事。还有一些特别偏远的穷乡僻壤，无人顾及，也藏了一些。

反正，大部分书都被烧了。

有人说其实没全烧，只是收上来后象征性地烧了一些，吓唬吓唬人而已。但不管怎么说，烧书的事肯定是有的。

也有人说，烧书就是秦始皇和李斯的愚民政策。

这话有一定的道理，但我个人倒不完全这样认为。试问，哪个统治者不希望思想统一呢？如果思想混乱，各行其是，没了规矩，老百姓就一定幸福吗？也不一定吧！

适度的统一思想对社会发展应该还是有正面意义的。至于“适度”是个什么玩意儿，仁者见仁，智者见智，主要看政治需要，每个时期的政治需要应该都不一样。所以，用我们现在的价值观来评判秦始皇当时的处境，可能有点风马牛不相及了。

另外，当时所谓的读书人的问题也比较大，他们喜欢摇头晃脑地之乎者也，故弄玄虚，简单问题复杂化，复杂问题神秘化，以显得自己比别人高明。实际上，他们中的很多人肩不能扛，手不能提，眼高手低，正事不干，一旦不受重用就满腹牢骚，到处传递负能量，造谣惑众更是有鼻子有眼。

正所谓：“十有九人堪白眼，百无一用是书生。”这样说可能有点夸张，甚至有点偏激，但秦始皇就是这么看待那些读书人的。所以，书烧了，思想统一了，乱七八糟的声音表面上终于消停了，他也就无拘无束了。

那么，无拘无束的秦始皇又会干些什么事呢？

32. 阿房宫和骊山陵墓

书烧了，思想统一了，乱七八糟的声音表面上终于消停了，秦始皇非常高兴，人也越发精神起来。

一晃又过了一年，也就是始皇三十五年，秦始皇大概四十八九岁的样子，他突然感觉自己的宫殿太小了，配不上大秦帝国的国威，于是决定大兴土木，建一座空前浩大的宫殿。因为这次玩得实在太大了，秦始皇可能感觉自作主张会引起朝野抵制，所以他准备先争取一下群臣的意见，以便日后的工作能够顺利推进。

这天,秦始皇通知朝中大臣过来开会,说有重要的事情商量。群臣闻讯,赶快屁颠屁颠地跑到宫中。

看看，思想统一了，开个会也比较容易，迟到早退现象都会少很多。

秦始皇今天格外客气，显得比平时要和蔼可亲，群臣自然放松不少，整个气氛显得比较融洽。

皇帝坐久了，秦始皇做事也越来越老道，早已没有了年轻时的张狂。

岁月就是把杀猪刀，不但毁你的容，还会虐你的心，直到你在成熟中老去。

待大家都到齐了，秦始皇轻咳了两声，用商量的口吻说道:“现在天下太平,百姓安居乐业,为了朕的江山,众卿都辛苦了。都城咸阳人丁兴旺，越来越拥挤，朕作为天下之主，平时只住这么几座老旧的宫殿，实在寒碜啊!”

说到这里,秦始皇稍微停顿了一下,扫视一遍群臣,看大家都面无表情，没有动静，便接着说道:“过去，先王在的时候，秦国地少人稀，宫殿小点就小点，够用就可以了。现如今，朕统一天下这么多年了，文武百官比以前不知道增加了多少倍，这宫殿就显得有点局促了。”

朝堂上仍然静悄悄的，大臣们心里都明白，皇帝又开始“作”了，但哪个敢说啊？思想要统一嘛，言行必须与老大高度一致，不好随便乱发表意见。

所以，思想统一的优缺点很明显，干好事的时候效率特别高，但是如果干坏事，破坏性也是相当大的。

秦始皇这次倒耐心，知道群臣心里会犯嘀咕，需要做好思想工作才行，于是继续说道:“朕听说，过去周文王营建了丰京，周武王营建了镐京。丰京作为宗庙园林的所在地，镐京作为办公场所，规划合理，功能明确，由此才形成著名的丰镐都城。如今，朕管理这么大一个国家，是不是也应该学习学习古人，扩充扩充宫殿，改善改善工作环境呢？这样也方便大家在一起沟通交流，众卿意下如何?”

秦始皇所说的丰镐城究竟在什么地方呢？这里简单解释一下。

丰镐城位于现在的陕西省西安市长安区沣河两岸，丰京在河西，镐京在河东，总面积约 17 平方千米。丰京由周文王所建，镐京由周武王所建，两个地方并称为丰镐城，作为西周政治、经济中心的国都使用了约 350 年。

显然，秦始皇拿丰镐城来说事，主要还是为自己大兴土木建造宫殿做合法化的舆论引导。

李斯的奏章刚说过，以后不能再“道古以害今”了，但秦始皇才不要管呢，先拿来唬人再说。

群臣哪个是笨蛋啊，都博览群书、博学多才，听秦始皇这么一说，早都明白什么意思了。老大秦始皇这次这么给大家面子，能够主动放下身段征求大家意见，又加上烧书运动刚结束不久，思想空前统一，哪个不识相的敢出来反对啊！秦始皇刚说完，群臣纷纷表态支持，齐呼皇帝圣明。

秦始皇心想，目的达到了，不管怎么样，决议已经在朝堂上一致通过了，看以后谁敢跑出来再说怪话！

当然，秦始皇不会为此找人背锅，也没必要，他只是想让工作开展得顺利一些，少点负面舆论而已。现在群臣都明确表态支持了，秦始皇就没有了后顾之忧，又做起了总建筑设计师的工作，以前就做过，现在更有经验了，套路也熟了。

他先把能工巧匠们招来，大讲特讲自己的设想，然后让他们回去绘制一套概念方案。老大发话，效率奇高，没过多久，概念方案就赶制出来了。

秦始皇拿着概念方案天天研究，在上面批批改改，圈圈画画，这边要增高一些，那边要加宽一些。秦始皇乐此不疲，经过一番折腾，才好不容易把前殿的方案给定下来。

据史书记载，这座前殿东西五百步，南北五十丈，分上下两层，上层可以同时容纳上万人，下层有五丈高，四周有回廊环绕，廊下非常宽阔，套有四匹马的高大车驾都可以畅行无阻。前殿下面有一条甬道，甬道外面装修精美，迤逦过去直达南山，山巅竖起华表，作为山上宫殿大门的标志。前殿完工后再造后宫，五步一楼，十步一阁，廊腰缦回，檐牙高啄，美轮美奂。总之，按照这套方案，关内需要建造宫廷殿宇三百余座，关外四百余座，绵延三百余里。

由于工程太过浩大，直到秦始皇去世，前殿才落成，而其他宫殿始终都没能全部完工，所以宫殿名称当时也没来得及确定，还是后人给其取名为阿房宫。

为什么叫阿房宫呢？先说读音，有三种叫法：一种是 ē páng gōng，这一种发音是传统叫法，过去历史老师一直这么教；一种是 ē fáng gōng，这一种发音是最近一段时期的叫法，原因是按照《新华字典》最新版本中的标注，“房”字没有 páng 的发音，只有 fáng 的发音；一种是 ā fáng gōng，这一种发音是把“ē”干脆换成“ā”。三种读音都能自圆其说，但第一种更容易让人接受，毕竟流传范围最广嘛。

我们再说说“阿房宫”名字的起源，至少有五种说法：

第一种因为靠近都城咸阳而得名。“阿”有近的意思，“阿房宫”的意思就是咸阳城旁边的宫殿。

第二种因为建筑风格而得名。阿房宫形状“四阿旁广”，“阿”在古文中有“曲处、曲隅、庭之曲”的意思。

第三种因为建筑地势而得名。阿房宫建在地势高峻的丘陵之上，“阿”有“高大丘陵”的意思，“阿房宫”的意思就是建在高大丘陵处的宫殿。

第四种因为爱情而得名。这种说法比较传奇，源自民间传说，传说秦始皇爱上过一位民间美女，这位美女名叫阿房，秦始皇为了纪念她而将宫殿起名为阿房宫。

第五种因为方言而得名。这种说法最朴实，最接地气，我个人也比较认同，所谓“阿房”，按照当地方言，就是“那座大房子”的意思。没那么多讲究，方言最有生命力，阿房宫这个名字才能经久不衰地流传至今。

这五种说法究竟哪一种是正确的，大家根据自己的理解来选择，没必要太过纠结。

总之，秦始皇生前过着穷奢极欲的生活。

享受惯了，就怕过苦日子，秦始皇也是如此，他不但生前要享受荣华富贵，死后还要继续享有这样的生活。于是在骊山北麓，也就是今天的陕西省西安市临潼区东南，秦始皇又为自己修建了豪华的坟墓。这座坟墓就是著名的骊山陵墓。

据史料记载，骊山陵墓高五十余丈，周长四五里，墓基非常深，用铜水灌注，墓中筑有宫殿以及百官位次。宫殿内陈列着各式各样的奇珍异宝，地面设置水银做成的江河湖海，自由流动，形象逼真；顶部有硕大明珠做日月星辰装饰，美轮美奂；中间用人鱼膏做成的蜡烛长期照明。

如此这般，奢靡程度令人咂舌。那么，骊山陵墓的设计负责人是谁呢？就是那个丞相李斯，估计李斯因为设计方案极其符合秦始皇的心愿，没少被当众表扬。设计好后，由少府章邯负责督造。

关于章邯，后文中我们还会重点说到，这里先提一下。

如此复杂的设计，建造过程的艰辛程度可想而知。据史料记载，建造整座陵墓平均用人数达到七十二万，最高峰时动用人数近八十万。

秦始皇为自己搞这么豪华的陵墓，看似风光无限，其实也是在为秦朝自掘坟墓，更因此被后人诟病。

坟墓再好，那也是死人住的地方，死后究竟会怎样，鬼才知道，秦始皇还是想先过好眼前的生活。为了早点享受，阿房宫的前殿刚完工，还没等到其他宫殿落成，他就迫不及待地想要搬进去住了。

这天，秦始皇正忙着安排布置前殿，给宫中美女分配住所，突然有一个人来求见。这个人给秦始皇出了一个鬼主意，让秦始皇从此性情大变，变得人不人，鬼不鬼。

那么，这个人会是谁呢？

33. 神龙见首不见尾

这个人不是别人，正是我们说过的卢生，声称能帮助秦始皇找到仙人求得仙药的那位。他上次去深海求仙,仙没有求到,却带回了“亡秦者胡也”的谶语，还引起了北伐匈奴的战争。

虽然那次求仙不成功，但是秦始皇仍然很信任他，并把他带回了都城咸阳，留在身边随时请教。

看卢生来了，秦始皇得道成仙的“痴心妄想”不由得又被勾了起来，于是略显惆怅地问道:“卢生啊，朕贵为天子有什么用？荣华富贵如过眼烟云，早晚还是躲不过一死！这神仙找不到，长生不老药也求不得，该如何是好啊?”

卢生这家伙好久没被秦始皇召见过了，手上的钱挥霍得也差不多了，他这次过来，主要是想趁着秦始皇乔迁之喜，套套近乎，顺便讨点赏钱，听秦始皇这样问，便趁机忽悠道:“陛下，臣等已经尽力了。上次臣等出海求仙，也是舍生忘死，九死一生，千辛万苦啊！眼看快拿到那不死药了，可偏偏没得逞。臣判断其中必有蹊跷，一定是什么鬼神在作怪，故意让人捉摸不定!”

听卢生说到鬼神作怪，秦始皇顿时来了精神，急忙问道:“什么鬼神作怪？快给朕说来听听!”

其实哪里是鬼神作怪，只是他自己执迷不悟，疑神疑鬼而已。

卢生本来是顺口一说，刚说完都就有点后悔了，正担心自己被识破呢，没想到秦始皇如此认真，便继续胡说八道：“臣以前听老师说过，寻找仙人必须小心翼翼，轻手轻脚，随时随地都要把自己的真实身份隐藏起来。这样才能躲过恶鬼骚扰，防止恶鬼缠身，一旦远离了恶鬼，真人就有可能自动上身了。”

卢生稍微停了停，偷眼瞅了瞅秦始皇，秦始皇正全神贯注地听他胡说八道，好像没有生疑。于是，他捋了一下稀疏的胡须，接着胡诌道：“现在陛下所居住的地方，到处都是凡人，群臣环绕，说明还是身处凡间啊！而且陛下公务繁忙，日理万机，不能做到恬淡无为，真人怎么可能上身呢？如果陛下的行踪不让外人知道，或者尽量少让人干扰，保持神秘，那么神仙就有可能腾云驾雾来到陛下身边，到那个时候，又何愁仙药不得呢？”

卢生这家伙明显是鬼话连篇，装神弄鬼，稍有常识的人都能轻易分辨出来。

但俗话说：“旁观者清，当局者迷。”秦始皇这个时候正是当局者，他朝思暮想得道成仙，听了卢生的话貌似恍然大悟地说道：“原来如此啊！原来如此啊！朕也纳闷呢，朕如此虔诚，仙人竟然还不来，今天才如梦初醒，你怎么不早说呢？以后朕就按你说的办，先从称呼开始做起，以后不自称‘朕’了，称‘真人’，免得恶鬼缠身！”

卢生这家伙没想到秦始皇会对他的鬼话深信不疑，心里直呼庆幸，于是便一本正经地奉承道：“陛下果然圣明啊，一点就通，得道成仙指日可待！”

秦始皇被说得心花怒放，当即重赏卢生。目的达到了，卢生急忙借故告退。之后，为了让自己的行踪神秘起来，秦始皇命人将咸阳附近二百里范围内已经造好的宫殿通通增加甬道。

前文中说过，所谓甬道，指两侧有围墙的道路，前后连接，左右遮蔽。在这样的道路中行走，秦始皇无论到哪里都可以避免被人发现了。当然，宫殿各处的美女、音乐、美食、珠宝还是要保留的，没有了这些，做神仙也没意思啊！

等一切布置完毕，秦始皇今天住这里，明天到那里，神出鬼没，神鬼莫测。恶鬼是上不到身了，他自己倒变得人不人、鬼不鬼了。

不过，秦始皇毕竟是一代牛人，尽管过着神魂颠倒的生活，但也不耽误他处理国家政务。修改宫殿设计方案、调派劳工、迁移百姓、审阅奏章，等等，他都能做到事必躬亲。

开国皇帝一般都有这种本事，好像有三头六臂，精力极其旺盛！

神龙见首不见尾地生活一段时间后，秦始皇自我感觉良好，很是得意，认为除了少数几个随从，没人能够掌握自己的行踪，既增加了神秘感，还有可能尽早见到神仙，多好啊！可是不久发生了一件事情，让他觉得自己像一个光着屁股的透明人一样，颜面扫地。

那么，这到底是件什么事呢？

34. 秦始皇的愤怒

话说有一天，秦始皇带着少数几个心腹随从，偷偷溜到山上的一座宫殿里去玩。这座宫殿名叫梁山宫。

在梁山宫，秦始皇兴致勃勃，东张西望，一边寻找神仙，一边欣赏咸阳城内的繁华闹市。这时，一大队人马从山下闹市中浩浩荡荡路过。

这队人马好不气派，前面有仪仗队开路，中间有保镖武士护卫，后面有大批随从跟随，整个队伍少说也有上千人。最中间的马车里，端坐着一位身穿宽袍大袖的达官贵人，很威风的样子。只是太远，车上面又有羽盖遮挡，秦始皇无法看清楚是何方神圣，不觉有点好奇，心想天下竟然还有人如此气派，快赶上老子的派头了，就略微不满地问左右道：“这下面是哪位啊？好不风光啊！”

左右听到秦始皇略带醋意的发问，不敢乱猜测，赶快派人跑下山去看个究竟。派下山的人经过了解才知道，原来是左丞相李斯的车队，慌忙回来向秦始皇据实禀报。

秦始皇当时并没有太在意，李斯毕竟是一人之下万人之上的丞相，又是自己最信赖的人，有这点待遇不为过，就随口说了一句：“没想到丞相的车队也如此威风啊！”语气中可能略带酸味，这也是人之常情，羡慕嫉妒恨人皆有之，秦始皇是人，还没成仙，也不例外。

但就是这么点小小的不满情绪，却被左右随从捕捉到了，有好事者私下里把这件事告诉了李斯，目的无非是想讨点赏钱。

俗话说：“说者无意，听者有心。”李斯本是一个特别有心、特别谨慎的人，每天都在琢磨秦始皇的心思，现在听到秦始皇这么说自己，不禁大吃一惊，心想盖了老大秦始皇的风头，那还了得。于是以后再出门，他便改成了轻车简从，远不如过去气派了。

可是冤家路窄，没过几天，李斯的车队又被秦始皇碰到了。秦始皇心思缜密，看到李斯的车队与之前大相径庭，笃定有人把前几天的事情透露了出去，顿时又羞又气。

秦始皇正在潜心修炼成仙得道之术，据卢生说，这个专业能毕业的基本条件就是要隐姓埋名，神出鬼没。现在倒好，秦始皇以为自己练成隐形人，光着屁股到处跑，但都被人看在眼里，只有他自己在那里自得其乐、自鸣得意，一句牢骚话都能被别人轻易获悉。

这事放到谁身上，可能都不会善罢甘休，何况是拥有绝对权威的秦始皇！回到宫里，秦始皇马上把那天在山上的几个随从叫了过来，严厉责问究竟是谁透漏了自己的行踪。

秦始皇那脾气谁不知道啊，动不动瞪眼宰活人，哪有人敢承认，纷纷百般抵赖。这下秦始皇彻底怒了，当即命武士将他们全部拉出去砍了。秦始皇的处理方式确实有点过激，毕竟都是自己的心腹随从，跟随多年，虽然其中有人做得确实不地道，但如此极端处置，滥杀无辜，周围亲近的其他人会怎么看？肯定会有人认为秦始皇无情无义，刻薄寡恩，恣意妄为，不留情面。这对名声总归是不好的。

试想，如果秦始皇换种处理方式，先不动声色，暗中观察，最后泄密之人还是很容易被查到的，到时候，再有针对性地处理，大家肯定会心服口服，外加佩服，名声自然也会很好。

秦始皇之所以如此极端，一方面是性格使然，另一方面还是被卢生的鬼主意给闹的，让他迷失了理性。

这件事过后，秦始皇身边的人更加拘谨，噤若寒蝉，气氛变得诡异起来。生活在这种氛围之下，秦始皇的心情或多或少都会受到影响，性情难免越来越古怪。

那个出鬼主意的卢生听说后，不由得心生恐惧，心想这么点小事，秦始皇就把人全杀了，一点情面都不留，也太绝了，秦始皇的那些荒唐事可都是自己出的鬼主意所导致的啊，哪天这位凶神反应过来，还不生吃活剥了自己啊。

越想越害怕，越想心里越没底，于是卢生便萌生去意，决定远走他乡，另谋出路。他给自己找到了出路，却引发了震古烁今的惨案发生。

那么，究竟发生了什么惨案呢？

35. 方士逃跑

卢生听说秦始皇诛杀心腹随从的事后，心生恐惧，于是萌生去意，决定远走他乡，另谋出路。私下里，他向一个名叫侯生的同事抱怨道："老兄弟啊，我们要当心啊！咱们皇帝可不是善茬，天性暴虐，杀人不眨眼，又自信得很，天下好像他最聪明似的！"

这个侯生和卢生是同行，都是方士，来自韩地，也在秦始皇身边担任养生顾问，负责求仙人寻仙药的工作。对最近发生的事，侯生有所耳闻，感觉慌兮兮的，听卢生这么评价秦始皇也不禁点头称是。卢生看侯生和自己的态度差不多，便压低声音接着说道："自从统一了天下，他更是志骄气盛，整天鼓吹自己前无古人后无来者，身边那么多智囊博士，他都看不上。丞相大臣都唯唯诺诺，拍马逢迎，不敢说真话。现在他是想杀谁就杀谁，想干吗就干吗，不计后果，这样下去，天下迟早大乱，百姓迟早造反。"

侯生好像不以为然，略带得意地说道："我说老弟啊，也不能这么说，皇帝对我们哥俩还是比较信任的，待我们不薄，这不是前段时间刚重赏了我们吗？做人要知足哦！"

卢生深深叹了一口气，分析道："你我兄弟现在确实还算受宠，待遇也不错，那是因为他感觉我们还有用，以为我们能给他求到长生不死药，可是这药真能求到吗？别人可能不懂，我们兄弟可都是明白人啊，明人不说暗话，那是糊弄人混口饭吃的！将来如果迟迟不能兑现，早晚露馅，到时有我们好看的！”

侯生一听，吓出了一身冷汗，手中的杯子险些滑落，整天花天酒地逍遥自在，竟然把这茬给忘记了，再这样下去，当真要老命不保。他伸头凑过来问道：“是啊，老兄弟，你说得太对了，那该怎么办呢？”

卢生向四周审视了一圈，然后用手指蘸了蘸酒水，在桌子上写了一个字：“走！”

侯生心领神会，一拍大腿说道：“好！事不宜迟，早做打算！”

没多久，卢生和侯生两人就相约找个机会脚底抹油，溜了。

卢生和侯生偷偷溜走的消息不胫而走，搞得都城咸阳满城风雨，当然议论最多的还是那些被烧了书的儒生。他们私下里嘲笑秦始皇没文化，没规矩，没脑子，不信经典信鬼神，结果被当猴耍了。

等到秦始皇知道的时候已经晚了，卢生和侯生早已逃得无影无踪。受到如此愚弄，秦始皇恼羞成怒，在朝堂上怒吼道：“这帮方士太可恶了！朕一片好心请他们来辅佐，无非是利用他们的一技之长为国家做点好事，顺便为朕炼点丹药，强身健体。而他们呢？一个徐福，花了那么多钱，到现在也没个结果。这个卢生和侯生更不像话，竟敢欺君罔上，私下里诋毁诽谤朕，给朕来这么一套，一定要抓住他们碎尸万段！”

群臣对这帮方士本来也没什么好感，因为他们的妖言妖语，使秦始皇喜怒无常，搞得朝廷上下紧张兮兮，于是纷纷出来响应秦始皇，谴责卢生和侯生不是玩意儿，罪该万死。秦始皇继续说道：“方士如此，那些儒生也不是什么好东西，见风使舵，造谣惑众，不务正业。朕已经派人调查过了，单是咸阳城中的儒生就有很多无所事事，妄议朝政的。”

说完，当即颁布诏书，诏令御史立案审查咸阳城中的儒生群体，把那些造谣惑众、蛊惑人心的逮捕归案。

好嘛，本来是方士的错，因为儒生的嘲笑，结果秦始皇顺势便迁怒于儒生了。

御史办案图省事，知道秦始皇就是为了出口恶气，才懒得暗中调查究竟是谁在散布谣言，便索性直接把咸阳城内有嫌疑的几百个儒生全部抓了起来。

儒生们又不是傻子，个个尖牙利齿，滑头滑脑，满肚子都是道理，没有证据谁会认罪啊。大家异口同声喊冤道："冤枉啊！我们没有妖言惑众，妖言惑众的是那个卢生和侯生，你们有本事去抓他们啊！"

御史是监察性质的官员，都是狠角色，六亲不认，才没有工夫闲扯淡呢，惊堂木一拍，大喝一声道："你们这些贱骨头，不大刑伺候，怎肯如实招来？"

看见没，这是要严刑逼供。严刑逼供最省事，最直接，最立竿见影。调查办案多麻烦，多伤神，关键还不一定有效果。自古以来，办案人员最喜欢搞严刑逼供，既简单快捷，又能够耍威风，只是败坏了政府声誉，所以现在国家三令五申坚决杜绝严刑逼供，以维护过程正义。

别看这些儒生讲起大道理来一套一套的，平时表现得好像很有风骨，一旦动起刑来，没人能挨得过。一个个细皮嫩肉的，三棍下去，哭爹喊娘，老实服软，全部交代，甚至有人还主动举报，以图立功赎罪。当然，儒生中也有几个硬气的，开始坚决不承认，结果被打得半死，最后还是屈打成招了。

御史将口供一一记录在案，签字画押后就算完成任务了。案卷很快被呈送到了秦始皇那里。秦始皇本来搞的就是有罪推定，哪里会管什么屈打成招，看到案卷后，对御史称赞有加，认为办案很给力。

证据拿到了，按照秦法必须活埋处死。可怜这些儒生，共计约四百六十余人，读了那么多书，之乎者也背了一辈子，本想混个前程光宗耀祖，结果平白无故要被活埋了。在去往刑场的路上，他们哭哭啼啼，哼哼唧唧，场面凄惨。

路边行人指指点点，议论纷纷，顺便告诫自家孩子，以后好好干农活才是正道，别整天好吃懒做，就知道看书。

恰好这个时候，秦始皇的大儿子扶苏路过。他不明就里，也上前围观，待问明缘由，感觉老爸秦始皇做得不对，当即喝住了行刑官，说等他到宫里找老爸秦始皇了解清楚之后再行刑不迟。

大公子扶苏的要求，行刑官不敢不听，毕竟人家是秦始皇的儿子，而且还是大儿子，是未来最有可能做皇帝的人。

于是，扶苏从街上匆匆忙忙赶往皇宫。那么，他能说服老爸秦始皇收回成命吗？

36. 坑杀儒生和方士

公子扶苏匆匆忙忙赶到皇宫里，秦始皇正在书桌前埋头批阅奏章，看儿子扶苏来了，边示意他坐过来，边责问他为什么慌慌张张的，一点都不稳重。救人如救火，扶苏顾不了那么多了，直入正题道："父皇，刚才在路上看到很多儒生被押往刑场处死，听人说，他们因为胡言乱语、胡说八道，惹父皇生气了。"

秦始皇"嗯"了一声，低下头继续批阅奏章。

扶苏小心翼翼地接着说道："父皇消消气，不要和那些儒生一般见识。那些儒生就爱瞎吵吵，搞不出什么名堂。现在天下安定，百姓安居乐业，全凭父皇圣明、宽厚治天下所得。儒生都是孔子门下，懂礼法有文化，在当地都有一些威望，如果今天父皇把他们都处死了，恐怕人心不服啊，坏了父皇名声就不划算了。儿臣还请父皇三思，这次先放过他们，以后胆敢不守规矩，数罪并罚再杀不迟！"

扶苏的话说得有礼有节，通情达理，秦始皇却听不进去。他把笔重重地摔在了几案上，怒斥道："小子，你懂什么？有你想得那么简单吗？敢过来教训老子了！这里的事用不着你管！如果在咸阳闲着没事干，赶快到北方边境找蒙恬去，监督蒙恬尽快把长城、直道给老子修好！过几天，老子就要北巡了！再修不好，拿你们俩试问！"

扶苏碰了一鼻子灰，心里很不痛快，但知道多说无益，只好出宫派人告知行刑官继续行刑。

那帮儒生本来以为还有一线生机，正在焦灼地等待着，听到这个消息后，不禁哇哇大哭起来。这次哭得更加悲惨了，整个咸阳城都充斥着肃杀的气氛。

人的心理往往如此，干脆一直绝望也就认了，没有念想了，就怕希望—失望—绝望—希望这样反复折腾，内心如同被人用手来回揉搓一样疼痛难忍。

再疼痛那也是儒生的事，行刑官才不管呢，说不定心里还在埋怨扶苏多管闲事，害得他们在马路上站了半天，都耽误回家吃饭了，于是大声呵斥着，驱赶这帮儒生到了一个深谷中。这个深谷也就是今天的陕西省西安市临潼区洪庆堡村南的鬼沟。

儒生们刚刚走进深谷，大量石块便从山上滚落下来，不一会儿，就把儒生们掩埋在了山谷中。

公子扶苏闻讯，不禁潸然泪下，却又无可奈何，他不敢在城中逗留，怕老爸秦始皇怪罪，匆匆北去。没想到，这一去竟成了永别，后文中我们还会详细说到。

扶苏在历史上的口碑比较正面，与他这次仗义执言替儒生求情不无关系，因为儒生是掌握历史话语权的一帮知识分子，他们肯定会根据自己的好恶来选择性地对历史人物进行评价。

可能评价太过正面，有人总是无限感慨地"意淫"，如果扶苏继承了皇位，中国的历史将会改写。但我们试问，即便改写了就一定好吗？也是个未知数吧。我们不如暂且认了吧，历史已经发展到这个份上，与其无限感慨，不如引以为戒。

这次坑杀儒生的事件在历史上分歧不大，普遍认为确有其事，但对于坑杀的对象稍有分歧。关于这一点,《史记》中涉及的两处记载也有点矛盾，《儒林列传》中说的是方士,《秦始皇本纪》中说的是儒生，估计太史公司马迁也吃不准吧。

从常理上分析，方士和儒生应该都有。为什么这么说呢?

因为坑儒事件是由方士卢生和侯生引起的，所以肯定不会放过那些方士了。而儒生之前被烧了书，怀恨在心，借卢生和侯生之事嘲讽秦始皇，进而妄议朝政也在情理之中，秦始皇恼羞成怒顺便坑杀一些造谣生事的儒生，应该也是大概率事件。

另外，儒生和方士的身份很难截然区别，因为没文化的老百姓也做不成方士。前文中我们说过，类似卢生和侯生这样的方士大多是儒生出身。据史书记载，整个咸阳城总共坑杀了四百六十多人，这不是个小数字，也难免方士和儒生混杂。

不管怎样，秦始皇坑杀咸阳城儒生的事情肯定发生过，这是毋庸置疑的，我们没必要为秦始皇隐讳。

但另外还有一次坑儒事件,就有点子虚乌有了。这次坑儒事件史称“马谷坑儒”，在《史记》中没有任何记载，最早的记载出于东汉时期一个叫卫宏的学者笔下。卫宏在《古文尚书序》中详细描述了“马谷坑儒”的全过程。

先不管“马谷坑儒”是否真实存在，为了更全面反映史书记载，我们不妨当作野史述说一下，然后再推理分析一下，最后由读者自己来判断其真伪。

据说，秦始皇坑杀了咸阳城内的儒生后，仍然不解气，认为天下儒生没几个省油的灯，于是决心全部杀掉，以斩草除根。但是怎么杀呢？儒生脸上又没写“儒生”两个字，让他们主动过来送死更不可能。如果公开下诏让地方官绞杀，那不是打草惊蛇了吗？儒生们肯定会像卢生和侯生一样逃之夭夭。辗转反侧，冥思苦想，秦始皇终于想出了一条毒计。

这究竟是一条什么毒计呢？

37. “马谷坑儒”之真假

秦始皇以寻求天下贤士的名义下诏，诏令全国各地政府将当地名士大儒推荐到都城咸阳任用，然后坑杀之。

这招非常厉害！“学而优则仕”是读书人一生的梦想。所以儒生们一听朝廷下诏纳贤，两眼都绿了，欢天喜地，奔走相告，积极踊跃响应政府号召。没几个月，就有七百多名儒生主动前来报名。这些人被召集齐后，由地方官从全国各地输送到了咸阳。

秦始皇亲自接见，嘘寒问暖，关怀备至，格外平易近人。儒生们感觉秦始皇真不错，以前说他坏话实在不应该，后悔不已，每个人都老老实实把自己的特长、爱好以及对时局的看法和盘托出。通过这么一聊，秦始皇认为没错，送上来的都是货真价实的儒生。

第二天，他便下了一道诏令，任命这七百多儒生做了郎官，跟随自己左右，干点出谋划策的活。得了这么体面的官职，成了皇帝的身边人，可以光宗耀祖了，儒生们喜出望外，弹冠相庆，纷纷入宫前仰后合地跪倒谢恩。

秦始皇虽然对儒生不待见，脾气不太好，但他是一个沉得住气的人。按道理，人给你骗来了，直接找个理由关起来，或者杀掉，不就行了吗？他没有这样做，他要看看这些整天妄议朝政、蛊惑人心、诋毁自己的儒生究竟有什么本领。

其实，当时的大部分儒生没有什么真本领，多半是些书呆子而已，他们脱离实际，虚头巴脑，不当家不知道柴米贵，吹吹牛，发发牢骚，打打嘴仗还行，真让他们提出可行性建国方针，往往是想当然，纸上谈兵，理想主义。

经过一段时间的观察，秦始皇认定这些儒生是社会负能量，没什么用，于是更加坚信自己最初的想法，必须找理由杀掉才解气。找什么理由呢？

对皇帝来说，找理由从来都不是难事，难的是找什么理由更好玩而已。一天，一名在骊山修陵墓的官员回来向秦始皇汇报工程进度，他顺便对秦始皇说，在骊山有个地方名叫马谷，到了冬天，瓜果飘香，能长出春夏才能生长的蔬菜瓜果。

秦始皇感觉很奇怪，就把那些喜欢夸夸其谈的儒生们招来，一问究竟。儒生们天天摇头晃脑之乎者也，五谷不分，四体不勤，哪里会懂这个？按说不懂你就说不懂，老实交代，谦虚点也行。“知之为知之，不知为不知，是知也”不是背诵得很熟吗？

结果，这帮家伙开始争论胡诌起来。有的说是天降瑞兆，盛世之年；有的说是不祥之兆，衰败之年；有的说是不好不坏，不用在意；有的说是绝不可能，纯属瞎编。

反正五花八门，都是臆测之词，平时造谣传谣惯了，张口就来，没一点生活常识。秦始皇心中暗暗好笑，心想这都是些什么人啊，还大儒，大儒个屁！

争论了半天，最后还是秦始皇出了一个主意，他要大家不妨一起实地去考察一下，百闻不如一见，空对空扯淡，不如现场一看。“实践出真知”是颠扑不破的真理。

于是，这帮儒生就跟着秦始皇去马谷做实地调查。到了马谷，儒生们好奇啊，好像参加冬游一样，一口气跑到了谷中，果然到处都是新鲜的瓜果蔬菜，不禁啧啧称奇。

正在议论纷纷之际，突然，从山上滚落大量石块。这帮儒生还以为是山神显灵，要山崩了呢，赶快往外跑，但是进入谷中的出口被人用石块牢牢封死了，等他们反应过来知道上当了，已经来不及，全部惨死在谷中。秦始皇看目的达到，哈哈大笑几声，扬长而去。

这就是历史上著名的“马谷坑儒”事件，也是秦始皇一生中的重大污点之一。但“马谷坑儒”事件是历史悬案，是否真实发生过莫衷一是。有人说真实发生过，就是秦始皇干的，卑鄙无耻，禽兽不如；有人说是子虚乌有，应该是儒生栽赃陷害，以报被冷落烧书之仇，英明神武的秦始皇是被冤枉的。

那么，究竟有没有发生过呢？

公说公有理，婆说婆有理。不过现在的历史学家普遍认为是后人杜撰的。为什么这样说呢？

首先，记载这个故事的年代距离秦朝比较久远，前面我们说过，该故事最早出于东汉学者卫宏笔下，而在成书较早的《史记》中却没有记载，这不符合常理。《史记》成书于西汉，那是反秦、非秦最严重的时代，坑杀咸阳儒生的故事都记载了，却没有记载影响面更大的“马谷坑儒”，逻辑上说不通。

其次，整个故事情节牵强附会，不符合秦始皇的性格特点。秦始皇杀人从不偷偷摸摸，他喜欢玩阳谋，不搞阴谋，没必要绕那么大一个圈子坑杀儒生。

好吧，针对“马谷坑儒”事件，就简单分析这么多，如果读者还不过瘾，可以继续研究。无论“马谷坑儒”事件是否真实发生过，秦始皇对儒生不太友好，是不争的事实。

那么，他对普通老百姓又是什么态度呢？

38. 封倮誉清

秦始皇对读书人不待见，家喻户晓。实际上，当时的普通老百姓过得也不太容易，一方面，秦法严酷，之前的六国百姓还不适应；另一方面，秦朝徭役繁重，筑长城、修道路、建宫殿、造陵墓，每一项都是开天辟地的大工程，其繁重程度可想而知。

但是，有两个老百姓的日子过得特别舒服，很受秦始皇赏识，甚至成为大家学习的楷模。司马迁在《史记·货殖列传》中专门对他们进行了书写，我们不妨把这两个人的故事拿出来说一说，以便对秦始皇以及秦朝政策有个更全面的认识。

这两个人一个名叫倮，一个名叫清，后人把他们的故事概括为“封倮誉清”。我们先说“封倮”，再说“誉清”。

倮生活在秦朝乌氏县，差不多相当于今天的甘肃省泾川县境内，当时那里生活了一些游牧民族。为了便于述说，我姑且把“倮”称之为“乌氏倮”。乌氏倮擅长家庭养殖，平时家里养了很多牛啊、羊啊、猪啊，这对游牧民族家庭来说不算什么稀奇事，但乌氏倮不是一个普通养殖户。

按照常规，搞家庭养殖主要是靠买卖牛羊为生，最多搞点副产品，卖点牛奶、牛肉干什么的，就很了不起了。无论怎么搞，充其量赚的是辛苦钱，想发财很难。但乌氏倮没有这么干，而是搞起了进出口贸易。

你可能会感到很奇怪，进出口贸易是现代人的玩法，那个时候的人怎么会玩这一套呢？乌氏倮究竟是怎么搞的呢？

说起来，套路很简单，他先把家里的牛羊卖掉换取丝绸锦缎，然后再将丝绸锦缎拿到国境外，卖给当地的游牧民族。丝绸锦缎是汉民族的特产，游牧民族特别稀罕，很容易赚取暴利。

乌氏倮怎么会想起来做这个生意呢？

有一次，他试着把丝绸锦缎拉到周边的游牧民族西戎去卖，结果很受欢迎。西戎的老大戎王听说后，便派人把乌氏倮叫了过来，他也想见识一下。

戎王虽然贵为大王，但是对丝绸锦缎这种高级货了解得并不多，只知道是秦民达官贵人的奢侈品。他小心翼翼地撩起一段丝绸，反复摩挲，爱不释手，估计心里在想着要拿这么好的东西去讨好哪个心爱的女人呢。

乌氏倮很灵光，一下子就参透了戎王的心思，便主动在货堆里挑出一些上等的丝绸，双手献给戎王说道："大王，您是高贵之人，只有您才能配得上拥有最好的绫罗绸缎，这些是小人特意赠送给您的！"

戎王一听，哈哈大笑起来，心想自己怎么可能会占一个秦朝小老百姓的便宜呢，只见他大手一挥说道："你一个做小买卖的，长途跋涉来到我西戎，很不容易啊！我岂能让你吃亏？只是我们这里不像你们那里流行金银财宝，不如我拿牛羊换你的丝绸，你看如何？"乌氏倮本来就是放牛羊出身，牛羊对他来说犹如金银财宝，便欣然答应了。

而戎王并不知道这些丝绸锦缎到底值多少钱，给少了怕丢份，所以他就用十倍于这些丝绸锦缎价值的牛羊同乌氏倮进行了交换。乌氏倮喜出望外，当即爽快答应。就这样，买卖成交，乌氏倮赶着大批牛羊回了国。这样反复搞了几次，乌氏倮很快赚取了第一桶金。

家庭养殖已经无法满足现在的产能了，因为牛羊实在太多了，为了扩大生产规模，乌氏倮承包了几座山，在山上搞起了养殖。从此，乌氏倮成了养殖大王，富甲一方，人家的牛羊按头计算，他们家的牛羊多得不计其数，只好按山头计算。如此大规模的养殖业肯定要名扬全国了，自然也就传到了秦始皇那里。秦始皇认为，乌氏倮辛苦养殖，合法赚钱，要作为典型树立起来，以鼓励全国人民靠劳动致富。

你可能会问，这不明摆着是靠做生意富起来的吗？前文中不是说商人在秦朝地位极其低下吗？

是啊，不过又有谁知道乌氏倮真正的第一桶金究竟是怎么来的呢？那时候消息闭塞，大部分人只知道乌氏倮是个养殖户，又加上地方官也希望在自己辖区内树立典型，所以层层上报，就变成了劳动致富。另外，乌氏倮赚取的是外国人的钱，按现在的说法那叫赚取外汇，即便秦始皇知道了应该也不会反对。

因此，秦始皇特别看重乌氏倮这个人，后来干脆把乌氏倮请到朝廷，让他和群臣一起上朝，受到了极大的礼遇。

我们再说说另外一个故事，也就是“誉清”。

清是一个女人，身世传奇，据说是中国历史上第一位女首富。她很早就死了老公，无儿无女，人称“寡妇清”，生活在秦朝巴郡枳县，也就是今天的重庆市涪陵区。

都说“鳏夫房顶炊烟少，寡妇门前是非多。”但是寡妇清很守妇道，她既没有改嫁，也没有和野男人眉来眼去偷偷摸摸，而是通过家传的丹砂冶炼技术发家致富。

所谓的丹砂冶炼技术，主要是指提炼水银的技术，门槛比较高，当时懂得人非常少，属于高端制造业。秦始皇修建骊山陵墓需要大量水银，正好寡妇清家可以提供。给秦始皇供应水银，想想这得多赚钱！

家里有了钱，难免会有盗贼惦记，寡妇清便花重金请当地政府派官兵看家护院。当地政府当然乐此不疲了，因为这样既保证了秦始皇骊山陵墓的水银供应，也能从中捞取不少好处，真可谓一举两得。

官员们拿到了好处，自然为寡妇清站台，做宣传报道。寡妇清虽然是一介女流之辈，但懂政治，有大局观，经常为长城、直道等秦始皇最为看重的国家重点基建项目捐钱捐物。这么会办事，她的大名自然也就传到了秦始皇的耳朵中。

秦始皇很好奇，一个寡妇怎么会有那么大能耐，不但能为政府供应水银，口碑还那么好，于是诏令寡妇清来都城咸阳，他要当面接见一下，看看究竟是什么样的一个女人。

寡妇清很有胆识，接到诏令并不害怕，当即收拾包袱直奔咸阳。皇帝请的客人,一路上,地方官肯定要好吃好喝好招待了。寡妇清不愧为女首富，出手阔绰，途中无论遇见哪个级别的官员，都拿大笔银两相送。

俗话说:“有钱能使鬼推磨，一分钱钞一分货。”这些官员拿了寡妇清的好处，无以回报，只好传授一些朝廷内部的“潜规则”，比如秦始皇有什么爱好啊，朝廷大臣中谁最有分量啊，谁最不能得罪啊，与秦始皇相见时需要注意哪些事项啊，等等，寡妇清都用心一一记下。

经过长途跋涉，终于到了都城咸阳。在咸阳，寡妇清照旧给一些重要官员赠送礼金，以获取好口碑。

不久，寡妇清接到通知，说秦始皇要亲自在朝上接见她。她便按照那些官员之前传授的经验，精心打扮一番，然后进宫朝见。

朝堂上整整齐齐站满了文武百官，秦始皇端坐在龙椅上，一脸威严。寡妇清肯定非常紧张，却表现出镇定自若的样子，因为在家按照各路官员的指点已经排练许多遍了。

只见她缓步穿过群臣列队，不慌不忙向秦始皇行过繁琐的跪拜大礼后，便站立一旁。秦始皇惊奇万分，心想一穷乡僻壤来的寡妇竟然如此从容不迫、不卑不亢，实在难得，当即命人给寡妇清安排座位坐下聊。

一聊不要紧，更是刮目相看，寡妇清知书达礼，端庄大方，无论秦始皇问些什么，总能对答如流。为此，秦始皇对寡妇清进行了封赏，还邀请她在都城咸阳多住几天。在咸阳城住了一段时间后，寡妇清便回了老家。

秦始皇认为，像寡妇清这样的女人实在难得，不但能恪守妇道，而且还有真本领，能为国家做事，应该大加鼓励。于是，在寡妇清回老家不久，秦始皇便下了一道圣旨，称赞寡妇清有贞操，爱国家，忠心可鉴，特封为“贞妇”。后来，寡妇清年老多病，秦始皇又请她来都城咸阳居住，赐她一座宅院，安排侍女仆人近百人照顾，让其颐养天年。

最后寡妇清还是病重死了，秦始皇按照她的遗愿将其灵柩运回老家厚葬，命巴郡郡守在寡妇清下葬的地方修筑一座高大的纪念碑——怀清台，并亲自题写了碑名。

关于“封倮誉清”两个故事，我不想做过多评价，因为立场不同，每个人的评价也会不同，希望通过这两个故事让读者能够对秦始皇有不同侧面的认识，体会到他治国理政的思想脉络。

下面我们继续来说秦始皇。

始皇三十六年，也就是秦始皇大概快五十岁的时候，在东郡，也就是今天的河南省和山东省交界的地方，从天上掉下来一块石头。

现在我们知道，天上掉下来的石头肯定是陨石，但是在当时，却把这块陨石炒作成了一块“疯狂的石头”，还由此酿成了一场血案。

这究竟又是怎么回事呢?

第七章

一命归西

39. 疯狂的石头

始皇三十六年，在东郡，从天上掉下来一块石头。

天上掉下来的石头，我们现在知道肯定是陨石，没什么大惊小怪的，其实即便在秦朝那会儿也没什么稀奇的，毕竟陨石自古都有。但是，这块陨石竟然被炒作成了一块“疯狂的石头”。

为什么呢？因为石头上面镌刻有字。

在民间，天上掉下的石头本身就有某种寓意，现在还镌刻有字，能不疯狂吗？更疯狂的是，石头上面镌刻着七个字：“始皇帝死而地分。”

很明显，意有所指。放在今天，不用说，大家都知道肯定是人为的，但秦朝那会儿，老百姓就不一定这样认为了。

什么天意啊，什么不祥之兆啊，谣言四起，越传越邪门。地方官看到这种事情就更加紧张了，自己辖区内出现如此怪异之事，而且还是针对老大秦始皇的，那还了得，赶快上报，谁都不敢隐瞒私自处理。

秦始皇虽然迷信神鬼之事，但对这件事还是相当清醒的，立刻意识到有人恶意而为。他暴跳如雷，拍着桌子对御史说道：“什么怪石头！什么天意！什么不祥之兆！依老子看，就是一帮刁民恣意妄为，刻字在石头上吓唬朕，诅咒朕！速速查明，严肃查办！”

关于御史，前文中我们说过，其职责就是专门替皇帝查案审案的。他们雷厉风行，手段辛辣，当年咸阳儒生的案子就是他们通过严刑逼供给结掉的。接到任务后，御史立刻组建专案组，赶赴东郡调查。案子意图虽然很明显，但还真不好调查！为什么呢？

你想啊，那个时候一没监控设施，二没指纹检索，怎么调查啊？挨家挨户问，谁会理你，躲都躲不及。另外，御史知道他们过来就是替秦始皇出恶气、耍威风、震慑百姓的，也懒得去调查。来到东郡后，他们直接命令地方官派人把那块石头周围的百姓全部拿下，然后按老办法，严刑逼供，逼问究竟是谁干的。

百姓们当然明白，按照秦法，承认也是难逃一死，不如硬抗，说不定还能躲过一劫。所以无论怎么用刑，大家一口咬定不是自己干的。别看这些百姓目不识丁，但个个皮糙肉厚，意志坚定，比那些细皮嫩肉、满嘴仁义廉耻的读书人要来得硬气。

御史实在没辙了，只好如实向秦始皇汇报。秦始皇顿时火冒三丈，当即下令全部杀掉，那意思就是宁可错杀，也绝不放过。御史收到诏令，不禁为之一震，但也只有遵旨办理，反正这样最轻松，连刑讯逼供都省了。

人杀了，那块石头也不能够留着啊，不管真假，总是妖物，是罪魁祸首，于是被踱成粉末，挫骨扬灰。

虽说处理得干干净净，但是秦始皇心里并不踏实，嘴上说是人为，那主要是说给别人听的，自己内心还是难免犯嘀咕，谁能保证不是天意呢？思来想去，秦始皇诏令博士们写几首称颂神仙真人的诗，然后谱成歌曲，让身边御用歌手传唱，聊以自慰。

可这事没过多久，到了当年秋天，又发生了一件更为离奇的事。什么事呢？

一天，有位在外公干的使臣返回都城咸阳，路过华山脚下，当他正迷迷糊糊向前赶路的时候，突然不知道从哪里飘来了一个人。这人手里拿着一块玉石，拦住使臣说道:“大人，劳驾您帮我把这块玉石送给滈池君，‘今年祖龙死!’”

说完就不见了，而玉石却已经到了使臣手里。使臣惊疑不定，那人来无踪去无影，一时搞不懂什么来头，心想滈池君是水神，我又不会通鬼神，到哪里去找啊，此事定有蹊跷，不如把玉石呈献给秦始皇，这事好像与他有关，还是让他来决断比较好。

以上述说带有强烈的神秘色彩，但明确记载在《史记·秦始皇本纪》中，我们无法判断其真假。如果是假的，另当别论；如果是真的，用现在科学的观点来分析，很可能是使臣路途劳顿，让人使了障眼法。无论怎样，使臣回到都城咸阳后，第一时间就跑到宫中，将那块玉石献给了秦始皇，并把当时的情景绘声绘色、添油加醋地描述了一遍。

那么，秦始皇会信吗?

40. 今年祖龙死

秦始皇拿着使臣呈献上来的那块玉石反复端详，并没发现有什么特别的地方，一块普通的玉石而已，皇宫中要多不少，只是那句“今年祖龙死”，让他惴惴不安。但在下属面前，不好露怯，总要表现得大无畏一些，秦始皇佯装无所谓的样子说道:“你在华山脚下遇到的肯定是山鬼，山鬼嘛，都是些孤魂野鬼，没有名分的小妖怪，没什么了不起，不可能预卜一年后的事，不要理他!”使臣不敢乱说话，汇报完工作，马上借故先行告退了。

秦始皇在使臣面前说得很轻松，但他内心其实是非常忌讳的。生死大事，能不忌讳吗？他反复盘算："为什么今年祖龙死？谁是祖龙？祖龙是谁？难道是说我吗？不对啊，我又不是祖宗，祖宗早死了！难道使臣听错了？应该是始龙？真是荒诞无稽！"

一连串的疑问让秦始皇百思不得其解。于是，他把那块玉石交给了御府，让他们看看究竟是什么来历。

御府是皇家仓库，什么稀奇玩意都有。仓库中正好有一位老管理员认识那块玉石，说玉石以前是仓库里的藏物，在二十八年前，作为祭品投放到长江里送给水神了，现在不知道怎么又跑出来了，他也感觉很蹊跷。

秦始皇听他这样说，更加疑虑，心神不安起来，再也无法释怀。过去碰到类似这种说不清道不明、比较玄乎的事，普通百姓一般会请所谓的高人过来看看风水或者占卜一下吉凶，最后再寻求破解之法。如今很多人还这样做，不是总听到某某公司请来某某著名风水大师过来破解商业困局吗？究竟有没有效果不好说，但确实有心理安慰剂的作用。

古代皇帝搞这一套也是必需的，而且还有专门的官职负责。这个官职就是太卜。于是，秦始皇把太卜叫过来问问到底是什么情况。

太卜都是老江湖，装神弄鬼是本职工作，一般自己不会直接发表意见，往往通过占卜的方法给皇帝出出主意、想想办法，其实就是他自己的观点，只是假托上天的旨意而已。

给皇帝算卦占卜那是非常有讲究的，不像我们普通人，拿个硬币摇一摇，往空中一抛，测个正反面就完事了。太卜算卦占卜的程序相当复杂，要用《连山易》《归藏易》《周易》三个版本的《易经》进行反复验证。我们现在可能只听说过《周易》,那是因为《连山易》和《归藏易》都失传了。

算卦的道具也是精心挑选的，早期常用蓍草，后来感觉不够高贵，改用了千年乌龟的背壳，显得通灵。具体怎么占卜，我这里就不说了。反正太卜折腾了很久，终于得出了两个字的卦辞——游徙。卦辞相当于天书，一定要搞得晦涩难懂，否则没有门槛，谁都可以干了，那太卜不是要下岗了吗？

设置行业门槛自古都是惯例，从而导致本行业的发展缓慢，这也就给了现在外行人利用互联网技术跨界颠覆传统的机会。占卜算命那么神秘莫测的行业，如今通过互联网技术也变得很普通了，只要输入生辰八字等相关信息，卦辞就自动输出。

不过，常言说："占卦容易，解卦难。"同样的卦辞，不同的人，不同的视角，解释会千差万别，甚至意思会完全相反。其实，说白了，还是要看解卦人对问题的主观认识。

秦始皇的太卜解卦也是如此。只见他拿到卦辞"游徙"，反复念叨，在充分发挥想象后，他告诉秦始皇这两个字究竟是什么意思：

"游"就是出游，出去游玩的意思，别宅在家里；"徙"就是迁徙，搬家动迁的意思，换个地方住。

秦始皇心想，要朕出去游玩倒是很容易做到，本来就是"驴友协会"的会长，但是要朕搬家就不太现实了，朕这家大业大的，怎么搬啊。

最后在太卜的指点下，秦始皇决定自己出去游玩，让老百姓搬家，这样不就有"游"有"徙"了吗？但转念一想，出去游玩也不轻松，上次就差点被人刺杀，那山怪不是说我年内当死吗？我干脆只在宫里待着，吃好喝好，让老百姓先搬家，年后再去巡游，不就万无一失了吗。

于是，秦始皇诏令三万百姓在规定时间内搬到规定地方。这相当于大规模拆迁啊，百姓们背井离乡，颠沛流离，苦不堪言自不用说了。

一晃，秋去冬来，秦始皇躲在宫里，哪都不肯去，终于安然无恙过了年。经过一个冬天的修身养性，秦始皇心宽体胖，人非但没死，相反更加壮实了。他暗自得意，认为自己总算躲过了一劫。

虽然年内平安度过了，但是秦始皇还是有点不放心，因为之前和太卜说好了，年后要出去巡游，况且卦辞上有要求，总要兑现，否则对上天不敬，来个反复也吃不消啊。所以过完年没多久，秦始皇便下诏再次出巡。这次去哪里呢？总不能再走以前的老路啊，也太没创意了，那就换个方向，往东南去。

出巡前，首先做好人事安排，谁留在都城咸阳看家，谁跟着自己去玩耍，都须安排妥当才行。

秦始皇本来打算让右丞相冯弃疾和小儿子胡亥留守都城咸阳，但是胡亥这孩子非闹着要去，说是随行伺候父皇，顺便出去开开眼界。秦始皇最喜欢小儿子胡亥，平时比较惯着，又加上说得那么有孝心，只好同意他随行。

这惯着长大的孩子，只有父母不嫌弃，其实周围的人都知道他是什么货色，只是不好明说而已。

另外，随行人员中还有两个人非常重要，一个是左丞相李斯，另外一个是中车府令赵高。

关于李斯，前文中说得比较多，大家应该很熟悉了，不再赘述。我们这里重点介绍一下赵高，因为在秦朝后期这家伙基本唱了主角，成了实际意义上的秦二世。

那么，赵高究竟是怎样一个人呢?

41. 赵高其人

说起赵高，想必很多人并不陌生，他是一个宦官，在宫中担任中车府令的职务。所谓中车府令，就是管理宫廷车辆、印信、墨书等杂活的宦官头儿，相当于现在领导的机要秘书长，职位不高，地位不低，属于实权派。

按道理，既然是宦官，一般来说肯定是阉人，说话细声细语，没有胡须等男性体征，现在很多电视剧基本都是按这种形象来演绎的。有人说，他是宦官不假，却不一定是阉人，原因是他有女儿女婿，有女儿女婿怎么可能是阉人呢？但也有人说，赵高是在进宫前生了女儿或者收养了女儿。

那么，究竟是怎么回事呢？《史记·蒙恬列传》中对赵高的身世有简单记载："赵高者，诸赵疏远属也。赵高昆弟数人，皆生隐宫，其母被刑僇，世世卑贱。"

从这条记载中，我们至少可以挖掘出三个信息：

第一，赵高他们家是赵国王室远房亲戚，有人延伸说是赵国派往秦国的人质。

第二，赵高兄弟几人，生下来就被阉割了，既然如此，赵高是阉人无疑，说明他的女儿应该不是亲生女儿，估计是养女。

第三，赵高的老妈受过刑罚，赵家世代卑贱。

上述信息中，没有提及赵高的老爸。

有人说，赵高的老爸是秦始皇荡平六国战争中灭赵时的俘虏，赵高的老妈受到牵连获罪受刑，赵高兄弟几个也都被阉割后送入秦皇宫。如果这种说法属实的话，赵高与秦朝有国仇家恨，从小心中就埋下了复仇的种子。要想复仇，必须拥有复仇的本领，否则白搭。

赵高这个人不一般，有过人的本领，成人后不但身强力壮，有模有样，而且天资聪慧，过目不忘，谙熟“狱法”。秦始皇听说后，就把他调到了自己身边工作。

看来人的出身一般不是大问题，大问题一般出在人自己身上，所以，经常埋怨父母没本事的小朋友，还是好好反省反省自己吧！

那我们就看看赵高是怎样从“世世卑贱”中逆袭的。

秦朝依法治国，法条繁杂，但赵高不但可以倒背如流，而且还能够触类旁通，灵活运用。秦始皇处理奏章，翻看秦法比较麻烦，因为那时主要使用竹简，看会儿书都能把手给磨破了。这时候，赵高在旁边像活字典一样，总能及时将法条一字不差地背诵出来，偶尔还添加一些自己的真知灼见。秦始皇因此提高了工作效率，心情舒畅，时间长了，就有点离不开赵高了。另外，赵高这个人的行政管理能力也很强，身边事务总是被他处理得井井有条。

如此优秀，秦始皇又是爱才之人，就提拔赵高为中车府令，还安排他做了小儿子胡亥的老师，教授秦法。

胡亥从小娇生惯养，最受秦始皇宠爱，哪能那么好教啊？幸好，赵高有过人之处，不但智商高，专业知识扎实，而且情商也很高，会讨人喜欢。他没有整天啰啰唆唆，督促胡亥好好学习，相反，投其所好，你胡亥不是喜欢玩吗？好的，我就陪你玩，把你玩死为止。

其实像赵高这样误人子弟、品行不端的老师，任何时代都有。曾经有一个学生骄傲地跟我讲，他说我真老土，他们老师就很好，看到学生玩得乱七八糟，不是循循善诱，引导学生走上正确的轨道，而是从来不管，甚至大肆鼓励，还说什么“我真羡慕你们啊，很后悔年轻的时候没像你们这样玩，人就应该及时行乐”。

哼！我真希望他曾经能这样玩，那么他就没机会这样胡说八道、误人子弟了。类似那个老师一样的人不如没有文化，有了文化，能力大了，还会危害更多的人。

实际上，赵高就是用这种办法来哄骗胡亥的。

当然，秦始皇是过来人，英明神武，不会被赵高轻易蒙蔽，他会经常检查胡亥的学习情况，考考胡亥。赵高这家伙天天在秦始皇身边工作，又非常精明，常常能押中秦始皇的考题，并把答案提前准备好透露给胡亥。

在少不更事的胡亥看来，赵老师真心不错，既能陪玩，又帮作弊，真是大大的忠臣；在老道持重的秦始皇看来，赵中车府令确实能干，不但能帮自己处理政事，还把儿子胡亥教育得那么好，真是大大的功臣。

老子眼中的功臣，儿子眼中的忠臣，你说赵高这情商该有多高！

不过，情商再高，也会中招，经常忽悠总有露馅的时候。

有一次，赵高又帮胡亥作弊，结果就被秦始皇发现了。秦始皇很生气，要求蒙毅去“办了”赵高。

那么，蒙毅又是谁呢？蒙毅就是那个北伐匈奴的战将蒙恬的亲弟弟，深受秦始皇宠信，官至上卿，出门在外与秦始皇同乘一辆车，回到朝中又守在秦始皇身边出谋划策。和秦始皇如此亲近，秦始皇交办的事，蒙毅肯定认真执行了，于是对赵高进行了严加审讯。经过一番审讯，发现情况属实，按律当斩。

但秦始皇是爱才之人，看到赵高以前做得还不错，办事机敏，不忍心杀了他，只是免了他的职，让他回家面壁思过去了。过了一段时间，估计秦始皇对赵高已经有了依赖，便又让赵高官复原职。而赵高不思己过，反倒从此对蒙氏兄弟怀恨在心，后来蒙氏兄弟也因此遭其毒手，后文中我们再重点说。

赵高就是这样一个人，应该说还是有“两把刷子”的。身为中车府令，又是秦始皇离不开的人，这次赵高肯定要与李斯、胡亥一同跟随秦始皇出巡了。

那么，这次出巡又会发生什么事呢？

42. 最后一次出巡

一切安排妥当，秦始皇开始了他有生以来的第五次出巡，也是最后一次出巡。

秦始皇的车队浩浩荡荡向东南方向驶去，一路无事，这天来到了九嶷山，该山位于今天的湖南省永州市宁远县境内，左右有人对秦始皇说，舜就埋葬在这里。

大家还记得秦始皇第一次东巡返回时经过的那个湘山祠吗？舜的两个老婆，也就是尧的两个女儿，娥皇和女英埋在那里，秦始皇当时由于心情不好，放火烧了湘山祠。

也许是年纪大了，秦始皇对过去所做的荒唐事好像有所反省，这次当他听说舜的陵墓在九嶷山时，便到山上去祭拜，估计在祭拜时没少默默忏悔。

祭拜完舜，秦始皇换乘水路，顺着长江东下，经过丹阳，也就是今天的江苏省丹阳市，转道钱塘江，来到了今天的浙江省境内。

钱塘江大潮自古都很出名，每到大潮来临的时候，游人如织。有些游客不了解钱塘江大潮的凶猛，为了身临其境，不听指挥，会靠得很近，结果出现险情，甚至葬身于大潮中。

秦始皇的船队这次正遇上钱塘江大潮，只好向西绕道而行，到了今天的浙江省绍兴市境内的会稽山下。听说大禹的陵墓就在会稽山，秦始皇也不辞辛苦地登山祭拜。

这次出巡，秦始皇好像学乖了，不再像过去那样目空一切，突然有了敬畏之心。可能这就是所谓的英雄迟暮吧！

祭拜完大禹，秦始皇不忘让李斯按老规矩写一些文字镌刻在石头上。这也差不多是秦始皇最后一次在石头上为自己歌功颂德、刻石留念了。

我承认自己一直是秦始皇的真粉丝，尽管前面对秦始皇的描述调侃居多，但写到这里的时候，内心也不由生出一丝伤感。

秦始皇虽然是一个任性的男人，有时候任性得像个小孩子，不可理喻，这主要与他的成长环境和成长经历有关，但他更是一位有责任、有担当、有理想、有抱负、有危机意识、不安于现状、勤勉治国的“千古一帝”。这样的人，应该是男人学习的榜样，是女人追求的对象。出于纪念，特将这次碑文摘抄如下：

皇帝休烈，平一宇内，德惠攸长。卅有七年，亲巡天下，周览远方。
遂登会稽，宣省习俗，黔首斋庄。群臣诵功，本原事迹，追道高明。
秦圣临国，始定刑名，显陈旧章。初平法式，审别职任，以立恒常。
六王专倍，贪戾慠猛，率众自强。暴虐恣行，负力而骄，数动甲兵。
阴通间使，以事合从，行为辟方。内饰诈谋，外来侵边，遂起祸殃。
义威诛之，殄熄暴悖，乱贼灭亡。圣德广密，六合之中，被泽无疆。
皇帝并宇，兼听万事，远近毕清。运理群物，考验事实，各载其名。
贵贱并通，善否陈前，靡有隐情。饰省宣义，有子而嫁，倍死不贞。
防隔内外，禁止淫佚，男女洁诚。夫为寄豭，杀之无罪，男秉义程。
妻为逃嫁，子不得母，咸化廉清。大治濯俗，天下承风，蒙被休经。
皆遵度轨，和安敦勉，莫不顺令。黔首修絜，人乐同则，嘉保太平。
后敬奉法，常治无极，舆舟不倾。从臣诵烈，请刻此石，光垂休铭。

这篇碑文主要是秦始皇对自己一生的总结和高度的自我评价。如果你略懂古文的话，微微能感受到秦始皇当时在山上的心境。

山风在耳边呼呼吹过，秦始皇站在会稽山巅，迎着斑驳陆离的夕阳晚霞，远眺着他的大好江山，信心满满却又略感惆怅，静静地想着什么。想什么没人确切知道，估计大概率还是想着怎么长生不死。所以刻碑留念之后，秦始皇没有久留，也没向南面继续前行，而是掉头北上，直奔琅琊台。

前文中说过，琅琊山这个地方，秦始皇已经来过两次了，都是为了求仙的事，这次肯定也不例外。到了琅琊台，秦始皇做的第一件事就是派人去寻找徐福。那么多年过去了，徐福没少花朝廷的钱，求仙的事也不知道办得怎么样了。

当年卢生和侯生逃跑时，秦始皇恼羞成怒坑杀儒生和方士，还大骂过徐福花钱不办事。这事徐福肯定有所耳闻，按道理他应该学着卢生和侯生的样子逃之夭夭。但是他哪里都没去，听说秦始皇来了，还没等到秦始皇派的人找过来，他就已经主动前来求见秦始皇了。这么多年没见，徐福变化不大，只是稍微有点显老了，仙风道骨，更有一股神仙范儿。

徐福很清楚，这次秦始皇过来势在必得，如果再求不到仙药，恐怕小命不保。

那么，他怎么做才能逃过这一劫呢？

43. 求仙无果，身心俱疲

徐福听说秦始皇到了琅琊山，没有像卢生和侯生一样逃之夭夭，而是主动前来求见。秦始皇见了徐福，一脸严肃，没什么客气话，直奔主题，质问徐福仙药到底求到了没有。徐福不愧为老江湖，面对质问，毫不慌乱，只是略带遗憾地说道："不瞒陛下，这么多年，臣一直在苦寻仙药，始终没有寻到，主要还是因为无法靠近那三座神山，每次都功败垂成。不是臣为自己开脱，之所以登不上神山那是另有原因啊！"

秦始皇被卢生那帮家伙骗过一次了，对徐福早没那么信任了，他"哼哼"冷笑一声说道："是吗？你倒给朕说说看，究竟另外还有什么原因啊？"

徐福轻轻捋了一下有点花白的胡须，顿了顿，没有急于回答。

大凡高级骗子都是如此，遇事沉着冷静，故弄玄虚，一副得道大师的模样。所以遇到那种神情特别淡定、举手投足又特别高雅的人，一定要多留个心眼，别被他华丽的外表和不凡的谈吐蒙蔽了，因为那多半是在家刻意训练伪装出来的。

徐福作为老江湖，肯定在家没少花时间对着镜子练习这方面的功夫。

但伪装要有度，秦始皇问话，他不敢太伪装，看秦始皇有点不耐烦了，便赶紧煞有介事地回答道：“陛下，据臣多次观察，发现靠近神山的地方总是有一条大鲛鱼出没。这条大鲛鱼异常凶狠，每次看到我们的船只驶过来，它就兴风作浪，阻挡前行。臣等想了很多办法，都无法制服它，只好返回。现在陛下来了，借陛下神威，可以派出上千名神箭手过去，一定能铲除那该死的恶神！”

本来秦始皇肯定是不会再相信这些鬼话了，毕竟类似的鬼话听多了，早有免疫力了。但说来也巧，秦始皇由于求仙心切，经常会梦到自己到海上求仙，每次都遇到一个状似鲛鱼的海神阻挡他，搞得他总是疲惫不堪地从梦中惊醒，十分窝火。因此，他经常找朝廷的博士来解梦。

那时候的博士不像现在的博士，科学常识一点没有，神话小说估计没少看，为了混口饭吃，他们会不懂装懂地忽悠秦始皇，说深海里一般有鲛鱼模样的海神，神通广大，近海不容易见到，一旦有人经过它的领地，它就会出来作恶。

现在徐福口中的大鲛鱼竟然和博士们说得差不多，秦始皇能不信吗？心想不除掉恶神，善神就不会出来帮助自己成仙。

实际上，秦始皇做梦这事早已天下皆知了。你想想，一个皇帝天天到处求仙，还不成花边新闻啊？虽然大家不敢公开乱讲，但是时间长了，总会路人皆知。秦始皇再英明神武，也不可能想到徐福听说过他经常做梦的事啊。

既然有大鲛鱼作怪，那就必须除掉，为了求仙，人挡杀人，鬼挡捉鬼，鱼挡吃鱼，秦始皇好斗的本性一下子就被激发了起来。他从地方上调派数百名神箭手，决定亲自手持弩箭率队出海，去射杀那个大鲛鱼。

这事该有多危险啊，到深海去捉妖怪，一般人敢去吗？秦始皇贵为皇帝，他就敢，这会儿也不怕死了！

这天，由徐福带路，秦始皇率领一帮神箭手乘船出发了。大约行了几十海里，也没见到什么大鲛鱼。秦始皇正暗自纳闷呢，忽然有人跑过来急报，说前面不远处有一个不明生物游了过来。秦始皇一听，兴奋得直跺脚，嘴上嘟囔着："终于来了！终于来了！"

顺着来人所指的方向望去，果然有一条硕大的貌似大鲛鱼的不明生物忽上忽下，忽隐忽现，朝这边游来，满身鳞片依稀可见。待大鲛鱼靠近一些，秦始皇忙指挥神箭手同时射击，瞬间，那条大鲛鱼就成了刺猬沉入海底，海面被染红了一大片。

大家可能感觉很奇怪，难不成海上真的有大鲛鱼吗？这没什么好奇怪的，如果海上没有大鲛鱼那才让人奇怪呢！那时候，海里的大鱼到处都是，不像现在人类在海上活动频繁，自然环境破坏严重，大鱼少之又少。秦始皇在内地长大，哪里会了解这些，还真以为自己杀掉了恶神。

好了，大鲛鱼已经被射杀掉了，大家都看到了，看你徐福还有什么借口。徐福没想到秦始皇这般神武，本以为那么怕死一个人，怎么可能亲自去海上干这么危险的事呢。

秦始皇却干了！

现在徐福无话可说，只好硬着头皮主动请命到神山上求仙。这次去求仙，徐福准备得特别充分，不同往常，他好像搬家一样，什么吃穿用度全带上了，还有那三千童男童女。

其实，徐福就是在搬家，哪里可能是去求仙啊？

他指挥船队东渡到了一座孤岛边。上了孤岛，同行的人都很纳闷，纷纷询问徐福怎么回事，好像这里没有神仙出没啊。徐福招呼所有的人聚集过来，然后略显无奈地大声说道："秦始皇要我们去神山上寻找不死药，我可以负责任地告诉大家，凭着我这么多年修仙得道的经验，世上根本不存在那玩意儿！生老病死，谁都无法避免，但秦始皇执迷不悟！如果这次我们再空手而回，恐怕凶多吉少啊！"

大家听到徐福这么说，犹如晴天霹雳，都掩面号啕大哭起来，大呼小叫问以后怎么办，去哪里。徐福双手直摇，要大家安静。待大家平复了情绪，徐福安慰道："大家不用慌！大家不用慌！我早就想到可能会有今天，所以每次出海，我都会在这个岛上储存点干粮，积少成多，存粮足够我们吃上大半年。另外，这次出航的时候，我在船上偷偷放了种子和耕地的农具。我考察过这里了，非常适合种植农作物，只要我们妥善管理，半年后定能有粮食产出。如果我们在这里落户了，以后也不用再纳税，更不用服徭役了，岂不是快活自在！”

事到如今，大家都无可奈何，只有鼓掌通过，并推举徐福做了老大。

徐福想得比较长远，考虑到未来能够长期在岛上生存，生生不息，他让那三千童男童女自由婚配，繁衍后代。

据说，日本就是这么来的！直到现在，日本九州岛还有徐福墓供后人祭奠，佐贺县还有徐福博物馆。也有人认为不是这样的，说日本本来就有土著居民，徐福只是融入他们，和他们一起共同生活而已。

不管怎样，徐福另谋出路，一去而不复返了。

秦始皇无论如何也不会想到徐福会来这么一手，他还在琅玡台苦苦等待呢。

这次，秦始皇是满怀希望啊，岸上待不住了，直接泛舟到海上去等。一天过去了，两天过去了，一个月过去了，等了许久，也没再见到徐福船队的踪影。慢慢地，秦始皇意识到可能又受骗了，心里那种痛可想而知，只好诏令西返。

这一路，虽然有人悉心照顾，但那也是车马劳顿，一路颠簸，又加上在海上煎熬地待了那么多日子，秦始皇身心受到的折磨恐怕连他自己都没意识到。当经过平原津，也就是今天的山东省平原县西南约三十里附近的时候，秦始皇病倒了。

那么，一心想要长生不死的秦始皇会一病不起吗？

44. 秦始皇一命归西

在返回都城咸阳途中，经过平原津的时候，秦始皇开始心神不安，忽冷忽热，吃不下饭，白天还舒服点，到了晚上就睡不着，精神恍惚，胡言乱语，好像中了邪一样。显然，秦始皇生病了。

随行的御医很多，水平也不会差到哪里去，但就是束手无策，看不准秦始皇的病因，抓了药吃也不见效，反而越来越严重。丞相李斯看到秦始皇这个状态，感觉不妙，请示秦始皇后，催赶车队向西快行，以便早点到达都城咸阳。

其实，如果不要那么着急，找个安逸的地方，好好休息一下，估计问题也不会太大，这样快车颠簸，好人都给弄散架了，何况是身心俱损的秦始皇呢。

车队紧赶慢赶就到了沙丘，这个地方以前属于赵国，位于今天的河北省邢台市广宗县附近。秦始皇实在撑不住了，命令车队停下来，在赵国以前的宫殿——沙丘宫休息几天。

秦始皇一生怕死，一心想着长生不死，从来没想过立遗嘱的事，立太子的事就更没认真考虑过了，现在病成这个样子，李斯本想让他立个遗嘱什么的，却又害怕犯了忌讳，所以迟迟不敢劝说。

幸好，秦始皇好像已经意识到自己大限将至。这天，他将李斯、赵高等人叫了过来，说要写一份遗诏。

赵高是中车府令，机要秘书，书写遗诏是他的分内工作，此时无形中就成了一个关键角色。他按照秦始皇的口谕草拟了一份，并呈给秦始皇过目确认。遗诏是写给大儿子扶苏的，内容非常简单，就一句话：“以兵属蒙恬，与丧会咸阳而葬。”

什么意思呢？秦始皇的意思是让扶苏把军队移交给蒙恬，赶快回都城咸阳给自己主办丧事。说白了，这就是变相指定扶苏为皇帝继承人。

确认遗嘱无误后，秦始皇就不说话了，李斯还以为秦始皇想休息了呢，准备离开。赵高距离秦始皇比较近，他看见秦始皇的眼睛还微微睁着，人却不动了，知道大事不妙，于是小心翼翼走上前去，用手在鼻子上一试，才发现秦始皇已经没了呼吸。

这是死不瞑目啊！

赵高毫不慌乱，好像早有准备，一直在等待着这一天到来似的，他不动声色，悄悄将遗嘱顺进了自己袖中，然后走到李斯跟前轻轻说道：“皇上驾崩了！”

听赵高说秦始皇已经死了，李斯顿时惊慌失措，一下子乱了阵脚，也忘记了秦始皇的遗嘱，只是让在场的人先别声张，自己则匆匆忙忙出去筹办后事去了。

秦始皇就这样死了，年仅五十岁，在位三十七年，如果从荡平六国，统一天下，自称始皇帝算起，也不过十二年，实在是太短暂了。

那么，秦始皇到底因何而死的呢？这个问题就像他的身世一样，特别受后来人关注，各种猜测满天飞，总结起来无外乎两种说法：一种是病死说，一种是谋杀说。

我们先谈谈病死说。

这种说法在史书中有明确记载，也是目前历史学家们的主流观点。但究竟是什么病那么厉害，竟然导致身体向来还算不错的秦始皇突然死亡的呢？这些问题，一直以来，分歧比较大！有学者认为秦始皇天生有病，应该因病而死。这种观点主要根据秦始皇的相貌推理分析得出。

前文中我们说过，秦始皇的谋士尉缭曾经对秦始皇的相貌和秉性做过描述："秦王为人，蜂准，长目，挚鸟膺，豺声，少恩而虎狼心，居约易出人下，得志亦轻食人。我布衣，然见我常身自下我。诚使秦王得志於天下，天下皆为虏矣。不可与久游。"

这段描述，我们之前已经翻译过，这里不再重复，只对秦始皇的相貌再进行详细分析：

"蜂准"，有人说是高鼻梁，有人说是马鞍形鼻梁。

"长目"，指眼睛细长，引申为眼睛很大。

"挚鸟膺"，有人说鸡胸，有人说是胸肌发达，总之胸部明显凸起。

"豺声"，有豺狼一样的声音。

如果是高鼻梁、大眼睛、胸肌发达，那么按照现代人的审美观，应该还很不错，不会影响健康，又加上秦始皇的身高据推算在185cm以上，所以秦始皇应该是一位高大威猛的超级帅哥。

但是，有人说秦始皇是马鞍形鼻子、鸡胸，有豺狼一样的声音，这就预示着秦始皇可能有支气管炎或哮喘等先天性疾病。天生有病，复发致死的说法就是由此而来。

另外，也有学者认为，秦始皇是过劳致病而死。秦始皇劳累过度主要体现在三个方面：一是公务繁忙，二是巡游天下，三是后宫美女太多。

为什么说秦始皇公务繁忙呢？

秦始皇是中国历史上第一个皇帝，首创了中央集权制，无先人经验可循，只好自己全担着，为了独揽大权，他事无巨细，事必躬亲。

那个时候，公文大多都写在木简或竹简上，秦始皇为自己制定的工作标准是每天批阅公文至少要有一百二十斤，相当于现在六十斤左右，批阅不完，绝不休息，工作量还是相当大的。如此劳累，能不生病吗？

还有，秦始皇是铁杆驴友，喜欢巡游天下，当政十二年，大规模的巡游就有五次。

你可能会说巡游多好啊，我天天上班，烦都烦死了，好不容易碰到个节假日想出去游玩，人又太多，游不动。那是因为现在的出行工具先进，交通设施完善，到哪里都是分分钟的事，旅途不会觉得太辛苦。如果单靠两条腿或者一辆马车的话，没有“驴友”精神，估计你不会再有闲情逸致跑得太远了。

秦始皇那会儿，最先进的出行工具就是他那辆豪华马车了，再豪华也是马车，比不上现在的轿车。路况也没办法和现在相比。虽然秦始皇特意为出巡修建了驰道，但是驰道毕竟是泥巴路，与今天的柏油大道相比，完全不在一个档次上。在驰道上赶着马车，长途跋涉，颠簸之苦可想而知。

秦始皇每次出巡的时间都比较长，特别是第五次出巡，也就是最后一次出巡，从始皇三十七年十月出发，到第二年七月，前后长达九个月。九个月中，除了没上天入地，秦始皇纵横驰骋了半个中国。

这么长时间天南地北地在外巡游，车马劳顿自不用说了，水土不服也在所难免，又在海上煎熬般地折腾了一段时间，不生病才怪。

另外，就是秦始皇后宫美女太多，宫女嫔妃多达万余人。秦始皇有二十多个儿子，至少十位公主。当然，对过去的皇帝来说，这不算事，但是从中也不难想象，秦始皇的房事一定比平常人要多得多，这无形中对身体健康也是一种莫大的伤害。

还有人认为，秦始皇是高温致病而死。

这次出巡，大概在六七月份返程，可以说正是高温酷暑时期。天气炎热，加上长途奔波，增加了发病概率，而高温天气一旦发病，又极易使病情迅速恶化。所以，高温致病而死，也不是没有可能。

秦始皇病死说的各种可能，都貌似很有道理，但还是有人不以为然。

他们认为，即使以上各种因素同时暴发，导致秦始皇在路上生了病，也不足以让秦始皇突然一命呜呼，因为在史书上从没发现秦始皇患有任何重大疾病的记载，相反，倒说他身怀武功，身体一向健壮。想当年，秦始皇在面对武功高强的荆轲行刺的时候，惊慌失措中还能挣脱衣袖，绕着柱子狂奔，始终没让荆轲得手，就是例证。

这么好的身体素质，一般人无法相比，秦始皇不可能因为生一次病就命丧黄泉，所以不排除被人谋杀的可能。

如果真的是谋杀，那么，谁最有可能是凶手呢？

45. 千秋功过任由后人评说

关于谋杀秦始皇的嫌疑人，有三种说法：一是胡亥，二是赵高，三是李斯。郭沫若先生曾经写过一篇名叫《秦始皇之死》的历史小说，这篇小说设定秦始皇患有癫痫病。癫痫病是一种不定期发作的疾病，发病时会变得无法自控。

当秦始皇在平原津渡黄河时，癫痫病突然发作，在无法自控的情况下，后脑勺不小心撞到了青铜器上，引起了脑膜炎。于是车队疾驰赶往沙丘，因一路颠簸，秦始皇陷入昏迷，在沙丘宫住了一夜。第二天，赵高和李斯就发现秦始皇死了，“右耳流着黑血，耳孔内有一根寸长的铁钉”。

郭沫若先生通过这篇小说表达了他对秦始皇之死的一种推测，推测是胡亥所为。

那么，胡亥为什么要谋杀老爸秦始皇呢？

因为胡亥得知老爸秦始皇立遗诏指定大哥扶苏为继承人，心有怨言，便联合赵高、李斯准备篡改遗诏，后来害怕夜长梦多，担心节外生枝，所以下此毒手。但有人认为，这种说法太过牵强，胡亥当时不过二十岁的年纪，太年轻了，既没有那个心机，也没有那个能力，更没那个魄力做出如此大逆不道之事，谋害秦始皇的最大嫌疑人应该是赵高才对。

秦始皇病危时的诏书、玉玺都掌握在他最信任的中车府令赵高手中，而赵高常常随侍秦始皇左右，下手的机会比胡亥多得多。

那么，赵高为什么要谋杀有知遇之恩的秦始皇呢？

主要原因是赵高不愿意看到公子扶苏继承大位。扶苏与蒙恬蒙毅兄弟关系很好，而赵高对蒙氏兄弟恨之入骨，他不想蒙氏兄弟受到尊崇，进而对他不利。另外，赵高有做皇帝的野心，后来他逼迫胡亥自杀，欲自立为皇帝，就是证据，只是由于群臣反对，赵高才不得已立子婴为秦王。因此，历来大多数人都认为赵高才是真正的凶手。

但实际上，丞相李斯的可能性也不能完全排除。为什么这么说呢？因为李斯担心在秦始皇死后，自己的禄位不能永保，所以只有拥立一位不可能做皇帝的公子为皇帝，才会因拥立之功，永保禄位。这种说法多少有点勉强，逻辑上虽然说得通，但情理上说不过去，李斯和秦始皇之间的关系还不至于让他下毒手。

通过上述分析可见，三个嫌疑人中，赵高的嫌疑应该是最大的。

但上述三种说法都纯属猜疑，既无文献记载，又无出土文物佐证，仅存的一线依据就是逻辑推理。而这些所谓的逻辑推理都是依照秦始皇死后胡亥、赵高和李斯的表现倒推出来的，因此我们姑且听之。

据考古发现，秦始皇陵至今没受到严重破坏，秦始皇的遗体可能尚在，而且墓中大量水银形成的水银蒸气对遗体有冷凝防腐作用，所以待发掘秦始皇陵时，秦始皇的死亡之谜，甚至他的身世之谜，都可能自然而然得到解开。我们拭目以待！

无论怎样，一代帝王秦始皇就这样在踌躇满志中匆匆离开了，也许正如他所愿，成了天上的神仙。

秦始皇死了，后人对他的评说却从来没有停止过。有的人说秦始皇是“暴君”，施行“暴政”残害百姓，没做过一件好事。这种观点在历史上持续最久，流传最广。也有人说秦始皇是“千古一帝”，开天辟地，开疆拓土，英明神武，做了很多功在当代、利在千秋的不朽功业。

纵观这些观点都带有强烈的个人感情色彩，难免有失偏颇。那么，应该怎样评价秦始皇才算比较合适，比较客观呢？

我们不妨试着回顾秦始皇的一些对内、对外政策，然后由大家做出评判。

首先，我们先看看秦始皇的对内政策。

秦始皇荡平六国之前，阻碍天下统一最大的力量就是诸侯国的纷争，所以秦始皇荡平六国之后，决定不再分封建国，而是推行郡县制，实行中央集权，从此“父兄有天下，而子弟为匹夫”。这无疑是一种体制的进步！

但天下初定，过去诸侯国的百姓不同程度地会留恋故国的生活方式，难免会有人对此不服，起来生事。为了让老百姓不能起来有效反抗，第一步自然是解除其武装，于是秦始皇尽收天下金属兵器，熔化铸造成十二铜人和乐器。

当然，这只是权宜之计，治标不治本，最根本的还是要统一思想。

远古社会，内部矛盾不突出，下面人的意见总能自觉或不自觉地和决策者保持一致，也就是所谓的“天下有道，则庶人不议”。但后来阶级分化，诸侯林立，内部矛盾越来越多，越来越大，百姓的意见也越来越不能统一，最终形成了所谓“百家争鸣”的局面。这看似热闹非凡，“百花齐放”，其实严重影响了国家的安定团结。

怎么办？无非有两种办法：一种是强制统一思想，一种是协调统一思想。

对当时的读书人来说，私学繁盛，自得其乐，他们无法理解统一思想的重要性，不知道不同主张会导致社会各方面的利害冲突。人们各有异心，导致代表全国大部分人利益的政策不能顺利推行。因此，协调统一思想只是一厢情愿。

但统一思想是势在必行的，协调不成，只有强制，而焚书是最直接最有效的办法。其实早在《管子·法禁》《韩非子·问辩》两篇中，就有焚书的主张，秦始皇和李斯只是把他们的主张实现了而已。

前文中说过，当时被焚烧的书籍主要是涉及人文和政治方面的，而涉及民生的技术性书籍则不在焚烧之列。至于坑儒，多半是子虚乌有的事，很可能是后来品行不端的知识分子的栽赃陷害。

另外，在社会生活方面，秦始皇进行了改革，统一了度量衡、文字、货币和车轨，这些改革在很大程度上迎合了社会发展的实际需求。

以上就是秦始皇对内的一些主要政策，下面我们再看看秦始皇的对外政策。对外，秦始皇主要采取“略定边疆”“固定四极”的军事行动。

前文中我们已经详细述说过，主要有三大军事行动，分别是荡平六国、北伐匈奴和南收百越，另外还通过和平手段开通了“西南夷”。

这些军事行动不仅建立了中国历史上第一个幅员辽阔、统一的多民族中央集权制封建国家，而且还开启了中国历史新的一页，为以汉族为主体的中华各族人民的团结发展奠定了坚实基础，其意义深远。

通过上面列举的对内和对外政策来看，秦始皇在政治上是有伟大理想和抱负的，当然这些理想和抱负与重用丞相李斯，对李斯言听计从是分不开的。历史上单纯地把秦始皇定位为“暴君”，实行“暴政”，而把他的贡献一笔抹杀的观点，是非常不公平的。

但是，秦始皇的政策虽好，却有点操之过急，导致有些好事变成了坏事。北伐匈奴、南收百越、筑长城、修直道和驰道，这些已经让当时的老百姓苦不堪言。他还沿着战国时代的习惯，虐民以自奉，造宫殿、建陵墓，并进行了至少五次大规模的巡游，徒耗国力。如此一来，难免给当时的老百姓带来了沉重的负担和苦难。

秦始皇的功过是非被评论了两千多年，至今没有定论，我这里也不敢妄加评断，只是借助前人观点，供大家借鉴而已。

最后，我想到了毛泽东主席的一首诗和他对秦始皇的一些评价，感觉比较公允，现分享给大家，也算是对秦始皇做一个总结吧。

毛主席在一九七三年八月五日作了一首七律，题为《读〈封建论〉呈郭老》：

劝君少骂秦始皇，
焚坑事业要商量。
祖龙魂死秦犹在，
孔学名高实秕糠。
百代都行秦政法，
《十批》不是好文章。
熟读唐人《封建论》，
莫从子厚返文王。

为什么推荐毛主席的这首诗呢？

毛主席不但是历史学家，而且还是政治家，只有同为政治家的历史学家，才能深刻理解体会秦始皇当时的苦衷和处境，单纯知识分子出身的历史学家往往思维单一，考虑问题过于理想化，难免偏执。

这首诗中的《十批》指的是郭沫若写的《十批判书》，大家有兴趣可以去翻阅一下。毛主席认为该书崇儒反法，不是好文章，而唐代柳宗元的《封建论》推崇秦始皇的郡县制，反对封建制，毛主席提出要“熟读”。

另外，毛主席还曾多次在不同场合谈到过秦始皇。陶鲁笳的《毛主席教我们当省委书记》（中央文献出版社）一书中记载了毛主席对秦始皇的评价：

人们从书中得知，秦始皇有焚书坑儒的恶行，因此把他看作是大暴君、大坏人。焚书坑儒当然是坏事，它把蓬蓬勃勃发展起来的百家争鸣的生动局面给挫折了。但我们对什么事都应当有分析，秦始皇并不是不问什么书都焚，也不是不问什么儒都坑。他焚的是“以古非今”的书，坑的是孟子一派的儒，其实只有460人。孟子主张“法先王”，所以孟子一派的书是“以古非今”的。而荀子一派则相反，主张“法后王”，推行法家一派的学说。秦始皇是主张“法后王”。所以他并不坑荀子一派的儒，也不焚荀子一派的书。秦始皇“以古非今者族”的主张值得赞赏，当然，我并不赞成秦始皇滥杀人。当时，要由奴隶制国家转变为封建制国家，不实行专政是不行的。但对孟子一派采取焚书坑儒的办法，太过火了。政治上要实行专政，文化上要提倡百家争鸣、百花齐放，我们现在就是这样。这一条，秦始皇办不到的。

…………

说秦始皇没有做过一件好事，太武断了。秦始皇第一个统一了中国，统一了原来各国的度量衡，车同轨，书同文，变分封制为郡县制。这些事关中华民族兴盛的大事，能说不是好事吗？秦始皇还在陕西关中开凿了有名的郑国渠，长三百余里，可灌溉农田四万余顷，直接于生产有益，于人民有益。秦国因此富强起来，终于把六国吞并了。能说这不是好事吗？

人民出版社于1979年出版的《毛泽东同志八十五诞辰纪念文选》中也有毛主席对秦始皇的评价：

秦始皇作为一个历史人物评论，要一分为二。秦始皇在历史发展过程中的进步作用要肯定，但他在统一六国以后，丧失了进取的方面，志得意满，耽于逸乐，求神仙，修宫室，残酷地压迫人民，到处游走，消磨岁月，无聊得很。

以上毛主席对秦始皇的评价，应该说还是比较符合实际情况的，也比较客观公正。好了，关于对秦始皇的评价我们暂且说这么多。

秦始皇终归是死了，只是走得太过匆匆，以至于来不及考虑身后事，这给了一些政治投机分子可乘之机。

那么，究竟是谁，又是怎样投机秦始皇的万世基业的呢?

第八章

祖龙死，秦政乱

46. 一场政治投机开始上演

秦始皇死了，在新的皇帝还没有上任之前，善后的工作自然由左丞相李斯全权负责。李斯没有思想准备，一时乱了方寸，慌慌张张跑了出去，准备筹办秦始皇的后事。出去一想不对，这样仓促公开秦始皇的死讯，万一引起天下大乱怎么办？

天下不可一日无主啊！

于是，他决定暂时秘不发丧，派人把秦始皇的尸体转进了辒辌车中，准备待回到都城咸阳后再说。所谓的辒辌车，是古代的一种卧车，比较宽大，可以躺在里面休息，相当于现在的豪华房车，不过当时主要在丧葬时使用。为了避免引起怀疑，李斯向随行大臣解释说，最近秦始皇身体不舒服，换到辒辌车中方便休息。李斯出面解释，大家深信不疑。

秦始皇死的时候不是还留有一份遗诏吗？上面说得明白，让扶苏“与丧会咸阳而葬”。前文中说过，这份遗诏当时被赵高趁乱顺走了。李斯想到后，立刻催促赵高赶快将遗诏发送给大公子扶苏，以便在都城咸阳及时会合，办理秦始皇的丧事。赵高这家伙却压住遗诏迟迟不发，因为他另有打算，他打算铤而走险搞一场政治投机。

怎么投机呢？待我慢慢道来。

赵高先找到他那位“得意”学生，也就是秦始皇的小儿子胡亥，佯装关心地说：“公子，皇上驾崩了，你也别太难受，节哀顺变啊！”

胡亥此时还沉浸在死了老爸的痛苦之中，双目呆滞，看到他亲爱的赵高赵老师来了，没有搭话，随便“嗯”了一声，示意赵高坐下说话。赵高靠近胡亥坐下，轻声问道：“公子以后作何打算啊？”

胡亥鼻子略微抽搐了一下，还是没有作答，一副茫然若失的样子。赵高继续说道：“现在皇上的遗诏已经下发了，上面什么都没写，也没说给你们几个兄弟分封一下，做个安排，只是让大公子扶苏回来主持葬礼，这不明摆着是让扶苏回来继承大位吗？公子啊，你还是先节哀，做好以后的打算才是啊！”

胡亥当时不过二十岁左右，平日里又贪玩成性，是个花花公子，野心不大，哪里会想那么多，他无所谓地应道：“这有什么不妥吗？你不是经常教导我，知臣莫如君，知子莫如父吗？既然父皇这样决定，肯定有他的道理！至于分封我们兄弟的事，父皇没提就算了，听大哥扶苏的安排就是了，我能有什么办法？”

赵高有点失望，知道这孩子没心没肝没肺，整天只会跟着自己瞎玩，什么都不懂，便严肃地说道：“公子，你可不能这么想啊！扶苏做了皇帝，你还有什么地位可言？俗话说，我为人制不如人为我制啊！如果公子你做了皇帝就大不相同了！现在遗诏在老臣手里，皇帝驾崩只有你、我和丞相，以及几个随从知道，完全有机会翻盘啊！”

听赵高这么说，胡亥心里咯噔了一下，本来想都不敢想的事，竟然被赵高这个心目中的忠臣老师给轻松说了出来，不免又紧张，又生气，他两眼一瞪，低声怒道：“赵老师，这是什么话？你不是经常教导我，废兄立弟，便是不义；不尊父命，便是不孝；自知不才却硬上位，便是无知。如果我硬是做了皇帝，这三样可都被我占了，搞不好要国破家亡的，大秦的社稷江山不保啊！”

赵高心想，胡亥这孩子脑子肯定被我教坏了，今天必须再给他教点新东西，继续耐心劝说道："公子啊，你是只知其一，不知其二啊！想当年，汤武弑君，也没人说他不忠啊，都说他干得很好；卫辙拒父，大家也没认为他做得不对啊，更没说他不孝，孔子还说是应该的呢！从来干大事者，都不拘于小节，不因小失大！这么好的机会，你一定要听老臣的，千万不能犹豫，否则将来你肠子都要悔青了！"

胡亥年纪尚小，不太有主心骨，被亲爱的赵高赵老师这么一怂恿，心就动了，心想还是做皇帝舒服。他站起身来，在那里来回踱步，想了半天终于下定决心说道："赵老师说得在理啊，险些误了大事，只是丞相李斯那里不一定通得过啊！"

赵高看胡亥打定了主意，也从座位上站了起来，然后走到胡亥面前，斩钉截铁地说道："这事包在老臣身上了！老臣定能说动丞相，不劳公子费心。机会稍纵即逝啊，老臣马上去办！"

说完，还没等胡亥同意，他已经转身离开，找李斯去了。李斯看到赵高来了，略显着急地问道："赵高啊，皇帝的遗诏发给公子扶苏了吗？"

赵高不慌不忙地回答道："今天过来正是要与丞相商量此事。不瞒丞相，遗诏被公子胡亥拿走啦！"

李斯闻言大吃一惊，生气地责问道："什么情况？你在搞什么名堂？"

赵高稍微停顿了一会儿，接着直接把话题挑明了说道："丞相啊，皇帝驾崩也就是您、我和胡亥三个人知道，以后谁继承皇位，全凭我们三个人说了算。丞相您认为谁做皇帝更合适呢？"

李斯压根没想到赵高一个中车府令竟然有这样的念头，勃然大怒道："大逆不道啊！大逆不道啊！你怎么敢有这种想法呢？这是亡国之言啊！这是我们做臣子的该想的吗？"

看到李斯这个态度，赵高会知难而退吗？他又会怎么做呢？

47. 赌徒赵高

看到李斯反应如此强烈，赵高并不惊慌，反而摆出一副泰然自若的样子，冷笑着说道："丞相大人，您先别着急上火嘛！有件事属下不太明白，想请教一下丞相大人。"

李斯知道赵高这家伙不是个善茬，又在非常时期，看到他这副模样，强压心中怒火问道："什么事啊？"

"属下有几个问题还需要丞相您好好考虑考虑，丞相您的才能与将军蒙恬相比，谁更强啊？谁功劳更大啊？谁口碑更好啊？谁和公子扶苏的情谊更深啊？"

李斯被赵高一连串的发问给问得怔住了，半天才纳闷地回答道："这不是秃子头上的虱子，明摆着的吗？这些我肯定都不如蒙恬将军了！你到底是什么意思？"

赵高微微点点头，继续说道："丞相名不虚传，果真英明啊！属下长期在后宫办事，粗算也有二十多年了吧，说句实话，很少见过朝中被封赏过的功臣能平安过渡到第二代秦王的，一不小心就可能被诛杀或者谪贬。现在皇帝有二十多位公子，大公子扶苏，丞相您是了解的。这位公子秉性刚毅勇武，自信得很，如果继承了皇位，肯定重用蒙恬为丞相，到那个时候，丞相您能够安享晚年，荣归故里吗？哼哼……我看不一定吧！胡亥这孩子是我从小看着长大的，确实有点贪玩，不太会说话，但宅心仁厚，为人大方，心里面聪明，论综合素质，诸位公子中，他肯定是最好的！我们为什么不拥立他继承大位呢？”

李斯之前因秦始皇的突然驾崩乱了阵脚，慌了神，从没认真思考过这个问题，今天听到赵高这一番道理，茅塞顿开，有点心动。但是，他毕竟是堂堂正正的丞相大人，还是要保持着一点风度才好，于是貌似严厉地斥责道：“赵高，你不要再胡说了！先帝将这么大的事托付给我们，我们怎好违背呢？个人命运得失听天由命，顾不了那么多！”

赵高认为话已经说到这个份上了，李斯又不傻，应该有所动摇，便继续上前劝说道：“丞相您学问那么大，应该明白一个道理，安全可以随时转化成危险，危险也可以随时转化成安全，安危转化如果都控制不好，怎么称得上明智呢？”

李斯此时已经被赵高说得心潮澎湃，只是想到秦始皇对自己的知遇之恩，于心不忍，便略显无奈地说道：“想我李斯本是上蔡的一个普通百姓，何德何能，蒙先帝特别厚爱，做了丞相，位至通侯，子子孙孙享受殊荣，现在怎么能够因为个人的安危得失就要背负先帝呢？况且，自古忠臣不怕死，孝子不怕累，我李斯只求尽忠职守，希望你赵高也尽快打消这个念头，否则会让我们背负千古骂名的！”

赵高多精明啊，听出了李斯的言不由衷，只是还需要再推一把而已，于是面露狰狞，威胁道：“自古从来没有什么常规可以遵循，无非都是随机应变。反正遗诏我已经给了公子胡亥，目前天下大势完全掌握在公子胡亥手中，我是下定决心要跟着他干了。本以为丞相您是老成练达之人，识时务，明事理，不可能不晓得其中的利害关系，又加上丞相平时待我不薄，所以才提前来告知。俗话说：‘秋霜降，草花落’，万物如此，丞相您要想清楚啊！”

被赵高这么一逼迫，李斯有点绷不住了，轻声叹息道：“唉……晋国当年换太子，结果乱了三代；齐桓公兄弟争王位，结果自相残杀；纣王乱杀无辜，结果国破家亡。总之，逆天之事，都没什么好下场，我李斯怎么好这样做呢？”

赵高略显不耐烦了，心想这老匹夫真能装啊，面带怒色道："丞相如此执迷不悟，我也不好多说了。最后再奉劝几句，丞相如果听我赵高的良言忠告，肯定可以继续做通侯，世代荣享富贵，如果丞相一意孤行，必然自身难保，祸及子孙，我真替丞相您着急啊！丞相您还是好自为之吧！"说完，佯装急于离开的样子。

李斯料定胡亥和赵高已经串通好了，自己孤掌难鸣，再坚持下去，估计没什么好下场，但如果听从了他们，也确实违背了自己的初衷，因此他禁不住仰天长叹，流着泪说道："我李斯生不逢时啊！怎么偏偏遇到这样的事呢？既然没这个本事，为什么还要接受先帝的重托呢？先帝没有辜负过我，现在我却偏偏要辜负先帝啊！"很明显，李斯这就算是表态入伙了。

赵高感觉很好笑，心想既要做婊子又要立牌坊，哪有那么好的事啊，当即辞别了李斯，折返到胡亥那里。

胡亥正搓着手焦灼地等待呢，看赵高回来了，赶快跑上前询问情况如何。赵高笑呵呵地小声说道："恭喜太子，臣奉太子之命，已经说服了丞相李斯！"

胡亥闻言，双拳紧握，在胸前使劲晃了几下，喜悦之情溢于言表，早没有了死了老爸的痛苦，乐得将错就错，心想皇帝谁不想做啊，不做白不做！

接着，胡亥和赵高重新起草了一份遗诏，明确立胡亥为太子，同时又伪造了一封诏书给公子扶苏和将军蒙恬。诏书内容如下：

朕巡天下，祷祠名山诸神，以延寿命。今扶苏与将军蒙恬，将师数十万以屯边，十有余年矣，不能进而前，士卒多耗，无尺寸之功，乃反数上书直言诽谤我所为，以不得罢归为太子，日夜怨望。扶苏为人子不孝，其赐剑以自裁！将军恬与扶苏居外，不匡正，宜知其谋。

为人臣不忠，其赐死，以兵属裨将王离。

看到这封诏书，不知道大家做何感想，反正我感觉挺不可思议的。

这赵高自己不是好东西，不忠不仁不义，他怎么就那么笃定人家会买这封假诏书的账呢？尽管当年很多人被仁义礼智信、温良恭俭让、忠孝勇恭廉的儒家思想洗脑了，但毕竟是要命的事啊，何况扶苏和蒙恬还手握军权呢！

看来赵高就是一个政治赌徒，而且是孤注一掷的那种。

所以啊，政治这事真说不准，一般人的思维也想不通。如果你将来想玩这个，还是先要掂量一下自己是否适合，如果没有足够的胆魄，还是老老实实做学问，搞搞技术，吃安生饭比较好。

胡亥就是没有自知之明，被赵高蛊惑，不甘心吃安生饭，要当皇帝，所以诏书刚写好，他就派心腹快马加鞭送往扶苏蒙恬的驻地上郡，要以假乱真。

那么，赵高和胡亥的阴谋能得逞吗？

48. 诡计得逞

赵高和胡亥发动政变，左丞相李斯是知情的，但他一心为自己的前途考虑，选择了默不作声。面对这种关系国家前途命运的重大事件，沉默其实就是一种不作为，就是一种纵容，甚至就是一种变相的参与。

为什么个别政府官员那么遭群众痛恨？

一方面是因为贪污腐败造成的不良影响；另一方面就是不作为，碰到即便是分内的事也能淡然处之，一副事不关己，高高挂起的样子，让人恨不得上去抽他两耳光。说得严重点，官员不作为就是渎职犯罪，某种程度上比贪污腐败的性质还要恶劣，因为它可能直接伤害到基层老百姓的切身利益。

李斯是秦朝的左丞相，秦始皇的心腹之臣，地位崇高，他的不作为，后果更加严重，不但毁了秦始皇一手打造的大秦江山，而且还坏了自己的名声，丢了全族性命，成了千古笑谈，后文我们还会详细述说到。

不过当时，李斯无论如何是想不到的，秦始皇已经死了，既然铁了心与赵高、胡亥同流合污，那他就要把事情配合得天衣无缝。沙丘距离都城咸阳还有一段路程，秦始皇的死讯能瞒过一阵子，但不可能瞒过一路。前文说过，秦始皇非常勤政，事必躬亲，每天与随行大臣商议国事可以说是规定动作，现在突然不露面了，其他人必定会怀疑。

怎么办呢?

赵高这家伙胆大包天，仗着自己是中车府令，机要秘书的身份，竟然带着几个心腹钻进了辒辌车中，说是去服侍秦始皇。

辒辌车四面窗帷遮蔽，里面的人可以轻易窥视外面，外面的人却看不见里面。赵高在辒辌车中说秦始皇病得厉害，谁都不想见，凡事由他代劳传达。一路上，文武百官每天照常过来奏事，上报来自全国各地的奏章，赵高在车里假传秦始皇旨意，随便胡说一通，就把他们给敷衍过去了。

这些大臣呢，平时总是被秦始皇问东问西，刁难惯了，现在一看秦始皇那么好说话，有求必应，高兴还来不及呢，巴不得他天天生病，谁还会无端猜疑呢？即便有几个多心的大臣怀疑，但看到丞相李斯像没事人似的，便也不再深究了。

所以，李斯的沉默配合至关重要，确保了没有破绽被发现。

当时刚刚进入秋天，虽然晚上有点清凉，但白天还是非常炎热的。

俗话说：“秋老虎热死人。”时间久了，秦始皇的尸体难免会腐烂，发出臭味。如果任其下去，不到咸阳，秦始皇驾崩的消息就可能会被人发现，因为大家的眼睛能被辒辌车遮住，但鼻子无法被堵住啊。

赵高这家伙诡计多端，灵机一动，又想出了一条妙计。他假托秦始皇的旨意派人去买来很多咸鱼，然后把这些咸鱼分别安放到周围的副车上。咸鱼的气味多大啊，立刻把秦始皇尸体的臭味遮住了。那些大臣随从被熏得头昏脑涨，也没人敢提意见。

谁敢提意见啊？秦始皇那暴脾气，神鬼莫测，今天搞这，明天搞那，谁知道他在玩哪一出啊，现在正生病，万一惹恼了他老人家，不被宰了当药引子才怪呢。大家都抱着多一事不如少一事的心态，忍受着咸鱼的味道。

既然大家的眼睛、鼻子全都被蒙蔽了，那就可以瞒天过海，放心前行了。但还是要尽早赶回到都城咸阳为好，万一出现什么突发事件，就吃不了兜着走了。于是赵高命令车队星夜兼程，不得有误。经过一路狂奔，这天终于到达了都城咸阳。

留守都城咸阳的右丞相冯去疾听说秦始皇出巡回来了，早候在城郊列队接驾。赵高又假传圣旨说秦始皇病重，什么人都不接见，直接回宫。冯去疾哪里知道这里面有猫腻啊，认为左丞相李斯一路跟随，肯定不会出什么事，所以他也就没说什么，拥着辒辌车进入了咸阳城，回到了皇宫里。

这个时候，胡亥派往上郡的心腹也回来了，报称扶苏已死。胡亥、赵高和李斯闻讯，高兴得手舞足蹈，庆幸总算万无一失。但当听到将军蒙恬还活着的时候，他们又不禁打了一个冷战，询问究竟是怎么回事。

胡亥派去的心腹便把经过说了一遍。

原来，这个心腹拿着伪诏、御剑去扶苏和蒙恬的驻地上郡时，也是忐忑不安，心里没底，心想谁那么傻会自杀啊，扶苏和蒙恬手握军权，万一来场军事政变，会先把自己的脑袋砍了祭旗。但他又不敢违命，只好壮着胆子过去，准备见机行事。

谁知，扶苏真是个大孝子，孝得甚至有点傻了，他接到伪诏和御剑后抱头痛哭，哭完就要自杀。旁边的蒙恬多了个心眼，抢步上前按住扶苏手中的御剑，劝说道：“皇帝命我带三十万大军戍边造长城、修直道，派公子你过来监军，这是委托给我们的重任啊！皇帝一直没有立太子，现在又在外面出巡，怎么好端端派人来杀我们呢？另外，这诏书也不是皇帝亲笔手书，小心有诈啊！不如先派个人回去问个虚实，如果是真的，我们再死也不迟啊！”

毕竟是文武双全的大将，老江湖，看问题入木三分，办事老到，只可惜扶苏这傻小子太过执着，一根筋，毫不怀疑。

胡亥的心腹看到这种情形，忙在旁边煽风点火，虚张声势，催促扶苏快点自刎，说他还要抓紧时间回去交差，直把扶苏逼得捶胸顿足，痛哭流涕，最后绝望地对蒙恬说道：“父让子死，子不得不死，我死了就是了！父皇的脾气我是了解的，还回去问什么呢？”

说完，趁蒙恬不注意，迅速拔出御剑，把自己的脖子给抹了，顿时血流如注，当场毙命。

扶苏傻得够可以吧，傻到让人心疼！

不知道大家看到这里是什么感受，反正我是眼泪在眼眶里直打转，险些滚落下来，干脆写不下去了！为什么自古忠臣义士大多如此下场，偏偏奸臣恶人春风得意？历史上类似的事件层出不穷，反复上演，值得我们深思警醒！

做好人也要头脑清醒，也要手段凌厉，也要铁石心肠，否则自己都保护不了，怎么去做好事呢？正所谓：“为行大善，不拘小恶。”也就是雷锋同志所倡导的那样：“对待同志要像春天般温暖，对待敌人像要严冬一样残酷无情。”

好了，发了一顿感慨，舒服很多，继续来写。

蒙恬眼见扶苏死在面前，悲痛欲绝，但他仍不甘心，他想不通为什么秦始皇会突然下发如此毫无道理的诏书，他要见见秦始皇，当面问问他为什么如此绝情!

那么，有“中华第一勇士”美誉的蒙恬将军究竟会怎么做呢?

49. 子系中山狼，得志便猖狂

蒙恬说什么都不肯去死，执意要见到秦始皇当面问个明白，但诏书写得明明白白，他也不敢公开抗旨不遵，只好按照伪诏所令，丢出兵符给裨将王离。王离是王翦的孙子，王贲的儿子，以后我们还会说到，这里大家先认识一下。

兵符丢出后，蒙恬束手就擒，主动进入阳周监狱，阳周位于今天的陕西省榆林市靖边县境内，在那里，蒙恬期盼秦始皇早日发落他。他哪里知道秦始皇早已驾鹤西去了，处理他的将是新一代皇帝——秦二世胡亥。

赵高和李斯听那个心腹讲述完，长舒了一口气，知道目的已经达到，没有了后顾之忧，便公开了秦始皇的死讯，然后堂而皇之地拥立胡亥继位。

文武百官认为，秦始皇有遗诏指定继承人，又有大红人左丞相李斯做背书，那还有错?于是纷纷过来朝贺。朝贺结束，胡亥诏令朝廷官员原职不动，只有赵高升迁做了郎中令，成了最大的受益方。

郎中令属于九卿之一，非常重要，掌管御林军，负责宫殿警卫工作，相当于现在的首都卫戍区警备司令。能担任这个职位的，必须是皇帝身边最亲近的人才有资格，丞相对其也要忌惮三分。

常言说:“子系中山狼，得志便猖狂。”赵高就是“中山狼”，现在权势如日中天了，首先想到的肯定是报复之前他认为对他不好的人。

不用说，第一个就是蒙恬的弟弟蒙毅了。

前文中我们说过，蒙毅曾经奉秦始皇之命审讯过赵高，还判了赵高死刑，差点要了赵高的狗命。如今，蒙毅的哥哥蒙恬已经束手就擒，进了阳周监狱，被解除了兵权。赵高已毫无忌惮，在请示胡亥后，立刻派人抓捕蒙毅。

说起蒙毅，那也是秦始皇的心腹重臣，位居上卿，时刻跟随左右。这次出巡，蒙毅本来应在秦始皇身边服侍的，但是在回来途中，秦始皇生病，派他折回会稽郡祷告山川，为自己祈祷纳福。就在蒙毅离开不久，秦始皇就死了，所以蒙毅并不知晓后来发生的事情。

蒙毅从会稽郡回来，路过代郡，还没弄清怎么回事，就被赵高派来的使臣遵照诏书绑了起来，扔进了监狱，等待后续处理。

俗话说："宁得罪君子，不得罪小人。"谁让蒙毅得罪了小人赵高呢？

君子坦荡荡，对事不对人，不会与人太过计较，因为要有君子风度嘛；小人长戚戚，对人不对事，没有廉耻之心，只有利益得失的算计，睚眦必报。对于生活中的小人，我们一定要敬而远之，说不定哪天你得罪了他还不自知，可他却正绞尽脑汁，想方设法打你的主意呢。

赵高就是一个十足的小人，蒙氏兄弟遭他谋害不足为奇。

抓捕蒙氏兄弟不久，当年九月，胡亥将老爸秦始皇下葬在修建多年还未完工的骊山陵墓中。

为了显示自己孝顺，担心老爸秦始皇一个人去做神仙太过孤单，胡亥下诏将宫内原来秦始皇的嫔妃，凡是没有生过孩子的女人，全都殉葬。

可怜这些美女娇娃白生了一副好皮囊，在秦始皇活着的时候没有怎么被宠幸过，过着寂寞难耐的生活，在秦始皇死后还要陪葬，真是红颜薄命啊！

还有那些被逼迫来建造骊山陵墓的工匠，由于对陵墓太熟悉了，胡亥为了防止他们出去胡言乱语，泄露陵墓秘密，便按照赵高的主意，将其全部活埋在陵墓里。

一番流程下来，秦始皇入土为安，胡亥的二世皇帝总算名正言顺。

这个时候，胡亥又想到了被关押在监狱里的蒙恬和蒙毅兄弟俩。他感觉蒙恬这人还不错，有本事，长期被老爸倚重，现在自己已经继承了皇帝大位，就应该让蒙恬出来继续发挥余热，辅佐自己。于是他准备无罪释放蒙恬，并让其官复原职。

赵高闻讯，十分紧张，认为胡亥之举无疑是放虎归山。

小人就是如此，自己是小人，往往会把所有的人都想成小人，以为这个社会都像他一样，没有廉耻。

为了避免蒙氏兄弟出狱，找自己算账，赵高决定搞掉这哥俩，他匆匆跑到宫中，忧心忡忡地对胡亥说道："陛下，蒙氏兄弟可不能放啊！陛下有所不知，有些事老臣以前没给陛下讲，怕大臣们说老臣在背后打小报告，讲人家坏话。现在涉及陛下的江山社稷，老臣不得不明说了！"

胡亥最怕别人提他来路不正，江山社稷毕竟是抢来的嘛，天天心惊肉跳，现在听亲爱的赵高赵老师这么说，不由得警觉起来，伸着脖子问道："你大胆说来，朕看哪个不要命的敢指责你？"

赵高马上装作很气愤的样子说道："据老臣所知，当年先帝最喜欢的公子是陛下您，很多次都决心要立陛下为太子。可是，蒙恬这小子和扶苏关系比较好，他死活不同意，非说扶苏是老大，能力强，做皇帝名正言顺。蒙恬的弟弟蒙毅就更不是东西了，他直接在先帝面前诋毁陛下不学无术，整天只知道花天酒地，遛狗泡妞，反正怎么不好他怎么说，最后导致先帝放弃立陛下为太子，而且先帝的遗命果真是立扶苏啊！"

胡亥心虚得很，听他亲爱的赵高赵老师煞有介事地述说，心中很不高兴了，但他没有立刻表态，只是把释放蒙氏兄弟的事情暂时搁置了。

这对赵高来说，始终是一块心病，只要蒙氏兄弟没死，他就寝食难安，以后一有空他便在胡亥面前煽风点火。

胡亥犹疑不定。

这个时候，有一个人看不下去了，跑出来要为蒙氏兄弟说情。

那么，这个人会是谁呢？他能说服胡亥吗？

50. 子婴其人

他就是扶苏的儿子子婴。

可能很多人会问，这个子婴是不是将来被赵高推举为取代胡亥的秦王子婴啊。是的，不错，正是这个子婴！

关于子婴，他的身份在历史上颇有争议，说法比较多，总结起来大致有四种：一是秦始皇的弟弟；二是胡亥的侄子，扶苏的儿子；三是秦始皇的儿子，胡亥的哥哥；四是秦始皇的侄子。

这四种说法各有道理，我们不妨简单分析一下。

第一种说法，说子婴是秦始皇的弟弟。

这种说法目前大部分人都不太认可，原因很简单，秦始皇一共有三个弟弟：一个是同父异母的弟弟成蟜，而成蟜早年因背叛秦国投靠赵国，被处死了；另外两个弟弟，前文中有提到过，就是嫪毐和秦始皇老妈赵太后偷生的那两个，也被诛杀了。

至于秦始皇还有没有其他弟弟，史书上没有记载，应该是没有，所以子婴是秦始皇弟弟的说法太过牵强。

第二种说法，说子婴是扶苏的儿子，胡亥的侄子。

这种说法是目前公认的，现在很多重要文献，包括《辞海》《辞源》都采信了这种说法。因为我们是根据正史述说，所以姑且沿用这种说法，但是有一点要说明，这种说法不太符合常理。

原因很简单，秦始皇五十岁去世，最大的孙子充其量能有多大，大家可以测算一下。而史书中明确记载子婴被推举为秦王时，已经能够“与其子二人谋曰”，可见子婴这个时候已经有两个儿子，而且两个儿子应该都不小于十岁，否则没必要和他们“谋曰”啊。

显然，年龄问题是这种说法的硬伤。

第三种说法，说子婴是秦始皇的儿子，胡亥的哥哥。

这种说法也不太符合逻辑。胡亥是秦始皇的第十八子，做皇帝名不正、言不顺，继位后诛杀了他所有的兄弟，他不可能单独留下所谓的哥哥子婴，况且子婴还是有点能耐的。

第四种说法，说子婴是秦始皇的侄子。

这种说法虽然流传不广，但从逻辑关系上来讲，还是比较靠谱的。秦始皇的三个弟弟中，有机会能够给秦始皇生侄子的，恐怕只有那个叛逃赵国的弟弟成蟜了。无论是从生理年龄，还是从现实逻辑上，这一说法相对还算能说得过去。

关于子婴的身世，我们先说这么多，权当茶余饭后的谈资，了解即可。下面我们继续来说子婴是如何给蒙氏兄弟求情的。

子婴听说赵高一直在蛊惑胡亥处死蒙氏兄弟，仗着自己的特殊身份来到了宫中，也许是救人心切吧，他开门见山就给胡亥摆事实讲道理：“陛下，蒙氏兄弟真的不能杀啊！想当初秦国灭六国时，赵王迁听信宠臣郭开的话，用无能的赵葱替换掉了能征惯战的李牧，结果赵国被我们秦国灭了；燕王喜听信太子丹的话，派荆轲搞刺杀活动，违背了秦燕盟约，结果燕国也被我们秦国灭了；齐王建听信齐奸后胜的话，开城投降，结果国破身亡。蒙氏兄弟是有功之臣，如果陛下执意要杀掉他哥俩的话，臣认为万万不可！古人说得好啊，考虑问题不周全，难以治理好国家，专权独断一意孤行，做不好君主。如果陛下杀忠臣，宠小人，必将导致君臣之间离心离德，从而天下危矣。还望陛下三思啊！”

子婴的话没有一句没有道理，没有一句不是真心实意，但是这样劝说，有谁愿意听呢？又有谁能听进去呢？也许只有貌似爱纳谏的皇帝如李世民这种人，可能还会硬着头皮去听，最后咬牙切齿地幡然悔悟。可是对于不学无术，完全被赵高洗脑的秦二世胡亥来说，会听子婴给他讲这样一通大道理吗？

有兴趣的话，你不妨将子婴与赵高的说辞对比一下，同是劝说，一个劝放，一个劝杀，技巧有很大的不同，效果肯定也会不同。

下属给领导讲话，切忌用讲大道理的方式去沟通，动不动说某著名人物怎么做的，领导听到这种话最反感，你这不是在变相骂他是猪吗？他都是猪了，还会听你下面的建议吗？作为下属要就事论事，循循善诱地把问题说清楚就可以了，领导不是傻瓜，自有判断。

子婴跟胡亥的沟通方式就是犯了这个大忌。

胡亥或许本来并没想要杀掉蒙氏兄弟，毕竟蒙氏兄弟是他老爸的股肱重臣，杀了影响会很不好，只是听赵高说蒙氏兄弟阻挡过他当皇帝，才想出口恶气吓唬吓唬他们而已。但现在听到子婴的话，他气不打一处来，心想这当真是扶苏的儿子啊，肯定是亲生的，看这脾气性格多像，这还了得，竟敢教训老子了，还为蒙氏兄弟说情，想拉拢人心吗？为父报仇啊？老子偏要杀给你看！

于是，胡亥很严厉地呵斥道："你小孩子家家懂个屁？说完了吗？赶快给我滚！"

子婴自讨没趣，灰溜溜出宫了。

待子婴走后，胡亥立即派一个名叫曲宫的御史带着自己的诏书和口谕去监狱质问蒙毅："听说先帝在世时打算立朕为太子，你为什么要阻拦？现在丞相和大臣们都认为你不忠不孝，不仁不义，要将你和你的家族治罪，朕实在不忍心，就只赐你一个人去死吧，希望你能理解朕的良苦用心啊，快去死吧！"

胡亥真够可以的，杀人家，还显得自己很无辜似的，把责任全推给了丞相和群臣，明显是小聪明，真是可笑至极啊！

那么，蒙毅会束手待毙吗？

51. 蒙氏兄弟

蒙毅听到秦二世胡亥的口谕，感到非常委屈，无法接受，主要还是不想死啊，极力辩解道："臣从很年轻的时候就侍奉先帝，蒙先帝厚爱，能够跟在身边参政议政，但是从来没听说过先帝要立太子的事啊，哪里会有机会进谗言阻拦呢？况且，先帝驾崩那会儿，臣又不在身边，怎么无缘无故就成了被怀疑的对象呢？到底是谁把这事栽赃到臣头上的？臣不是怕死，臣是怕陛下被奸佞小人给蒙蔽了，侮辱了先帝的英明。当年秦穆公诛杀贤臣车氏三良奄息、仲行、针虎用来殉葬，楚平王诛杀太子的老师伍奢，吴王夫差诛杀忠臣良将伍子胥，秦昭王诛杀旷世战将武安君白起。这四位君王都因滥杀无辜，遭到了世人的耻笑。因此'用道治者不杀无罪，而罚不加于无辜'，而臣既无罪，又无辜！还望大人明察，烦请把这个话帮我捎带给皇帝。"

蒙毅的这番话说得有理有据，有典故有民俗，没点文化还真不一定能听得懂，但是胡亥即便听到了就能够回心转意吗？我看不一定！

大家有兴趣可以去查一下蒙毅提到的典故，个个触目惊心，令人唏嘘不已。

像蒙毅这样的忠臣，说话做事好像都比较耿直，喜欢引经据典。他举的四个例子中，有两个都是在骂胡亥的祖宗，胡亥听了会做何感想？不大发雷霆才怪！现在是杀他蒙毅一个，真的把话传过去了，非杀他全家不可！

当然，胡亥派来的御史曲宫肯定不会传话了，他没必要多此一举，自找麻烦，因为赵高私下叮嘱过了，务必当场杀掉蒙毅。御史曲宫佯装很耐心，低着头刚听蒙毅说完，突然拔出佩剑，朝跪在地上正勾头行礼的蒙毅削去。可怜蒙毅还没反应过来，就已经被猝不及防地杀掉了，人头滚落在地。

皇帝钦差，御史大人，带着圣旨，谁敢阻止啊？御史曲宫看都不看，扬长而去，不用说，一定是回宫中汇报领赏去了。

蒙毅死了，蒙毅的哥哥蒙恬更不能放过，因为他长期混迹于军队之中，万一哪天想通了去造反，就一发而不可收拾了。

胡亥这次倒是很干脆，没有废话，直接派人到阳周监狱给蒙恬下了一道诏令："罪臣蒙恬，你做了那么多错事，先帝早都不满意你了，一直没来得及处罚你。你的弟弟蒙毅又犯了大罪，已经被处死，现在轮到你死了。"

听说弟弟蒙毅死了，蒙恬那种愤懑可想而知，他对胡亥派来的人怒斥道：

> 想我们老蒙家，祖孙三代效力朝廷，可以说是鞠躬尽瘁，死而后已！臣统领三十万大军很多年，虽然现在身陷囹圄，但如果要反了朝廷，还是有足够实力的。不过，臣不会那么干，否则对不起先帝的厚恩啊，更辱没了先人的忠诚！从前周成王即位时，还在襁褓之中，周公旦身背成王接受群臣朝见，终于安定了天下。有一次成王病危，周公旦剪下自己的指甲沉入黄河，祈祷说："国君年幼无知，是我在当权执政，若有罪过，应该让我受到病魔惩罚。"然后把这些祷辞书写下来，收藏在档案馆里。这应该是非常忠诚了吧！但到了成王能临朝亲政时，有奸臣造谣说："周公旦很早就想犯上作乱，大王若不戒备，一定会发生大的变故。"成王听了，大怒，不问青红皂白就要追责，周公旦只好逃奔到楚国。后来，成王到档案馆审阅档案，偶然看

到了周公旦曾经为自己书写的祷告书，很受感动，不禁痛哭流涕道："周公旦如此忠诚，怎么可能会犯上作乱呢？"于是杀了那个造谣生事的大臣，请周公旦回归周朝。所以《周书》上说："遇事一定要反复审察。"

如今我蒙氏宗族，世代忠贞不二，而今落到如此结局，这一定是奸佞小人欺君罔上所致。周成王知错能改，重振了周朝；而夏桀诛杀一代名相关龙逢，商纣诛杀托孤重臣比干，不思悔改，都是因为听信谗言，拒绝谏言，最终落个国破家亡，身首两分。所以臣认为，知错能改，听人劝谏，遇事认真审察，是圣明国君治国的基本原则。今天臣说了这么多，并不是想逃避罪责免受惩罚，实在是想向先人学习，指出陛下的过失，希望陛下早日悔悟，以保全大秦江山。最后烦请大人帮把我这番话传给当今皇帝。

来人都是提前被赵高特别交代过的，怎么可能会听蒙恬那些义正词严的话呢？他们婉言拒绝道："我们可不敢替你传话，我们的本职工作就是奉诏执法，还请蒙恬将军多多体谅啊！"

蒙恬彻底绝望，喟然叹息道："我何罪之有，竟然无过而死？也罢，也罢，想必我蒙恬奉命修建那万里长城，穿山凿洞，动了秦朝的龙脉，罪该万死，死不足惜啊！"说罢，端起毒酒一饮而尽。

前文中写到扶苏自杀时，我感觉很不舒服，现在写到蒙氏兄弟被杀，心中更不是滋味。这些忠臣义士大都坚守了所谓的忠贞气节，难能可贵，但是这样不分对象地盲目忠诚真的好吗？如果为了匡扶正义，造福百姓去死，当然是值得的，死得其所；如果因愚忠而被昏庸无能的老大冤杀，那就太可惜了！

所以，当你在职场做事时，一定要瞪大眼睛，好好考察你的领导一番，不要为了蝇头小利，而跟了一个自命不凡的糊涂蛋。千万不能把大好青春浪费在糊涂蛋身上，应该趁早敬而远之，以免雷电不期而至时，也连带劈到你！

蒙氏兄弟就是被胡亥这个糊涂蛋冤杀的，为此，举国上下议论纷纷，无不扼腕叹息，只有一个人最高兴，不用说，肯定是胡亥亲爱的赵高赵老师了。

这一年，对赵高来说，是人生的重要转折点。尽管信任他的秦始皇死了，但是他又拥立了一位更加信任他的秦二世胡亥。最重要的是秦二世胡亥昏庸透顶，对他言听计从，不但帮他把多年前的私仇报了，而且还除掉了一个心腹大患，能不高兴吗？

从此之后，赵高渐入佳境，一步步走向了权力巅峰。第二年，也就是公元前 209 年，胡亥年仅二十一岁，下诏改元，尊始皇庙为祖庙，自己则继续称“朕”。

做了皇帝，按说胡亥应该非常开心才是，他却忧心忡忡。

这又是为什么呢？

52. 大开杀戒（1）

一天，他把赵高找过来，貌似深谋远虑地说：“朕还年轻，又刚刚继承大位，只怕百姓们不一定服气啊！朕最近一直在考虑如何震慑人心，威慑海内。以前先帝在时，总是巡视全国各地，彰显国威。如今，如果朕不效仿先帝，恐怕很难安抚天下啊！”

赵高明白，胡亥这是要学习他老爸秦始皇那一套，心想你也不照照镜子看看自己什么德行，还学你老爸，东施效颦！心中这么想，他嘴上却满口称是，极力逢迎吹捧。经赵高这么一吹捧，胡亥就有点飘飘然了，当即决定择日启程。

接着，什么人留守咸阳，什么人跟随自己出巡，一切都按照他老爸秦始皇当年出巡的规矩进行。赵高和李斯这俩老家伙肯定一起同行了，现在他们俨然成了胡亥的左膀右臂。

既然要学习老爸秦始皇，那就要沿着老爸秦始皇当年的出巡路线重走一遍，以显示自己的正统地位。经过长途跋涉，胡亥的车队先来到了碣石山。

关于碣石山，我们已经不陌生了，前文中说过，就是在这里，秦始皇遇见了让他性情大变的方士卢生，并下决心北伐匈奴。在这里，胡亥走访了老爸秦始皇生活工作过的地方，什么故居啊，什么办公场所啊，都要去看看,接见慰问工作人员也是规定动作。秦始皇不是让人撰写颂文，立有石头吗？胡亥也学着在旁边立了一块大石头，让人写一些锦绣文章镌刻上去。

参观完碣石山，胡亥的车队又沿着海滨往南行进，直到会稽山。一路上只要秦始皇立过石头的地方，胡亥都不满意，嫌老爸秦始皇太谦虚了，对自己的赞美不够，所以他都会在旁边再立一块石头进行大肆颂扬，当然最重要的，是一定要把老爸秦始皇怎么英明传位给他的事胡编上去。

胡亥这次巡游的主要目的是为了给自己树立威信，既然是树立威信，就要恩威兼施，单靠给老爸秦始皇歌功颂德是不行的。于是，他便请教赵高如何树立威信才能立竿见影。赵高趁机给胡亥出了一个馊主意：“陛下，依老臣之见，如果想要天下臣民畏服，必须杀鸡骇猴，杀一儆百，把那些不听话、服务不周到的地方官员全部杀掉，这样才能彰显陛下至高无上的权威。”胡亥一听眼睛一亮，认为有道理，马上交给赵高全权处理。

赵高出这个馊主意显然是别有用心的，无非是想通过杀戮的方式对地方上的官员进行换血，都换成自己的人，打自己的小算盘。胡亥还傻乎乎地以为亲爱的赵高赵老师在帮他树立威信呢。就这样，走一路杀一路，全国跑了一遍，地方官员基本上也换了一遍。

这一通杀，胡亥好不过瘾，心想做皇帝太简单了，不就是严厉一点，杀杀人嘛。他哪里知道，从此天下人都知道他不是个好东西，混蛋一个，昏庸无能还暴虐。

但胡亥不这样认为，自以为威信已经树立起来了，紧接着，又出台了一系列治国理政的方针政策，显得很有作为的样子。他要求，凡是老爸秦始皇出台的政策都必须继续执行，而且要变本加厉地严格执行。

本来秦始皇那时候的法律法规已经够严苛了，胡亥再这样一搞，老百姓的生活就更加艰难了。为此，怨声载道，各种怪话不知道从哪里全冒了出来。另外，胡亥的皇位来路不正，虽然当时被他蒙混过关了，但没有不透风的墙，时间长了，难免会走漏风声，风言风语。

俗话说："要想人不知，除非己莫为。"

胡亥的兄弟姐妹听到这些传闻，互相串联，议论纷纷，开始猜疑起来："大哥扶苏继位那是众望所归，他的能力德行都很好，又是兄长，凭什么轮到无德无才的十八弟胡亥来做皇帝啊？老爸秦始皇那么英明神武，才不会瞎了眼呢，里面肯定有猫腻！"

胡亥身为皇帝，耳目众多，对兄弟姐妹的议论了如指掌，为此他非常紧张，心想最担心的事还是出现了，万一哪天他们群起弹劾，可如何是好啊？于是，胡亥把他亲爱的赵高赵老师又找过来请教道："人生苦短，如白驹过隙，应该及时行乐才对啊！但是朕继位以来，并不痛快。朝中大臣有些好像不太服气啊，这也就算了，我那帮兄弟姐妹竟然也在背后指手画脚，对朕多有不满！以后你干的那些事万一被他们知道了，该怎么办啊？"

其实为这事，赵高已经着急上火很久了，毕竟篡位的坏主意都是他出的，论罪大恶极，他是头一个，现在胡亥主动找他来商量，他心里就有底了。但是他吞吞吐吐，欲言又止，装作一副很为难的样子。

胡亥看赵高这个样子很着急，催促他尽管大胆道来。赵高佯装小心翼翼地说道："陛下非让老臣说，老臣不敢不说，但说错了也别责怪老臣。老臣可都是好心为陛下着想啊！"

说完，他往左右偷偷瞄了一圈。胡亥早不耐烦了，挥手把左右人等全部赶了出去，冲赵高说道："赵老师啊，今天你这是怎么了？你只管大胆说来，朕免你无罪就是了！"

赵高这才走上前低声说道："陛下说得对啊！自古只有贤明有能力的君主才敢享受人生，那种昏庸无能、控制不住局面的君主，才会傻乎乎地克制自己的欲望。可现在朝中很多大臣自恃有功于大秦，并不把陛下放在眼里，陛下还是要小心点！臣出身卑微，蒙陛下厚爱得到破格提拔，很多人不服啊，他们貌似唯唯诺诺，实际上暗地里早都串通好了，只等机会一到就会谋反。这些人的后台就是陛下那些所谓的兄弟姐妹啊，他们对皇位都有野心，陛下如果不及早防范，早晚会出乱子！老臣倒是不怕死，只是怕陛下的江山不能长治久安啊，到那个时候，还谈什么享受人生呢？依老臣之见，陛下不如采取雷霆手段，以迅雷不及掩耳之势，把他们全都除去，然后换上一帮新人，贫者富之，贱者贵之。新人突然受到重用，获得富贵，肯定会对陛下感恩戴德，誓死效忠，这样的话，陛下就可以高枕无忧，像过去贤明的君主那样安心去享受人生了。"

胡亥一听，非常高兴，连连拍手叫好。看胡亥这副德行，赵高趁热打铁说："陛下，我们也不能无缘无故就把他们抓起来杀掉，还是要罗织些罪名，避人耳目比较好。"

胡亥嘿嘿冷笑一声，当即答应道："赵老师说得太对了，就按你说的，你马上去办！"

那么，赵高究竟会怎么办呢？

53. 大开杀戒（2）

有了胡亥的首肯，赵高从宫中出来后，连续谋划了好几天，胡编乱造出一大堆罪名，将平日里话最多、最不待见他的十二位公子和十位公主都抓了起来。同时，一些曾经对赵高不服气或不客气的文武大臣，也被以各种各样的理由投进了监狱。

这些人落到赵高手里还有好啊？赵高大权在握，又有皇帝胡亥的鼎力支持，肯定无所顾忌了，管你什么公子公主，什么前朝元老，全被一股脑儿地加上了谋逆的罪名。谋逆的罪名最直接、最要命，而且最容易栽赃，说你有，你就有，看你那表情，看你那动作，一副牛气哄哄的样子，就知道你对当今皇帝不满，一定有谋逆之心。

当然，这些人肯定都不接受了。偶尔发发牢骚，摆个脸色就有谋逆之心啊？太夸张了吧？难不成你是我肚子里的蛔虫啊？最重要的是，谁也不敢承认，一旦承认还不被灭九族啊？所以，大家都硬挺着，死不认账。

赵高是什么货色？什么没见识过？宦官出身，阴招多的是，又混迹于宫廷那么多年，对公子公主们的特点太熟悉了。

不是不招吗？软的不行，那就来硬的！赵高决定先从公子们下手，这些公子依仗着“皇二代”的身份，平时最骄横，整天只会欺负别人，如果他们招了，其他人自然会老实交代。赵高今非昔比，才不管什么金枝玉叶呢，一律大刑伺候。

这帮公子哥都是从小在糖蜜罐里泡大的，哪里受过这般体罚啊？一顿棒揍，全部哭哭啼啼，跪地服软。赵高说一句，公子们重复一句，供状很快完成，签字画押就是铁证了。

一起抓起来的那帮大臣，本以为有公子们撑腰，应该问题不大，结果赵高对公子们也敢严刑逼供，何况他们这些人了。算了吧，还是承认了事，免得受皮肉之苦。就这样，公子和大臣全都被定了谋逆罪，被一同拉到街市砍了脑袋。而被杀掉的大臣留下的空缺，自然就被赵高那伙人一一填补。

下面就该轮到公主们了。这些从小娇生惯养的公主更好办了，别看她们平时打扮得花枝招展的，在监狱里没关多久，就都脱相了，不用上刑都快半死不活了。虽然哭天喊地，最后也都老实承认了。既然承认谋逆，那么被处死就在所难免了。

对于胡亥诛杀兄弟大臣的这段历史一直有人质疑，认为是后人杜撰的，还进行了严谨的逻辑推理论证，大有为胡亥翻案之势。直到1976年考古队伍在秦始皇陵墓东侧发现了一组陪葬墓群，才算有了定论。这组墓群很奇怪，尸骨乱七八糟，显然是死于非命，但是陪葬的物品非常贵重，经考古专家鉴定分析，这应该就是史书中记载的被胡亥诛杀的公子、公主们的坟墓。

史书中确实存在一些鬼神之事，那主要是因为思想观念落后所致，难免会将搞不明白的事演变成神话，我们认真加以甄别即可。但如果拿着不成熟的逻辑推理分析来搞全盘否定，就实在是有辱先人了。所谓的逻辑推理分析，一般都比较理想化，对偶发性因素往往考虑不周，或者无从考虑，这样就会导致脱离实际的情况出现。

在公司里做计划运营也是一样，不能唯逻辑论，一定要考虑到有非逻辑的成分在里面，否则计划就会莫名其妙地跑偏，从而丧失计划的权威性和严肃性，也就是员工经常抱怨的“计划赶不上变化”。

实际上，赵高诛杀公子们的计划开始也没完全落地，中间也有变化，因为有几个公子隐藏得比较深，暂时逃过一劫。其中有三个是一奶同胞的兄弟，老大名叫将闾。

将闾三兄弟平时话不多，表现得忠厚老实，没怎么被胡亥和赵高关注过，只是被关在宫里不让出来而已。后来，胡亥思来想去不放心，还是决定杀掉他们，于是派人拿着诏书过去执行。

杀人总要有理由啊，人家一不谋逆，二不招摇，不至于死罪。但俗话说："欲加之罪，何患无辞。"派去的人对将闾三兄弟说："奉皇帝诏令，你们三个不懂规矩，罪该当死！我们是来执法的！"

这叫什么罪名？什么叫不懂规矩啊？将闾三兄弟感到非常委屈，本来还庆幸能逃过一劫呢，结果还是小命不保，当即喊冤道："我们怎么不守规矩了？我们入宫拜见皇帝，从来没失过礼啊！我们随班上朝，也从没失过节啊！我们接受旨意，更没有妄加议论啊！怎么能说我们不守规矩呢？"

来人才懒得回答这些问题呢，也没法回答，就直接回怼道："这事我们不管，反正我们是来执法的，快快受死！"

将闾兄弟被逼得没有办法，一把鼻涕一把眼泪地仰天大喊道："苍天啊，大地啊，我们真的没有罪啊！"但此时喊破嗓子也没用了，来人逼迫着三兄弟先后拔剑自杀。

另外还有一位公子，名叫嬴高，平时和胡亥关系还算不错，他看到兄弟姐妹们全都被杀了，本打算一走了之，但想到如果自己一个人跑了，家里人肯定会被株连，于心不忍之际，该怎么办呢？

他左思右想，终于冒出一个主意，心想与其在家等死，不如主动求死，说不定胡亥看在过去情谊的分上，可能放过自己。于是，他眼含热泪给胡亥写了一封书信，书信大意如下："先帝在的时候，我们兄弟关系多好啊！不愁吃，不愁穿，经常骑着宝马，驾着豪车出去潇洒，还记得我们一起遛狗泡妞的日子吗？太欢乐了！可是现在呢，先帝走了，我真想念他老人家啊！常言说，做人如果不忠不孝不如早死。我现在就是这个心态，烦请陛下可怜可怜我，把我杀了吧，我想去陪先帝！”

胡亥拿到书信高兴得手舞足蹈，心中暗暗叫好：“小子，我正愁着怎么把你干掉呢！以前咱们关系不错，我还有点不好意思呢，现在你自己要死，那可别怪我了！你这么忠诚孝顺，这么真情实意，我怎么好拒绝呢？非成全了你不可！”但又一想：“不对！这家伙脑子被驴踢了吗？平时猴精猴精的，哪里会那么傻？是不是有什么阴谋诡计故意来试探我啊？”

胡亥吃不准，满腹狐疑，便把他亲爱的赵高赵老师找来问道：“嬴高这小子上书主动要死，你看看他在给朕耍什么花招啊？”

赵高多精明啊，一看书信就全明白了，笑呵呵地说道：“陛下多虑了，他小命难保，哪还有什么花招啊？他明明是在装可怜，让你放他一马！”

胡亥听赵高这么说，“哼”了一声，大笔一挥，在书信上批了一个“可”字，也就是同意了嬴高的请求。

嬴高拿到胡亥的批复，傻眼了，知道弄巧成拙，只好与家人诀别，服药自尽。不过，他死后的待遇最好，因为他哭着喊着要陪老爸秦始皇，胡亥便按照公子的标准将其厚葬到秦始皇墓的旁边。

经过这么一场杀戮，秦始皇的儿子女儿基本上全被杀光了，总计至少有二十六人。胡亥顿时很有成就感，感觉做皇帝就是爽，想杀谁就杀谁。他得意扬扬，认为天下终于无事了，自己成了人生赢家，以后就可以高枕无忧地享受人生了。

那么，胡亥会怎么享受呢？

第九章

官逼民反

54. 家徒四壁，十室九空

一场杀戮后，胡亥认为天下无事了，自己成了人生赢家，可以像贤明的君主一样安心享受人生了。既然是享受人生，那就要先把安乐窝搞好，胡亥开始学习他老爸秦始皇的样子大兴土木。

之前，由于给秦始皇筹办丧事，大部分劳工都被派去修骊山陵墓了，阿房宫那里暂时停工。现在一切搞定，胡亥想集中人力物力继续营造阿房宫，尽快把安乐窝搞出来，于是他下了一道诏书："先帝在时，常常说咸阳朝堂太小，所以才营造阿房宫，只可惜还未完工，先帝就驾崩了。为了修建骊山陵墓安置先帝，阿房宫停工了一段时间，如今骊山陵墓已经修建完成，必须继续营造阿房宫了，否则，那就意味着先帝错了。朕继承了先帝遗志，就应该完成先帝生前的愿望！"

看看，做这种事胡亥倒想起他老爸了，不知道杀兄弟姐妹的时候，是否考虑过他老爸的感受。

从中我们可以看出，胡亥是一个超级没自信的人，无论干什么事都要打着别人的名义去干。

诏书下发之后，阿房宫工地上立刻又开始传来了斧子、锤子、锯子的劳作声，工匠们日夜修缮，忙个不停，徒耗国家财力自不用说。

另外，胡亥非常喜欢豢养大型宠物，比现在一些暴发户养的大型犬要牛气多了，他养的是一些虎啊、熊啊、狮子啊等野生动物，而且是一群群的，像动物园一样。如此多的野生动物总要有地方住，有东西吃，还要有人照顾，这无形中又是一笔超级大的开支。

为了安心享受穷奢极侈的生活，胡亥还诏令全国征集五万多名才勇双全的武士，充实宫廷警卫。

凡此种种，我们可以大致计算一下，那么多警卫、那么多工匠、那么多仆从、那么多动物都要吃饭啊，而且还不能吃得太差了，否则就太没档次了，而都城咸阳哪有那么多粮食蔬菜供应啊？于是，胡亥诏令全国各郡县，筹办粮食进京城，每日供应，不得间断，这就是要搞特供。

向京城输运粮食，势必还得需要大量人力，人又要吃饭，怎么办呢？胡亥便下令那些运送粮食的苦力自备干粮，不得拿钱到都城咸阳购买食物吃，目的就是避免咸阳城物资短缺。

这样一搞，全国的粮食供应马上紧张起来。各郡县又不敢违抗圣旨，就想方设法强征暴敛。为此，老百姓被搞得苦不堪言，家徒四壁，十室九空，甚至出现了卖儿卖女的现象。

据史书记载，秦始皇在位时，老百姓负担的田租、口赋等已经“二十倍于古”。兵役、徭役更是繁重，全国人口两千万人，竟然有两百万人被征发去做苦役。再加上秦法苛酷，每年被秦法虐害的百姓成千上万，导致“赭衣塞路，囹圄成市”的惨象出现。赭衣指的是古代犯人穿的赤褐色衣服，囹圄就是监狱。

秦二世胡亥继位后，对老百姓的压迫变本加厉，“赋敛愈重，戍徭无已”，“刑者相半于道，而死人日积于市”，老百姓忍无可忍，“欲为乱者，十室而五”。

以当时的国力，又要筑长城，又要造阿房宫，又要修直道，又要养那么多军队，又要满足胡亥的各种玩乐需求，国家早已不堪重负，处于崩溃的边缘。

俗话说:“官逼民反，民不得不反，就看谁先反!”果然，没多久就有人带头造反了，而且，这一反就造成了不可收拾的局面。

秦二世元年，也就是公元前209年，陈胜吴广在大泽乡起义。大泽乡起义意义重大，它揭开了秦末农民起义的序幕，也是中国历史上第一次大规模的平民起义!

说到这次起义，我们首先要从发起人陈胜说起。

陈胜，字涉，阳城县人。

关于阳城在哪里，争议比较大，至少有四种说法：一说是今天的河南登封；一说是今天的河南商水；一说是今天的河南方城；一说是今天的安徽宿州。我个人认为是今天的河南商水，至于原因，我们这里就不详细述说了，大家知道有这么回事就可以了。

无论陈胜是哪里人，他都是地地道道的农民出身，这点没有疑问，家里除了人，什么都没有，是个穷小子。由于家里实在是太穷了，陈胜打小就在地主家里做工，种种地、放放牛是日常工作，地位低下。

一般来说，类似这种出身低微、寄人篱下的人，因为没有条件受到良好的教育，往往会相对自卑一些，本分一些，不会有太多的想法，但是陈胜与众不同，素有大志。我们不妨举个例子来说明一下，这个例子比较著名，想必很多人听说过。

话说有一天，陈胜和一帮同事在一起耕地，干了一天的活，很是辛苦。这个时候，太阳快落山了，夕阳斜射在大地上，让人感觉格外困乏。陈胜突然把手里的锄头一扔不干了，然后坐在犁耙上休息，不时发出长吁短叹的声音。

旁边的同事知道陈胜这家伙又在偷懒，就故意刺激他说:“小陈啊，你有病了啊?”

陈胜当然明白，同事们这是在骂他，便不屑一顾地回敬道:“你才有病呢！少管闲事！老子将来发达了，让你们这帮穷小子跟着老子一起吃香的喝辣的！哼哼……苟富贵，无相忘！”

大家听了，不禁嘿嘿冷笑几声说道：“你这个家伙就是个穷种地的，种的还是人家的地，比我们还贱，整天就知道吹牛皮！装什么装！还苟富贵，无相忘呢，狗富贵了，你也是个穷鬼！”

陈胜顿时火冒三丈，只见他倏地一下站了起来，说了一句振奋后世的话：“我呸，燕雀焉知鸿鹄之志！”说完，拿起锄头气哼哼地回家了。

同事们傻在那里，半天没琢磨出是什么意思，心想这小子整天不说人话，神经兮兮的，异想天开啊。

通过这件小事，我们可以看出，陈胜是那种不甘于过平凡生活的人，他是有梦想的。尽管这个梦想比较庸俗，就是想过上富贵的生活，吃好些，喝好些，有面子而已，但是人一旦有了梦想，在日常生活中对自己的要求就不一样了，潜移默化中会掌握很多普通人不具备的本领。这些本领平时很难显现，当机会到来时便能迅速爆发。

所以，教育小孩子时，首先要让他树立远大理想，这种理想就是梦想。当孩子有了梦想，以后的路一般不会跑得太偏，而且还会不断地自我纠偏，即使梦想没能实现，也不会差到哪里去。套用现在时髦的一句话：“梦想还是要有的，万一实现了呢！”

陈胜就是一个有梦想的人，他一直在等待实现富贵梦想的机会，时刻准备着。

机会说到还真到了，究竟是什么机会呢？

55. 大泽乡占卜

陈胜不甘于过低人一等的生活，一心想着要逆袭，只是苦于没有好的机会。

历代，包括现在，这种人都大有人在，平时默默无闻，好像很平凡，心里却始终憋着一口气，时刻准备着出人头地。

这没什么不好，人一定要有梦想！但是机会往往眷顾那些有准备的人，所以机会来临之前还是要多学点本领，不能躺平空想，否则机会来了抓不住就尴尬了；即便一时抓住了，由于志大才疏也难免会招致惨败，甚至爬得越高摔得越惨。陈胜就属于后一种情况。

秦二世元年，也就是公元前 209 年七月，胡亥下诏，全国各地要征集壮劳力到渔阳戍边。

渔阳位于现在的北京市密云区西南，别看北京现在是首都，是心脏，全国人民最向往的地方，但是那会儿是边疆，是防御匈奴的最前线，除了边防兵和当地居民，没人愿意过去。

现在向全国招兵，诏书自然也来到了阳城县，不愿意去当兵也得去。富人不愿意去，可以拿钱消灾，穷人没钱，只有拿命来抵了。那个时候，富人和穷人是分开居住的，富人住闾右，穷人住闾左，相当于富人区和穷人区。征兵名额大部分发到了穷人区闾左，人数要求是九百人，作为“屌丝”中的穷“屌丝”陈胜肯定难逃一劫了。

人终于招齐了，总要有个领头的吧。地方官在这九百人中发现有两个小伙子不错，人长得不但壮实，而且气度不凡。这两个小伙子一个是陈胜，另一个是吴广。

吴广，字叔，阳夏人，也就是今天的河南省太康县人，和陈胜一样是农民出身，穷人一枚。

他们两个人被地方官任命为屯长，分别带领一批人。一当兵就做了一个小军官，两人感觉很不错，欣然领命。

当然，九百人完全由他们俩带领，地方官肯定不放心，毕竟都是新兵蛋子，还没训练过，难免会有地方上的习气，不服管教。于是，地方官又派了两个将尉跟随监督。

从阳城到渔阳，路途遥远，那时又没现在这么好的交通工具，全靠两条腿往前走，即使全是好天气也要走上一阵子。

这天，来到了大泽乡，天突然下起了大雨。大泽乡位于今天的安徽省宿州市境内，如果说阳城有可能位于今天的河南省境内的话，那么大泽乡就在阳城南面几百里的地方，而渔阳在遥远的北方，陈胜吴广他们怎么会南辕北辙到了大泽乡呢？

因此有人说，阳城应该在今天的宿州辖区，而不可能位于今天的河南省境内，这也就是之前我们所说的关于阳城地理位置的争议问题。也有人认为，陈胜吴广他们可能迷路了，走错方向到了大泽乡。这错得好像有点离谱，难道不会看太阳识别方向吗？基本常识啊！

好了，不纠结了，反正陈胜吴广他们来到了大泽乡，而且还遇上了滂沱大雨。

大泽乡这个地方当时的地势比较低洼，容易积水，很快道路就被冲坏了，一眼望去一片汪洋，队伍只好停下来休整，等天晴水退之后再出发。可是大雨却下个没完没了，大家不免着急起来，因为按照秦法，如果队伍没有如期到达，即便不是死罪，也会受到重罚。

陈胜和吴广刚认识不久，都是对于出人头地这种事有想法没办法的穷人，因此两人一见如故，无话不谈。面对现在这种情况，两人便聚在一起商量怎么办。

陈胜仰头看看天，不无忧虑地说道："吴老弟啊，看这天气，老天爷一时半会是不会开眼了，我们恐怕不能如期到达渔阳了！"

吴广唉声叹气地回应道："唉，谁说不是啊，真倒霉！我们的命怎么这么苦呢，刚当上几天屯长就要玩完，老子还没过瘾呢！"

这话深深刺到了陈胜的痛处，天天想着荣华富贵，如今还没开始就结束了。陈胜有点气愤地骂道："什么破规定？这就是不让人好好活啊！"

"陈大哥，我们逃走吧？不能在这里等死啊！"

"逃到哪里去啊？这天下还不都是秦朝的，逃了初一，能逃过十五吗？"

"那该怎么办呢？难道就这样等死吗？"

说到这里，陈胜攥紧拳头在空中一挥，好像下定决心似的说道："现如今，留下来是死，逃走也是死，倒不如反了他娘的，干一番惊天动地的大事业，富贵险中求，即便死了，也不白活一回！"

吴广有点被陈胜的话吓到了，略显气短地说道："这样行吗？我们无权无势无人，造反哪里那么容易啊？"

陈胜哼了一声，说了一番很有见识的话："老百姓早已经受够了秦王朝的暴虐统治！老弟你有所不知，我听说那个二世皇帝胡亥来路不正，他原本是始皇帝嬴政的小儿子，按规矩怎么也轮不到他来继位，应该继位的是大公子扶苏！听说大公子扶苏人不错，宅心仁厚，可惜因为经常规劝他老爹秦始皇的暴虐行为，被发配到边疆驻守了。"

听陈胜讲朝廷秘闻，吴广很是好奇，竖着耳朵，瞪着眼睛问道："后来呢？"

"后来，秦始皇死了，胡亥这小子继位了。听人说，秦始皇遗诏是传位给公子扶苏的，只是让胡亥暗中截和了。公子扶苏据说已经被害死了，大部分老百姓都还不知道，只知道他很有贤德。"

吴广听后大长见识，佩服陈胜见多识广。陈胜这些见识多半靠平时积累所得，看似稀松平常，关键时刻却能够发挥作用。

陈胜往四周瞄了一眼，继续说道："项燕这个人你听说过吗？原来是楚国的大将军，经常打胜仗，爱兵如子，楚国人都很爱戴他，楚国灭亡后也不知道他是死是活。"

吴广听陈胜又讲项燕，感觉莫名其妙，便发问道："这与我们有毛关系啊？"

陈胜神秘兮兮地小声答道："这里原来属于楚国地界，楚人都很憎恨秦朝。假使我们冒用公子扶苏和楚将军项燕的名义去造反，肯定会有很多老百姓出来响应！"

吴广恍然大悟，认为陈胜分析得很有道理，但多少还是有些顾虑，就凑上前建议道："陈大哥你说得太对了！就是不知道我们有没有这个命啊，不如去算一卦，看老天爷怎么说。"

前文中我们说过，古人大都相信算命，现在也有很多人相信，说白了，就是心里没底，找个说服自己的理由而已，其实决定早已在心中了。

于是，陈胜和吴广两人约好时间去找人占卜吉凶。占卜算命是个古老的行业，哪个地方都有靠算卦赚钱的人，他们很快就找到了一位算命先生。

算命先生都是老江湖，阅人无数，眼光独到，什么样的情况都见识过，一上来先问陈胜吴广的身份来历和算命意图，以便做到心中有数。这哥俩是要干造反的事的，当然不敢明说了，就大致描绘一些类似的情景。那算命先生眨巴眨巴眼，心里便明白了七八分，于是开始摇卦，过了好大一会儿，结果出来了。

那么，究竟是什么结果呢？

56. 篝火狐鸣

算命先生看了看卦辞，装模作样地掐指一算道："你们哥俩只要同心同德，这事就能成功，不过将来可能会出现曲折，你们要好自为之啊。另外我建议，你们最好再找鬼神帮帮忙。"

这算命先生说了一套绝对正确的废话，就不肯多说了。基本常识啊，谁不知道？两人合伙创业，不同心同德能行吗？创业过程中肯定会有曲折，否则大家都去创业打天下了，所以一定要好自为之，自己不为之，难道还让别人为之啊？

显然，这套说辞是顺着陈胜吴广两人的想法去说的。

陈胜吴广可不这样认为，他们觉得是天命。不过算命先生的建议，他们还是比较疑惑，于是继续追问什么意思。但那算命先生无论如何都不肯做过多解释了。

俗话说："天机不可泄露。"不能破了人家的规矩，陈胜吴广也不好勉为其难，只好付钱走人。两人边走边琢磨道："难道是让我们去烧香拜佛吗？不对啊，经常烧啊！鬼神，鬼神，肯定神出鬼没，到哪里去找啊？"

突然，陈胜兴奋地说道："老子明白了，先生是让我们假借鬼神的意思来起事，这样才名正言顺！"

陈胜这家伙确实聪明，就是书读得少了一点，否则说不定还真能成就一番大事业。吴广听陈胜这么说，顿悟，一拍大腿，连声说道："对……对……

是这么个道理啊，陈大哥果然厉害！那该怎么弄呢？”

陈胜凑到吴广耳边，小声把自己的主意说了出来，吴广不住点头，连连拍手叫好。那么，陈胜出的究竟是什么主意呢？

大家别急，待我慢慢道来。

回到营房当天，陈胜找来一块上等的白色绸缎，用红笔在上面写了三个字——陈胜王。晚上，他趁人不注意溜出了营门，在附近找到了一个卖鱼的商家，通过和商家闲聊，了解到他们的鱼明天都会运到集市上出售。趁渔家离开片刻的工夫，陈胜将那块写有红字的白色绸缎塞进了一条大鱼嘴里，用棍子将其捅进鱼肚子中，然后慌慌张张返回了营地。

第二天一大早，陈胜让吴广安排下面的人去多买点鱼给大家吃，说是改善一下生活。九百多人的队伍需求量还是非常大的，他们便把周围商家的鱼虾全收购了过来。

鱼买过来自然是杀了吃，一个炊事兵发现其中有一条鱼特别大，肚子鼓鼓的，就把这条鱼提出来，拿刀熟练地将鱼肚子剖开，本以为是鱼子，结果却是一卷上等的白绸缎。

炊事兵惊奇万分，忙招呼旁边的士兵过来观看。等大家都围拢了过来，炊事兵打开那条白绸一看，上面赫然写着三个鲜红的大字——陈胜王。大家一片惊呼，争相传阅，都感觉太神奇了，还有人飞奔向陈胜报告。陈胜听后，佯装生气地呵斥道：“你们这帮臭小子，搞什么名堂，鱼肚子里怎么会有绸缎呢？还写着字，太荒唐了，胡说八道！你们这样搞恶作剧难道是不想活了吗？知道秦法怎么规定的吗？”

这些人被陈胜一唬，不敢再说话，一哄而散。但是绸缎千真万确是从鱼肚子里剖出来的啊，大家回去后难免继续议论，只是说不出所以然。看到这个情形，陈胜知道目的已经达到，不过还需要再添把火，于是他把吴广找来，让他如此这般再搞一把。

到了后半夜，大家正在酣睡，突然从营房外面不远处传来了貌似狐狸的叫声。大半夜听到狐狸的叫声，太瘆人了，很多人都被惊醒。狐狸在民间一直是一种有点神秘的动物，什么狐狸精啊、狐仙啊，都与狐狸有关。

对于白天的事情大家还都在疑神疑鬼，现在大半夜莫名其妙又听到狐狸的叫声，不觉有点紧张，都躲在被窝里不敢出声。营房里静悄悄地，突然从远处又传来一声声喊叫的声音，这声音若隐若现，听不太清楚。大家屏住呼吸，认真倾听，才模模糊糊听到："大楚兴，陈胜王。"

这个时候，很多人躺不住了，有些胆大的干脆下床聚拢到一起，到外面查看究竟是什么情况。外面阴森森的，声音好像是从西北方向传来的，那里是片荒郊野岭，上面还有一座空置的破旧寺庙。大家仰头望去，隐约中看到有火光在那边闪耀，而且来回游动，变化多端，不时还传来一个声音："大楚兴，陈胜王。"

过了一会儿，声音逐渐消失了，火光也不见了。由于营中不允许半夜私自外出，又加上道路湿滑，大家只好回到营房继续休息。

有一个成语叫"篝火狐鸣"，就是源自这次事件，明显是陈胜吴广搞的鬼。

第二天起床后，营地炸开了锅，大家交头接耳，看见陈胜指指点点，有的说，鱼转世为龙，把天机提前泄露;有的说，狐狸成仙了，能预知未来。越传越神奇。总之，陈胜吴广的诡计算是得逞了。

陈胜吴广看到时机差不多已经成熟，决定趁机起事。要起事，就必须先处理掉那两个有公务员编制的将尉。这俩将尉拿着政府高薪，天天吃喝玩乐，不管营中事务，不收拾了他俩难以服众。

这天，陈胜吴广趁两个将尉酒醉时，来到了他们的豪华套间，目的是探探底。这俩家伙酒喝多了，大白天正要睡个懒觉，看到陈胜吴广进来很不爽，晃晃悠悠喷着酒气训斥道："你们两个臭小子有什么事吗？等大爷休息好了再来！"

吴广赶快走上前扶住其中一位，佯装发愁地说："大爷，这雨天天下，什么时候是个头啊？这样下去，恐怕不能按时到达渔阳了。逾期那可是死罪啊！我们兄弟俩不想死，就先走了，特来向大爷们道个别。"

那个将尉听吴广要走，一下子酒醒了三分，勃然大怒道："你们俩是不是活腻歪了？我看你们哪个敢走？"

吴广不慌不忙，反唇相讥道："哼！逾期的话，我们活不成，你们俩也难脱干系，我们是一条绳子上的蚂蚱！你神气什么？"

两个将尉听了吴广的话会做何反应呢？

57. 王侯将相，宁有种乎

吴广的话其实是大实话，这俩将尉估计是真喝多了，一时想不通，他们还以为自己高人一等呢，大为光火，骂道："小子，你说什么？再给大爷说一遍试试，看大爷不剁了你？"说着，把吴广猛地推开，拔出宝剑在空中划来晃去。

吴广没喝酒，又是有备而来，说时迟那时快，一脚就踢飞了那个将尉手中的宝剑，然后抢身上前捡了起来，顺手一挥，便把那个将尉的头给削掉半个。那个将尉哼都没哼，一头栽倒在地，死了。

事情发生得实在太突然，也就是一刹那的工夫。另一个将尉被眼前的一幕完全惊醒了，只见他咆哮着拔剑向吴广冲了过来。站在旁边的陈胜不知道从哪里已经找来一把刀，从一侧冲了过来，将另一个将尉也砍翻在地，接着又补了几刀。

就这样，俩将尉在醉酒中被干掉了。

看看又是喝酒误事啊！如果不喝酒的话，这俩将尉经陈胜吴广劝说，说不定就一起造反了，被推举成老大都有可能，那么中国历史就要改写了。

即便不一起造反，最起码不会趁着酒劲贸然行动，以至于被人打个措手不及死于非命。

所以，酒量不行就尽量少喝点，真喝多了，也要竭力克制一下自己的情绪，特别是在公干的时候，更是如此。本来喝酒吃饭是为了联络感情、增进关系，结果你一发酒疯，丑相败露，不欢而散，甚至适得其反，还有什么意思呢？

废话少说，继续正题。

陈胜吴广杀死那两个将尉后，一起径直走了出来。

吴广为人憨直，乐于助人，人缘比较好，有一定的感召力，他负责把大家召集过来听陈胜训话。陈胜站在前面，略显激动地大声说道："兄弟们！今天咱们大家伙商量一件事。这些天一直阴雨绵绵，无法赶路，这样下去肯定要耽误行程了。按照秦法，咱们都要被处死。即使不被处死，到了北方，那里天寒地冻，咱们也不适应，保不准被冻死饿死，甚至有可能被野蛮的胡人杀死。反正好歹都是死，不如咱们反了，说不定将来还能打出来一个富贵满堂！"

这九百人也晓得逾期到达渔阳的后果有多严重，所以很多人被陈胜说得心动，但毕竟是造反的事，没人敢公开出来响应，都只是窃窃私语。看没人响应，陈胜急中生智，嘴里蹦出来一句流传千古的名言警句："王侯将相，宁有种乎？"

陈胜是农民出身，又没怎么读过书，能说出这样一句话，真是难能可贵。这句话极具煽动性，它揭示了人生真谛，道破了生存法则。每个人在受穷受苦的时候，看到别人享受富贵荣华，都会禁不住这样问自己，只是不一定能够总结得如此精辟，更不好意思说出来。

现在陈胜不但总结得很通俗，很凝练，而且大胆地喊了出来，无疑会引起长期处于社会底层百姓的共鸣。

九百多人的情绪渐渐被调动了起来，不过大家还是有点惴惴不安，都伸头向那两个将尉的豪华套房里张望。很明显，那意思是官家的人怎么办。

陈胜当然明白了，向吴广使了个眼色。吴广赶快跑到里面把那两个将尉的头给剁了下来，然后提出来展示给大家看。陈胜指着两颗人头，大声疾呼："兄弟们！这俩家伙就是酒囊饭袋，不愿意跟咱们一起干，已经被我们结果了狗命，这就是他们的狗头！"

看到此情此景，现场顿时沸腾起来，一窝蜂地跑到将尉的住处，果然有两具尸身血肉模糊地横躺在地上，血腥味混着酒气异常恐怖，令人作呕。大家暗自思忖，这次遇到狠茬子了，连政府的人都敢剁，肯定是老天爷派来的，我们都从了吧，反正横竖都是死，说不定跟着这位大神将来还真能搞出点名堂来，于是纷纷喊道：

"反了！反了！我们跟着你干！我们都听你的！"

大家情绪激昂，陈胜激动不已，他让人把将尉的头颅用长杆挂了起来，准备来日祭旗。

既然造反了，那就要有旗帜、有口号。经过商议，扯了一块布，在上面写了一个大大的"楚"字，就成了旗帜，号称"大楚"。陈胜自封为将军，吴广任都尉，其他一些职位都一一进行了安排，就这样，革命的种子算是撒下了。

当然，造反也要有个造反的样子，不能随随便便，要选个好日子，筑起高台开个誓师大会才行。他们请来算命先生，择吉日，选良辰，趁着吉日良辰，大家裸露右臂，分排两旁，每个人手里都捧着一大碗酒，将尉的头摆在高台上。陈胜命人把将尉的血分别滴在大家碗中，义愤填膺地说一通"有难同当，有福同享"的话后，带头将碗中酒一饮而尽。

这就是说，喝过同心血酒，发誓永不背叛了。

可不要小看这种形式上的东西，有时候，形式是会影响甚至决定内容的。形式搞好了，对人的心理震撼还是蛮大的，某种程度上还会让人头脑发热，血脉偾张，激励大家赴汤蹈火。

这九百多人就是如此，喝完血酒，将碗狠狠摔在地上，情绪激昂，高呼口号。陈胜趁机把之前准备好的檄文拿出来，冒充文化人之乎者也地朗诵了一遍。檄文中特别强调秦公子扶苏和楚将项燕都坐镇军中指挥。

“没文化，真可怕！”扶苏和项燕两人本来是世仇，不共戴天，结果被陈胜吴广给撮合到一起造反了,稍有见识的人都知道,他们这是在“拉大旗，作虎皮”。但效果很明显，因为当时绝大部分人都是穷苦百姓，没有什么见识。

所以，我们平时还是多关心一点时政比较好，否则出去聊天都会闹笑话，显得很无知的样子，当然也不能不懂装懂，瞎说乱传，那样就成了谣言制造者。

好的，一切准备妥当，开始起事。

那么，先从哪里开打呢？

58. 第一桶金

经过一番精心准备，陈胜吴广开始正式起事。那么，先打哪里呢？肯定是大泽乡了，大泽乡起义嘛！

前文中我们说过，乡中一般由三老、啬夫、游徼负责管理日常事务。这些人搞乡间管理，吓唬吓唬普通老百姓还行，打仗哪里在行，听说有人造反了，早都携家带口逃跑了。

陈胜轻而易举地把大泽乡占领了，并将其作为他的第一个根据地。

有些事情就是这样，想着非常困难，“前怕狼，后怕虎”，还没做，就已经把自己吓得半死，真的去做了，说不定很容易。所以，一旦大方向定了，周密准备后，先干了再说，思来想去，担惊受怕，时间全给耽误了。“困难越想越大，问题越干越小”，就是这个道理。

有了根据地，事情就好办很多了，陈胜坚定了当初的想法，干劲更足，趁机筹办了一些打仗用的家伙。

我们说过，秦始皇把金属制品差不多都没收了，再怎么找，也找不到太多顺手的家伙，无非一些锄头、铁锹一类的农具。起义军只好斩木为兵，揭竿为旗，自己动手制作，连续忙活了好几天，起事的家伙勉强凑合齐了。

说也奇怪，本来阴雨连绵，没完没了，自从陈胜吴广起事后，天气突然放晴，一扫云翳，没多久水势退去，地上也不泥泞了，这不成心气人吗？说不定当时就有人后悔了，但木已成舟也只有硬着头皮继续干。

这么好的天气也说明是个好兆头，大家自然积极踊跃，群情激奋。大泽乡周围的很多流氓无产者早都过不下去了，听说有人带头起事造反，而且公子扶苏和楚将项燕也在义军中，纷纷跑过来凑热闹，说要一起干。人多好办事！陈胜巴不得所有人都来呢，来者不拒，全部编进了队伍中。

好了，武器有了，人也有了，造反就不能老憋在大泽乡，要进攻，否则那么多人吃什么。于是，陈胜下令，先攻打大泽乡县政府所在地蕲县，也就是今天的安徽省宿州市蕲县镇。蕲县也不顶用，没怎么打，县官们都弃城而逃。陈胜兵不血刃进了城，暂时把这里当作大本营。

也忒顺了，原来秦朝就是个纸老虎啊！

陈胜吴广看到这个局面更加来劲，心想富贵也太容易取得了，早知道早反了。接着，他便派一个名叫葛婴的人率兵向东进军。这个葛婴还是有点真本事的，传说是诸葛亮的祖先，很会用兵，在他的率领下，起义军节节胜利，而且一边打，一边扩充军队。

正所谓：“没有吃，没有穿，自有那敌人送上前；没有枪，没有炮，敌人给我们造。”农民起义一般都是这样的套路。

当打到陈县的时候，起义军已经拥有战车六七百辆，骑兵一千多人，步兵好几万人了，第一桶金算是被陈胜捞到了。

陈县当时是重镇，也就是今天的河南省周口市淮阳县，本以为不好打，陈胜亲自前来督战。

说来也巧了，县令不在家，只有负责司法工作的县丞留守。这个县丞还算尽职尽责，看到陈胜率领起义军来了，没有退缩，也可能他认为一股暴民很容易镇压，便组织县里面那点兵力开门抵抗。

这点兵力实在太少了，平时搞搞治安工作，欺负欺负普通老百姓还可以，哪里能和有上万人的起义军队伍对抗呢？何况起义军队伍是由一群亡命之徒和流氓无产者组成，刚刚又打了几场胜仗，气势正盛，是一支生力军。

两军一接触，陈胜带头一路砍杀，势如破竹，如秋风扫落叶一般。县丞这才意识到来的不是普通暴民，但为时已晚，只能拼死抵抗，结果可想而知，死于乱军之中，成了秦朝的烈士。

县丞战死了，其他官员作鸟兽散，开城迎接陈胜的起义军进城。

陈胜是穷苦农民出身，对普通老百姓还是很有感情的，又有点见识，进城后就发布了安民告示，要求官兵不得侵扰老百姓。陈县老百姓非常高兴，热烈欢迎陈胜起义军的到来。

过了几天，陈胜把军中事务安排妥当后，派人邀请当地德高望重的人过来共议大事。陈胜是草头王，他出面邀请，谁敢不来啊？什么三老、豪绅、大儒等所谓的地方豪杰都过来捧场。

俗话说："屁股决定脑袋。"陈胜虽然文化水平不高，但天赋很高，又做了一段时间老大，说话做事大不一样，也学会和颜悦色平易近人了。他看大家都来了，就虚心请教以后怎么办。

这帮家伙都是老江湖，"墙头草，随风倒"，看陈胜手里有人有家伙，又受老百姓爱戴，纷纷上前拍马屁道："陈将军，英勇神武，年轻有为，披坚执锐，伐无道，诛暴秦，立楚国社稷，功高盖世，应该称王，众望所归啊！"

文化人就是不一样，说话让人听了很舒服。陈胜不一定都能听懂，但对称王的建议他听得一清二楚，称王才能算得上大富大贵嘛。不过他还是有点城府的，上万人起义军队伍的老大，没点城府怎么能行？陈胜笑了笑，摆了摆手推辞道："众位豪杰，这不合适啊！我陈胜何德何能，哪里敢有称王的妄想？"

那些地方豪杰都是见过世面的，知道陈胜故作姿态，还是要配合一下的，于是就继续劝说。陈胜沉思片刻，装作很勉强地答应了。

现在的年轻人看到这么能装的人一般都反感得想吐，其实这未尝不好，你不能简单地把他看成是虚情假意。试想，大家都赤裸裸地展示自己，不是更恶心吗？装饰一下自己，世界会更美一些。直到现在，很多地方还保留着类似的风气。只是不能太过了，否则确实让人恶心。

看到陈胜终于接受称王了，众人拍手叫好，大厅里面好不热闹。正在这时，外面突然有人进来禀报，说有两位自称张耳和陈馀的壮士求见。陈胜一听喜出望外，忙对大家介绍道："这两个人啊，我早就听说过，都是能人志士，如果能拉他们入伙一起干，保准大事可成！"

陈胜为什么这么看重来人呢？来人究竟是什么来历呢？

59. 张耳和陈馀

张耳和陈馀的到来让陈胜喜出望外。陈胜为什么那么看重这两个人呢？

这两人确实不简单，都是有故事的男人。因为他们的故事太有意思了，而且以后出场比较多，我们这里不妨单独拿出来说说。

张耳和陈馀算是忘年交，张耳年纪大一些，陈馀年轻一些，两个人早年情同父子，誓同生死，被当时的人称为"刎颈之交"，就是过命的交情。

我们先介绍一下张耳。

张耳是魏国都城大梁人，也就是今天的河南省开封人，曾经是“战国四君子”之一信陵君魏无忌的门客。

在信陵君魏无忌那里，张耳开始混得还是很不错的，只是后来因为犯事跑了。犯的什么事史书中没写，反正就是混不下去了，一走了之。也没跑太远，仍然在魏国境内，他跑到了一个名叫外黄的县城。

外黄县位于今天的河南省民权县西北，以后我们会多次提到，大家注意加深一下印象。

在外黄县，张耳认识了他未来的老婆，从此时来运转。为什么这样说呢？为了能把事情说清楚，我们需要对他老婆先做个简单交代。

张耳的老婆也是一个有故事的人，而且是个二婚女人。怎么是二婚女人呢？原来，这个女人是个富家女，长相出众，身材窈窕，可以说是“白富美”。下面我就称张耳的老婆为“白富美”。

俗话说得好：“好汉没好妻，孬汉娶个娇滴滴。”不知道什么原因，“白富美”就找了一个孬汉做老公。她老公每天游手好闲，无所事事，吃喝嫖赌抽样样俱全。

女人嘛，都望夫成龙，看到老公这个熊样，“白富美”难免会经常唠唠叨叨地指责他。而“白富美”的老公呢，是一个很有脾气的人，没本事还不让说，甚至还搞家庭暴力。男人往往如此，越没本事越在家里称王称霸，总是嫌弃老婆这不好那不是，说起来都是老婆的错，其实问题大多出在自己身上，却浑然不知。

一天，两口子又吵架了，老公还动手打了“白富美”。“白富美”一生气就跑了，这次没跑回娘家，可能怕父母担心或者怕被老公找到吧，她跑到了老爸的一个好朋友家里躲着。

老爸的这个朋友从小看着她长大，听说她现在生活得不幸福，不免起了怜悯之心，就跟她说，自己认识一个很不错的小伙子，如果真不想跟老公过了，可以介绍这个小伙子给她认识一下。“白富美”经常和老公生气吵架，这次又被打了出来，正在伤心难过，既然有好男人，肯定想先看看再说了。

女人的好奇心一般都比较大，对传说中的好男人基本没有免疫力。所以，男人要善待自己的女人，女人是感性动物，没那么多道理可讲，只要哪天她一生气，就可能到其他男人那里去寻找安慰，说不定还会到呼伦贝尔大草原去旅游观光，到时你后悔都不一定来得及。

但在古代，女人还没那么随便，不好与单身男人直接谋面，何况“白富美”是已婚女人。老爸的朋友便让“白富美”躲在屏风后面，说一会儿带那个小伙子过来，叫她暗中观察一下，看是否满意。“白富美”含羞点头，算是答应了。

老爸的那个朋友出门没多久，真的带了一个男人回来，这个男人就是张耳。张耳仪表堂堂，温文尔雅，谈笑自如，谈吐不凡，很有感染力。“白富美”在屏风后面看得一清二楚，认为张耳比自家那个混蛋老公强了不知多少倍，不由得春心荡漾。

待张耳被送走后，老爸的朋友问“白富美”感觉怎么样。“白富美”芳心欲醉，魂都快跟着张耳跑了，当即毫不掩饰地表示非常满意，只是不知道张耳是否接受她这个二婚的女人，另外自己老公那边也不知道该怎么办。

老爸的朋友好像对张耳非常了解，说只要“白富美”同意，肯定能促成这份姻缘，至于她老公那边，由他和她老爸一起商量处理，不用她烦心。

一切谈妥，老爸的朋友便先到张耳那里提出婚事。张耳一听爽快答应，不好意思地说道：“我一个流浪汉，无家可归，还有什么好说的呢？人家大家闺秀，能高攀上就已经很知足了！”

张耳这边没问题了，老爸的朋友又去找“白富美”老爸处理她老公的事。

“白富美”老爸知道女儿整天受气，早心疼死了，只是“嫁出去的女儿，泼出去的水”，他不方便出面。现在听到有如此好的男人，便表态同意，果断拿出很多钱给她老公，让她老公主动离婚，因为过去离婚必须男方写休书才行。“白富美”的老公本来就是一个认钱不认人的脑残，听说有钱好拿，马上修书一封，把“白富美”让了出去。

就这样，张耳没费吹灰之力平白得了一个富家美少妇做了老婆，也算是红运当头吧。从此，张耳不但有了家，还有了钱，后来还生个儿子，名叫张敖，成了刘邦的女婿，后文中我们再详细说。

张耳原本就是一个很有能力的人，只是苦于没有平台施展而已，现在什么都有了，他就广招门客，光大门庭，名气越来越大。由于名气太大了，很快就传到了魏王那里。

那个时候，人才选拔主要靠推荐，受人敬仰的知名人士一般都会被推荐出来受到重用。所以，魏王没有计较张耳之前犯的过失，封他做了外黄县的县令。当了县令，张耳风头更盛，俨然成了地方小诸侯。

好了，张耳先说到这里。我们再说说那个陈馀。

陈馀年轻时也是一表人才，擅长舞文弄墨，平时喜欢出去“穷游”。有一次，他去了赵国，在那里碰到了一位当地富豪。这个富豪很赏识陈馀的才干，认为他将来前途不可限量，就想把自己的宝贝女儿许配给他。陈馀是一个穷小子，有如此好的姻缘肯定是满心欢喜，欣然答应了。从此，陈馀也咸鱼翻身，凭借一身本事在魏国都城大梁混得风生水起，名声在外。

用我们现在的话来说，张耳和陈馀都是靠吃“软饭”起家的，清高的人一般会很不屑。其实，“软饭”并不是随便谁都能吃的，没有个人能力或魅力还真吃不到。作为男人，要想把“软饭”吃好，也要加强个人能力，否则即便碰巧吃到了，最后也可能会鸡飞蛋打。不是经常有新闻报道说某上门女婿被扫地出门了吗？

不管怎么样吧，张耳和陈馀都完成了脱贫任务，过上了幸福美满的富人生活。

但是好景不长，魏国被秦国灭了。秦国的政策是实用主义，像张耳、陈馀这种知名人士要么为秦国所用，要么被秦国拘捕杀掉。可能张耳和陈馀这俩小子不服管教，秦政府便下令通缉抓捕，他们声称抓住张耳赏钱千金，抓住陈馀赏钱五百金。这么一通缉，张耳和陈馀就没法在当地混了，只好改名换姓远走他乡。

他们究竟去了哪里呢？又是怎么认识的呢？

60. 陈胜的局限性（1）

因为政府通缉，张耳和陈馀没法在当地混了，只好改名换姓远走他乡。他们去了哪里呢？就是陈胜打下的陈县。

非常巧，两个人在陈县乡下同一个村里做事，主要工作是充当里正监门，相当于现在的村委会保安。他们相对而站，从此就认识了。时间久了，便成了无话不谈的好朋友。张耳年长很多，还做过县令，生活阅历丰富。他对陈馀关怀备至，经常会给他做心理辅导，教他如何为人处世，提醒他做事不要冲动。

有一次，陈馀犯了点错误，村中有一个小办事员很霸道，提鞭就打。陈馀年轻气盛，受不了侮辱，正要起来反抗之时，张耳用脚轻轻踢了他一下，示意他不要冲动，老实接受惩罚。那个小办事员走后，张耳把陈馀带到一棵大桑树下，责备道："小陈啊，平时都是怎么给你说的？让你不要冲动，不要冲动，今天遇到点小小的屈辱，又要冲动，差点因小失大。男子汉大丈夫要能屈能伸，万一死在那小子手里就太不值当了！"

陈馀这才醒悟过来，对张耳的善意提醒很是感激，两人关系越来越好，甚至情同父子，成了"刎颈之交"。

秦始皇荡平六国之后，天下都归了秦朝，秦政府的通缉令自然也来到了村中。张耳和陈馀为了不被怀疑，便利用他们做保安的身份贼喊捉贼，向村中的老百姓传达上边的命令。当地老百姓哪里会想到这俩保安就是通缉犯啊。就这样，张耳、陈馀蒙混过关，在村里生活了下来。

现在陈胜的起义军打到了陈县，哥俩一商量，决定前来投奔，想在乱世之中建功立业。陈胜对张耳、陈馀的大名早有耳闻，连忙将他们迎进议事大厅。待两个人坐定，陈胜貌似谦虚地问道："二位兄弟，你们来得好巧啊！我正为称王的事犯愁呢，大家都非要推举我称王，我实在推辞不掉，不知道该如何是好啊？"

张耳为人成熟稳重，又见多识广，语重心长地回答道："暴秦无道，灭了人家的国家，毁了人家的社稷，天下百姓都深受其害啊！将军顺应民心，不顾个人安危，揭竿而起，为天下驱赶暴秦，真是天大的义举！如今，将军刚刚打下陈县，立足未稳，如果轻信他人称王可能不太妥啊，我们建议将军挥师向西挺进，直逼秦都城咸阳，同时拥立六国后人，让他们在全国各地群起响应。待将军打下了咸阳，诸侯重新立国，天下百姓就会对将军感恩戴德，心悦诚服，到时候将军的帝业何愁不成，还称什么王呢？"

张耳这番话，应该是掏心窝子的话，是真心实意在为陈胜考虑，其意总结起来就是"立诸侯，不称王，要称帝"。

陈胜这家伙有点小农意识，一心想着早点享受荣华富贵，出人头地，哪有那么深远的政治抱负？一听张耳提出不让他称王，就有点不高兴了，不过毕竟都是在道上混的，并没有直面反驳，而是打哈哈应付过去了。

张耳是老江湖，一下子就看穿了陈胜的小心思，便不再多说了。旁边的陈馀看不下去了，走上前不客气地接着劝说道："将军不愿意平定天下也就算了，刚刚占了一个小小的陈县就要称王，不怕天下人质疑将军的动机吗？到时候大家都灰心失望了，你后悔都来不及了！"

陈胜心想，你们两个家伙都是自身难保，来投奔老子的，还敢教训起老子了！当时就要发作，只是碍于情面坐在那里不搭话，气氛骤然变得尴尬起来。过了好大一会儿，他才淡淡地说道："以后再说吧，你们刚来，也累了，先给你们安排个地方好好休息一下。"

张耳、陈馀听陈胜这么说很是失望，感觉跟他不是一路人，跟着他不会有前途，就要告辞走人。陈胜又不傻，知道他们俩是当世豪杰，天下著名英雄，就这样放走了，会败坏了自己的名声，将来谁还会投奔自己？所以说什么都不让走。张耳、陈馀没办法，也暂时没地方去，就留下来给陈胜做了谋士。

没过几天,陈胜坚持之前的想法自立为"王",国号"张楚",意思是"张大楚国"，口号是"伐无道，诛暴秦"。

这时，秦朝的形势就像一堆烤干的柴草，遇到一丁点火星，立刻便能燃起冲天大火。陈胜吴广起义的消息不胫而走，全国各地百姓竞相效仿，革命形势如熊熊大火一般当真燃烧了起来。于是，陈胜准备趁热打铁向全国各地展开全面进攻。

张耳对陈胜称王的做法不以为然，认为陈胜这家伙早晚会失败，想乘机离开。于是，他就安排陈馀向陈胜以提建议的名义说道："大王，您终归要向西进攻，入关建立功业，河北燕赵之地最好也派人去打一下，以缓解西进的压力。臣对那里很熟，臣的夫人就是那里的，认识当地很多英雄豪杰，如果给臣一队人马，拿下那里肯定没有问题。这样不但可以牵制秦军，方便大王西进，说不定还能开辟一片新天地，岂不是一举两得！"

陈馀的建议听起来不错，陈胜不由得心动。只是对张耳、陈馀这俩小子反对他称王的事耿耿于怀，另外又是新来的，不是嫡系，特别是那个张耳，老谋深算，不免有点不放心。

那么，他会怎么做呢？

61. 陈胜的局限性（2）

陈胜对张耳、陈馀两个人不放心，但又认为陈馀的建议很不错。最终他还是决定派兵去进攻燕赵之地，只是在人事安排上留了一手。他任命一个名叫武臣的老朋友担任统帅，任命一个名叫邵骚的老部下担任护军，仅任命张耳、陈馀担任左右校尉。这样一来，既采用了陈馀的建议，又没有重用张耳、陈馀，两全其美，陈胜暗自得意。

其实，真正有能力的人，无论你让他做什么，他早晚都能脱颖而出。陈胜的做法是小聪明，并不高明，如果对人家实在不放心，那就弃之不用，如此安排就显得小家子气了，说不定还会伤了人心。身为领导千万不要犯类似的低级错误！

张耳、陈馀的心无疑就被伤到了，他们对陈胜的人事安排很不爽，不过也没办法，想到总算能离开陈胜，便欣然领命了。

与此同时，陈胜加封吴广为假王。吴广是最早协助陈胜造反的铁杆兄弟，陈胜自己都当真王了，总要给吴广个假王干干。

所谓假王，那就不是真王，是暂时的、非正式的王，与王有同样的权利、地位，象征意义大一些。反正好歹也是个王，吴广还算满意，做了假王后就奉陈胜之命，率军向西边进攻荥阳。荥阳是秦朝的军事重镇和最大的粮仓所在地，位于今天的河南省荥阳市。

在派出上述两支军队之前，陈胜已经派了一支军队向南攻打九江郡，这支军队由葛婴率领。关于葛婴，前文中我们说到过，有点军事才华，传说是诸葛亮的祖先，陈胜的第一桶金，基本上是靠他捞取的。

葛婴在率领军队向南进发途中遇到了一个人，这个人是楚国王室后裔，名叫襄疆。因为葛婴被派出来较早，不知道陈胜在陈县称王了，他认为襄疆是正统楚国王室血脉，既然陈胜是以楚国的名义起事的，便擅自拥立襄疆为王，目的是为了出师有名。

已经自称楚王的陈胜听说后，非常生气，派人命令葛婴带兵速回陈县，不要去攻打九江郡了。葛婴这才知道陈胜称王了，心想坏了，闯大祸了，回去后肯定会受到严厉责罚，于是他想了一个办法。

什么办法呢？就是把襄疆杀掉。

葛婴认为，不知者不罪，何况现在知错就改了，还改得那么彻底，陈胜肯定会念及旧情和他之前的功劳放他一马。所以，他提着襄疆的人头坦然来见陈胜，当面解释。陈胜哪里会听解释，见葛婴回来了，二话不说，当即找个借口把他拉出去砍了。

陈胜的做法实在是自毁长城，不可思议！刚刚造反，正是用人之际，像葛婴这样的军事人才应该重用才是，何况葛婴已经用实际行动表明了自己的忠心，陈胜却不管不顾把人家杀了，这无疑犯了兵家大忌。

闲话慢慢多了起来，不是说好的“有难同当，有福同享”吗？他陈胜倒好，自己称王称霸了，别人成了刀下鬼。而陈胜还自以为高明呢，认为自己治军严厉，杀一儆百。

大家有没有发现，自从称王之后，陈胜就开始昏招频出。为什么？这就是心态问题！

没有称王之前，陈胜有一个宏大的目标，就是称王，过上大富大贵的生活，为了达成这个目标，思考问题自然会谨慎小心一些；而一旦称王，心态就变了，考虑问题总是从如何维护自己的现有地位出发，生怕失去。对待张耳陈馀如此，对待葛婴也是如此，后面出的每一次昏招基本都是如此。

当然，陈胜并不认为自己出了昏招，葛婴死了有什么关系，大不了另外再派人去攻打九江郡。这次，他派了一个名叫邓宗的将领带兵过去。关于邓宗，史书中没有太多记载，只说他是汝阴人，也就是今天的安徽省阜阳人，大家知道有这么个人就行了。接着，陈胜又派一个名叫周市（fú）的将领带兵去攻打原来魏国的地界。

就这样，几路大军派出后，全面进攻模式正式开启，陈胜坐镇陈县静候佳音。结果，不久却传来了一个坏消息，假王吴广进攻荥阳不太顺利，久攻不下。

荥阳郡守名叫李由，是秦朝左丞相李斯的儿子，这里肯定不好打了，李斯给儿子李由配备的都是些精兵强将。因此，吴广向陈胜请求增援。

陈胜起事时间不长，根基不稳，哪里有那么多军队好派，就有点不太情愿。这时，一个名叫蔡赐的读书人向陈胜建议，到民间寻找一位良将，杀入函谷关，直捣秦朝的老巢咸阳，从根本上解决问题，不要在地方上纠缠。

陈胜眼前一亮，心想这读书人不一般，手无缚鸡之力，出的计策还挺狠，便任命他做了上柱国，相当于丞相的职位，成为手下第一号文臣。

但到哪儿找良将呢？陈胜正犯愁，这天就来了一位，名叫周文。周文早期在“战国四君子”之一的春申君黄歇手下干过，后来在楚国名将项燕那里做过“视日”。所谓视日，主要工作是占候卜筮，说白了就是军中算卦的，每次打仗前占卜一下吉凶。

长期在军中做事，耳濡目染，时间久了，周文对军事也略懂一二。看周文的简历如此漂亮，陈胜非常高兴，当即任命其为将军，派他率领主力部队西进函谷关。

像陈胜这种文化水平不高，能力一般的领导，自信心往往比较差，就会对所谓的背景看得比较重。

现在很多企业招聘人才也是如此，往往关注工作背景，看是否在大企业做过，这不能说没有道理，但完全依赖这个，就不一定可靠。凭我个人经验，一般大企业都比较容易混日子，无论企业管理多么完善，一旦做大了，总有相当一部分员工会人浮于事，员工的能力也就参差不齐，这就是所谓的大企业病，无法避免。相反，一些小企业出来的负责人，独当一面的能力非常强，有开创精神，稍加培养约束，就能发挥巨大作用，性价比比较高。

所以啊，建议一些初创公司在选拔人才时，切忌一味追求高大上，否则花大钱坏大事。至于一些大公司，有能力承担较大的试错成本，那就另当别论了。

陈胜的起义军就是初创公司，而周文就是那个在大公司镀过金的高级人才。

那么，陈胜重用周文率军西进函谷关，会顺利吗?

62. 战况突变

陈胜听取上柱国蔡赐的建议，任命周文做统帅带兵西进函谷关，直捣秦都城咸阳。

周文自命不凡，心想英雄终于有了用武之地，拿到将军印信，立即带兵向西进攻。一路上招兵买马，过关斩将，队伍迅速发展壮大到几十万人，直逼函谷关。守关的秦将吓得魂不附体，赶快派人飞奏朝廷，但是无论怎么告急，朝中好像没人办公一样，始终没有回复。

那么，秦朝朝中现在究竟是怎样一个情况呢?

原来，这个时候，秦朝政务大部分都被赵高把持了，那个秦二世胡亥天天恣意淫乐，不问朝政。面对陈胜吴广起义，赵高不是想办法力挽狂澜，稳定大局，派兵镇压，而是继续蒙骗胡亥，凡是关外送过来的奏报一律束之高阁，不呈报给胡亥看。胡亥沉溺于酒色之中，还以为天下太平呢！

一天，有一位大臣从关外办事回来，面见胡亥，说陈胜吴广造反了，很多郡县都已陷落。胡亥无论如何都不相信，认为有亲爱的赵高赵老师在帮他打理朝政，怎么可能出这种问题呢，一定是这家伙欺君罔上，危言耸听，妨碍他享受人生。于是，他就把那个说实话的大臣扔进监狱去反省了。

过了几天，又一位大臣从关外回来，当听说前面那小子说实话坐牢了后，就多了个心眼，没有去主动汇报实际情况。胡亥也没傻到完全脑残的地步，表面上不相信有人造反，心里还是直犯嘀咕，就问他关外的情况。这家伙比较滑头，说得非常委婉，只说有几个乡村暴民作乱，小打小闹，不足为虑，地方上正在处理，没多久便能全部缉拿归案，平定暴乱。胡亥最喜欢听这种粉饰太平的话，顿时疑虑全消，继续过他那纸醉金迷的生活。

朝廷上下得过且过，掩耳盗铃，这就成全了那位周文周大帅。很快，周文攻入函谷关，向西一直打到戏地，就是今天的陕西省临潼东。

周文进军如此顺利，战况如此喜人，坐镇陈县的陈胜喜上眉梢，认为秦朝徒有虚名，不堪一击，就开始麻痹大意起来，没有了之前的紧张情绪。

陈胜手下有一位博士，名叫孔鲋，年纪很大了，是孔子的八世孙。前面说秦始皇焚书的时候，我们提到过“鲁壁藏书”的故事，就是关于他的。孔鲋这个人不太有名气，他有个学生，名叫叔孙通，应该有点知名度，可能有很多人知道，后文中我们会详细说到。

孔鲋此时大概有七十多岁了，老先生嘛，又是名门之后，书读得多，见多识广，看到陈胜有骄傲自满情绪，就专门过来善意提醒道：“大王，兵法有云：‘无恃其不来，恃吾有以待也；无恃其不攻，恃吾有所不可攻也。’就是说，不要以为敌人不会来而放松警惕，要时时刻刻做好敌人可能要来的准备；不要以为敌人不会贸然进攻，要时时刻刻做好防备，让敌人无机可乘。如今我发现大王有侥幸心理，没做好防备工作，将来万一敌人突然打过来，就会全盘皆输，再后悔就来不及了！”总之一句话，孔鲋在提醒陈胜居安思危，时刻准备战斗，以防万一。

知识分子说的话，往往是绝对正确的大道理，缺乏实操性，所以没人愿意耐心听取。孔鲋这些话，即便没读过书的人也懂得其中的道理，只是没他说得那么文绉绉而已。

陈胜听完后，无论是真听懂了，还是假听懂了，嘴上应付着，实际上却没当回事，继续在家里等着各路捷报佳音，做着皇帝美梦。

老话说得好：“福为祸所倚，乐极易伤悲。”

正当陈胜欢天喜地在家静待佳音的时候，灾祸不期而至，前方战况突变，各路人马不同程度地受到挫折。首先受到挫折的就是前往燕赵之地的那路。

前面说过，这路人马是张耳、陈馀从陈胜那里忽悠出来的，由陈胜的老朋友武臣带队，邵骚护军，张耳、陈馀任校尉辅佐，人数不多，大概有三千人的样子。虽然人数不多，但他们另辟蹊径，宣传工作搞得好，一路上打着诛灭暴秦，救百姓于水火的名义，向北推进。

当时的老百姓，特别是以前各诸侯国的地方豪杰，对秦朝一直没有好感，现在有人挑头造反，纷纷响应，把当地的官吏杀掉开城迎接。没多久，武臣率领的这支队伍就发展到了几万人。

人多了，有势力了，做个将军就不过瘾了，下面的人就怂恿武臣做了武信君。武信君这个称号还是有点霸气的，一般水平的人不敢用。所谓武信，顾名思义，就是刚健威武，诚实守信。后来项梁起事时，也自称武信君。

武信君武臣在攻打各座城池过程中，有个习惯，就是无论对方是否投降，他都会把守城的官兵杀掉。开始别人不知道他有这个习惯，愿意开门投降，结果投降了还是难免一死，后面还未攻下的城池的守军就不太配合了，认为横竖都是死，还不如死拼到底，便开始负隅顽抗，不肯轻易投降。因此，仗越来越难打。

这天，武臣率领起义军打到了范阳城，也就是今天的河北省保定市附近。范阳县令人称徐公，知道投降是死，不投降也是死，就全力以赴守卫城池，想来个绝处求生。

眼看一场血战即将爆发，这时候，有一个人跳了出来，他要阻止这场对任何一方都没有好处的攻坚战。

那么，这个人会是谁呢？他能阻止得了吗？

63. 蒯彻献策

这个人名叫蒯（kuǎi）彻。

蒯彻这个名字知道的人可能比较少，他还有一个名气稍微大一些的名字，叫蒯通。看到蒯通这个名字，可能有人会联想到军事奇才韩信身边的一位谋士。不错，这个蒯彻就是那个韩信身边的谋士蒯通。

其实，“蒯通”不是他的真名，“蒯彻”才是。因为蒯彻的“彻”字与汉武帝刘彻重名，为了避讳，汉朝的史学家就给他改名叫“蒯通”了，流传至今。“通”就是“彻”，“彻”就是“通”，“通”和“彻”是同义字。

蒯彻是范阳县本地人，是谋士、辩士一类的人物。这类人在和平时期常常以著书讲学为生，一旦天下有风吹草动，他们就会从全国各地冒出来，投奔到他们认为有前途的领导人手下做事，出谋划策，用平生所学来实现人生理想。蒯彻就是如此，他听说天下大乱，有起义军打到了范阳县，认为自己该出山大显身手了，于是来求见范阳县令徐公。

蒯彻和徐公同住范阳县城，一个是当地著名学者，一个是当地父母官，本来就很熟悉。所以一见到范阳令徐公，蒯彻就摆出一副大惊失色的样子说道："徐公，你完了，你完了，这次你彻底玩完了！"

徐公听了很不高兴，心想什么毛病啊，见面净说不吉利的话，本来他为起义军兵临城下的事正心烦呢，便板着脸说道："蒯老弟啊，你发什么疯啊，老酒喝多了？疯言疯语的！"

蒯彻并不理会徐公的态度，继续一惊一乍地说道："徐公，你如果不听我的话，你就是完蛋了，如果听我的话，保你全家平安，说不定还能继续做你的范阳县令。"

听到这句话，徐公心里稍微舒坦一点，忍不住问道："你不要绕圈子了，我们兄弟那么多年，有话直说，有屁就放！"

蒯彻哈哈大笑了两声，然后故作神秘地说道："老兄，你在我们范阳当县令有十多年了吧？你杀过多少人的父母、兄弟，剁过多少手脚，削过多少鼻子，你算过没？恐怕早已算不清了吧！当然，这也不能全怪你，你是按秦法办事嘛。但老百姓可不这样认为，他们只知道是你下令干的。如今起义军兵临城下，你知道有多少老百姓想乘机找你算账吗？所以我才说你快完蛋了，难道说错了吗？今天，我就是看在我们老兄弟的分上来救你的，保你转危为安，逢凶化吉！"

这番话说得徐公既心惊肉跳，又欣喜万分。徐公知道蒯彻这老家伙诡计多端，不是吹牛皮的，就笑呵呵地将头凑上前，客气地问道："我说老兄啊，您有何高见啊？就不要兜圈子了，在下愿洗耳恭听！"

蒯彻端起茶杯轻轻吹了吹，呷了一小口，又捋了一下花白的胡须，才自信满满地说道："徐公，你在家好好待着，待我去说服那个武信君武臣，让他来保证你全家平安，你到时候开城投降就行了！"

徐公满脸狐疑，傻傻地看着蒯彻。蒯彻伸过头，小声地把自己的想法透露了一些。徐公听完，欢天喜地，拍手叫好，当即催促蒯彻赶快去见武臣。

武臣正是用人之际，听说有范阳当地能人蒯彻前来求见，立刻热情接待。

两人见面，少不了一番寒暄，蒯彻顺便做了自我介绍，然后直接说明来意，说自己带来了攻下范阳城的好办法。听到有好办法，武臣忙虚心请教。

蒯彻顺势进言道："武信君远道而来，每次都要有一场血战才能攻下城池，未免有点辛苦啊！这次，我只要武信君一张人事任命书，就可以兵不血刃拿下范阳城。"

最近仗越来越难打，为此，武臣被搞得身心俱疲，听蒯彻说可以兵不血刃，自然很高兴，就急着问道："先生有何妙计？愿闻其详！"

蒯彻微微欠了一下身子，不紧不慢地说道："范阳令老徐和我比较熟，我听说他正在积极备战，不知道的人，还以为他多么英勇呢，实际上，他就是一个贪生怕死之徒，只是将军之前攻下城池后，下手忒狠，投降是死，不投降也是死，所以他才准备拼死抵抗。如果我没猜错的话，武信君可能在指望范阳城中有血性的年轻人起来造反，然后开城投降吧。但谈何容易啊！老徐在范阳县深耕了十几年，还是镇得住的，就算那些年轻人造反了，也不一定会老实听从武信君的指挥啊！"

武臣轻轻点了点头。

蒯彻继续说道："现有一条妙计，不费武信君一兵一卒，只要武信君下一道手令，赦免老徐，给他个侯印，让他继续管理范阳县即可。老徐转危为安，喜得富贵，肯定会开城投降。这样的话，范阳城不就唾手可得了吗？然后再派老徐乘着豪车，骑着骏马，到燕赵各地转一圈，其他城池的官员看到武信君如此厚待投降官员，估计大都会主动投降，到时候不战而屈人之兵，岂不是更好？"

武臣边听边不住地点头，认为蒯彻说得非常有道理，当即派人刻制侯印交给蒯彻照此办理。蒯彻便带着侯印，回到了范阳城中。

见蒯彻大功告成，范阳令徐公喜出望外，马上开城投降，迎接武臣的起义军进城。进城后，武臣按照蒯彻的计策，派人将徐公包装了一番，让他带着一帮人浩浩荡荡去各地安抚。很多城池的守军果然效仿徐公，表态愿意投降起义军。

就这样，不出半个月，武臣就平定了三十多座城池，就连原来的赵国都城邯郸也被收入囊中。

如此轻而易举，武臣感觉这天下太容易打了，不由得自我膨胀起来，有了自立门户的想法。

人往往如此，取得点小成绩就容易高估自己，非分之想油然而生。

正当武臣为自己的非分之想犹豫不决时，陈胜派去进攻秦朝都城咸阳、由周文所率领的西路军传来了消息，这个消息让武臣下定决心摆脱陈胜的领导。

那么，从周文那里究竟传来了什么消息呢?

第十章

风起云涌

64. 西进受挫

武臣轻而易举打下赵地后，便想脱离陈胜的领导，另起炉灶，但碍于陈胜的势力一时犹豫不决。就在此时传来消息说，由周文领导的负责西进攻打秦朝都城咸阳的军队失败了。

前面不是说打得非常顺利吗？怎么又突然失败了呢？且听我慢慢说来。

起初，周文的运气不错，由于秦朝已经处于墙倒众人推的状态，进攻时没遭到什么像样的抵抗，起义军一口气攻入了函谷关，打到了戏地，也就是今天的陕西省临潼东，距离秦朝都城咸阳仅一步之遥。

正当周文洋洋得意准备拿下咸阳城的时候，秦朝出现了一位中兴之臣，他要扶大厦之将倾，挽狂澜于既倒。

这位大臣是谁呢？他就是章邯。

关于章邯，前文中我们提到过，说他负责秦始皇骊山陵墓的督造工作，还担任着少府一职。

少府是秦朝九卿之一，主要掌管全国山、海、地、泽的收入和手工业制造。按照我们的常规思维，类似这种部门一般都是肥差，部门负责人长得肥头大耳，大腹便便，反正肯定不中用，酒囊饭袋之徒。但是章邯不一般，他智勇双全，身强体壮，颇有大将风度，当知道起义军就要打到咸阳城了，他心急如焚，准备亲自向胡亥据实禀报。

此时，告急的战报已经如同雪片一样飞到了朝廷，赵高也吓坏了，没想到形势会如此紧急，只好向胡亥说了实情，当然肯定会将责任极力推到其他人身上。

胡亥还活在赵高给他编织的太平盛世中，突然收到这样的消息，顿时手足无措，吓得嗷嗷大叫，急忙召集文武百官商议。待群臣到齐了，胡亥哭丧着脸，哀求大家出出主意，想想办法。群臣面面相觑，默不作声。

你想想，这么长一段时间，朝廷上下被赵高反复洗牌，杀的杀，贬的贬，哪里还有什么像样的能人志士。剩下的，大多是靠关系晋升的碌碌无为之辈，到了关键时刻，全成了缩头乌龟。

正当胡亥瘫坐在龙椅上无所适从的时候，章邯挺身而出，大声说道："陛下莫慌，臣愿请命灭贼！"

胡亥定睛一看，既高兴又失望，高兴的是总算有人站出来为自己分忧了，失望的是这位财神爷打仗能行吗？靠谱吗？他对此充满了怀疑。可事到如今，也顾不了那么多了，死马只有当活马医了，有人出头就有希望，于是他便抖擞精神站起来说道："章少府，你有什么好办法吗？"

章邯微皱眉头，略显镇定地说道："陛下，目前战事迫在眉睫，边关驻守的军队肯定来不及前来救援了。群贼人多势众，但都是一些乡野村夫，乌合之众，倘若我们将修建骊山陵墓的囚犯全部释放，发给他们武器，由臣率领前去奋力一击，说不定能打退这帮贼众匪徒。"

别看胡亥平时贪玩成性，但智商一点问题没有，还是能听懂人话的。他对章邯的建议称赞有加，当即表示同意，任命章邯为将军，马上操办。

俗话说："没有金刚钻，不揽瓷器活。"章邯还是有两把刷子的，接到任命后，立即前往骊山将那些囚徒释放，然后从中挑选出身强体壮的充当前锋，留下老弱病残充当后勤，自己则带主力负责督战。

经过简单编排，军队很快组建完成。章邯带着这支临时组建的军队开赴前线，发出军令，所有人只能前进，不能后退，前进者升官发财，后退者就地正法。

军队主要由犯人组成，大都是亡命之徒，九死一生，做梦也没想到能活着走出监狱，现在不但走出来了，还当了兵，从此有机会建功立业，肯定要拼命向前了。而周文的起义军一路打过来，没怎么遭到抵抗，难免会有骄傲自满的情绪，军纪涣散。

但两军一接触，章邯的军队便杀过去，横冲直撞，直把周文的起义军队伍冲得七零八落，东奔西逃。周文眼见不抵，忙率兵撤出了函谷关。

不久，秦朝防御匈奴的北部兵团也赶了过来，与章邯率领的军队一同追击周文的起义军。周文边打边向东撤。

在曹阳，也就是今天的河南省灵宝市附近，双方激战数十天，起义军再次战败，只好撤退到今天的河南省渑池县西面。

章邯岂肯善罢甘休，继续追击，在渑池县西面进行决战，将起义军彻底消灭。周文誓死不投降，最后自杀身亡，报了陈胜的知遇之恩。

俗话说：“士为知己者死，女为悦己者容。”周文本事不大，但敢于直面生死，不苟且偷生，也算是个英雄吧！

周文战败退出函谷关的消息很快传到武臣那里，这让陈胜威信扫地。武臣认为陈胜没什么了不起，不值得依靠，从此有了二心。张耳陈馀看出了武臣的心思，就跳出来挑唆道：“陈王起兵蕲县，靠着兄弟们刚打下陈县就自立为王了。现在武信君英勇神武，凭借一己之力，带着三千人马就顺利拿下了赵地几十座城池。进入邯郸城，如果不尽快称王，将错失良机啊！另外，陈王嫉贤妒能，耳朵根子又比较软，容易听信谗言。武信君功高盖主，处境非常危险啊！我们一致认为，武信君不如早日自立门户，脱离陈王的约束，免得横遭飞祸。机不可失，时不再来，一定要早做打算才是！”

武臣原本就是一穷苦百姓出身，一听称王，眼睛都红了，当下在邯郸城外举行了加冕典礼，开始称孤道寡，自称赵王。同时任命陈馀为大将军，张耳为右丞相，护军邵骚为左丞相。

既然自立为王了，那就要派人通知一下老东家陈胜，否则显得多没规矩。

那么，陈胜收到武臣称王的消息会是什么反应呢？

65. 你称王，我也称王

陈胜听说武臣自立为赵王，火冒三丈，大骂武臣忘恩负义，骂完，就要派人把武臣全家老小抓起来宰了，然后发兵讨伐。上柱国蔡赐忙上前阻拦道："大王，息怒啊！秦朝还没消灭，却先把武臣家人全杀了，这不是又激生出一个强敌吗？到时大王东西两面受攻，如何能敌呢？"

陈胜正火大，听他这么讲，就没好气地问道："你说怎么办？难道就眼看着武臣这个忘恩负义的东西坐大称王？以后大家都效仿的话，那还了得？"

蔡赐知道陈胜这个时候很郁闷，便耐心解释道："大王，我们可以换个角度来看这件事。周文进攻咸阳失利，需要有人去支援一下，而武臣是受大王恩宠才有今天的，我们现在不如先承认了他，让他安心，再令他马上调兵攻秦，支援周文。这样一来，既可以减少周文的压力，也可以从中削弱武臣的实力，岂不是一箭双雕？等到秦朝被灭，再与他计较不迟！"

陈胜没有其他更好的办法，听蔡赐说得在理，只好忍气吞声，放弃了诛杀武臣家人的打算，而且还把武臣家人请进王宫里专门照顾了起来，其实就是变相软禁。

好像一些不大有出息的人总喜欢拿家人或隐私来要挟别人，看似出了一口恶气，实际上是一种黔驴技穷的表现。试想，敢公然反叛的人会在乎这个吗？这样要挟只会帮助人家增加人气，收获同情心，对事情本身则徒劳无益。

既然想通了，陈胜便派人假装向武臣道贺，同意他称王，还邀请他一起向西进攻秦朝。武臣感到很意外，本以为家人肯定不保，结果陈胜却网开一面，这让他多少有点愧疚。

但老谋深算的张耳洞若观火，知道这是陈胜的无奈之举、缓兵之计，当着陈胜使者的面，他没说什么，私下里没人的时候却提醒武臣道："大王，这里面有阴谋啊！"

武臣觉得诧异，问道："能有什么阴谋啊？"

张耳不无忧虑地说道："大王，您占领赵地这么大一块地盘，兵多将广，陈王怎么可能会善罢甘休呢？现在陈王的西面战场节节失利，他是没办法才来成全大王的啊，无非是想让大王您帮他攻打秦朝，消耗我们的实力，一旦秦朝失败了，再回来对付我们！"

武臣若有所悟，点点头问道："那我们该怎么办呢？总不好拒绝吧！"

张耳继续说道："大王不如优待来使，先口头答应陈王的要求，稳住陈王的情绪，待接回大王您的家人后再做计较。现在我们可以先向北进兵，拿下燕地，向南进兵拿下河内。南北两地若都被大王拿下了，无论秦楚谁胜了，都不敢轻易进攻大王。到那时，大王静观其变，坐定中原即可！"

武臣这小子运气真心不错，总能遇见高人指点，先前蒯彻给他出主意，拿下了赵地，这次张耳又给他出了一条长远之计。

武臣非常认可张耳的建议，于是对外宣布仍然服从陈胜领导，表示不日将向西进攻。陈胜的使者很是开心，忙回陈县向陈胜报喜。为了表示诚意，陈胜果然派人护送着武臣的家人到了赵地邯郸。

家人一旦团聚，武臣就不再理会陈胜了，他按照张耳的建议兵分三路进攻：一路派大将韩广向北进攻燕地；一路派秦朝降将李良向南进攻恒山郡；一路派大将张魇向东进攻上党。三路大军，东南北三个方向，就是不向西边咸阳方向派一兵一卒。

武臣背信弃义，阳奉阴违，自立为王，好像很成功的样子，但很快就遭到了“现世报”。为什么呢?

因为有人以他为榜样，也上演了一出背信弃义的好戏。正所谓:“榜样的力量是无穷的。”坏榜样更是如此!

这次背信弃义的主角是向北进攻燕地的将领韩广。韩广在燕地刚刚得手，就自称燕王，而且还把武臣扣押起来险些将其杀掉。

所以啊，背信弃义这种事不得已最好不要轻易做，因为你不知道会有多少人在暗中咒骂或效仿你，特别是你的下属，你敢干，他就敢学，而且青出于蓝而胜于蓝，直到把你杀掉。

陈胜、武臣和韩广的人生经历差不多就是这样！陈胜不考虑天下人的感受，急于称王，武臣就有样学样也称王，而韩广不但称王还要杀掉武臣，这是不是很讽刺啊!

关于武臣和韩广之间的故事更加曲折有趣，比现在一些凭空臆想的小说还要离奇，我们不妨从韩广奉赵王武臣之命去攻取燕地说起。

当时，燕地老百姓对秦朝的统治极为不满，常常思念原来的燕国，听说韩广带兵来讨伐，纷纷倒戈投降，还非要推举韩广做燕王。韩广肯定很高兴了，但他的老妈在武臣手上，如果擅自称王，老妈就危险了，因此坚决不接受。燕地有个人很会讲话，他对韩广说:“将军，您多虑了，赵王武臣是不敢加害您母亲的！您想想，武臣本来是楚王陈胜的大将，他自称赵王后，陈胜也没敢对他家人怎么样啊，因此武臣也不可能对您母亲下手，否则天怒人怨!”

这席话非常打动韩广，既宽了他的孝心，又给了他台阶下，于是韩广堂而皇之地自称燕王。

赵王武臣听说后，那个气啊，但有怒不能发，毕竟别人是在学他嘛。武臣和陈胜一样，一开始也要杀了韩广的老娘出气，张耳陈馀出来规劝道:

“大王，楚王陈胜可没杀您家人，您倒把韩广家人杀了，不妥啊！天下人知道了，会怎么看您？一旦失去天下人的信任，那就得不偿失了！”

赵王武臣一听，马上醒悟过来，心想不能再做坏榜样了，损人不利己啊，只好接受事实。为了表示大度，他干脆把韩广的老妈好生招待后给送到了燕地。韩广看到老妈安然无恙，欢天喜地，派人答谢武臣。

一句答谢怎么可能让武臣消气呢？武臣放回韩广老妈那是没办法的事，只是不想背负骂名而已，但这口气始终咽不下去，他本来也是要拿下燕地的，心想不如亲自前去讨伐，他觉得自己了不起，想趁着韩广麻痹大意的时候来个突然袭击。

我们可以想想，韩广以前是武臣的部将，现在武臣要打他，肯定会有要好的老同事私下里通风报信啊。所以武臣的军队还没到达燕地边境，韩广就已经得到消息了，马上派兵增援，严防死守。

张耳、陈馀两个人跟随武臣左右，头脑比较清醒，看到这种情况，知道偷袭不成，便劝武臣先撤兵，从长计议。

武臣会同意吗？他又会做出什么让人意想不到的事呢？

66. 弄巧成拙做了俘虏

张耳、陈馀两人的头脑比较清醒，看到韩广有所防备，知道这仗不好打，就劝武臣先撤兵，以后另寻机会再说。但赵王武臣说什么都不同意，非要手刃了韩广不可。

张耳、陈馀没办法，只好带着部队开到燕地边境地区，眼看韩广的军队严阵以待，武臣也不敢下令进攻了，便命令部队原地驻扎下来，待查清敌情后再做打算。

在边境驻扎了一段时间，武臣有点按捺不住了，一天，他突发奇想，想亲自潜入燕地境内一探虚实，当一回孤胆英雄，创造奇迹。

可能担心这一疯狂的计划走漏了风声，武臣出发时对谁都没说，包括张耳和陈馀，只带着几个贴身随从，偷偷溜出营地到了燕地边境。在燕地边境，武臣一行人装模作样，企图蒙混过关，只可惜当场被燕军边防守兵识破了。

为什么那么容易被识破呢？

道理很简单，一是大战在即，燕兵警惕性特别高；二是燕兵大都出自过去的赵军，平时武臣当众讲话耍威风的时候，应该有人见过他。两项叠加，武臣很容易就被辨认出来了。

这个时候，谁还管什么赵王啊，大家一哄而上，七手八脚把武臣捆了起来，铁链往头上一套便往里面拉。武臣这倒霉孩子就像个猴子一样，被人牵着押到了韩广那里请赏。

韩广做梦都没想到这么轻而易举就把之前的老领导武臣逮住了，高兴得手舞足蹈，将武臣戏弄一番后关押了起来。就这样，武臣弄巧成拙做了昔日属下的俘虏，成了千古笑谈。

不过反过来想想，如果这事真让他得逞了，说不定也会成为千古美谈。正所谓“成王败寇”嘛！

武臣成了韩广阶下囚的消息很快传到了赵军大营，张耳、陈馀闻讯，急得抓耳挠腮。这俩人还是比较有良心的，平时武臣又对他们不错，比那个楚王陈胜要大方得多，于是两个人便开始想方设法来营救武臣。

老大在人家手里，不好立刻动武，只有先礼后兵。

张耳陈馀派出那种嘴巴很会讲的辩士去游说韩广，晓明大义，承诺用金银财宝赎回赵王武臣。韩广现在是燕王了，不缺钱，就缺地盘，狮子大开口要赵国一半的领土来交换武臣。张耳听到回报，心想这年头地主家也没余粮啊，韩广太不厚道了，很生气地向陈馀抱怨道：“这怎么可能呢？赵国领地也不大啊，割去一半还是国吗？”

陈馀更是大发雷霆，破口大骂道：“韩广小儿，太不地道了，赵王对他不薄啊，还把老娘送还给他，他倒好，没有感恩之心也就算了，反而如此得寸进尺，一两座城池还说得过去，一半领土，无论如何不行！”

张耳和陈馀干生闷气，也无可奈何，只有再写书信派使者送去。韩广看完书信大怒，当即把来使砍了。

看看，这就叫青出于蓝而胜于蓝，比当初武臣对付陈胜要有过之而无不及。

张耳、陈馀彻底被激怒了，也不管老大武臣了，打算直接打过去宰了韩广，但终归投鼠忌器，一时没敢轻易行动。这天，张耳、陈馀在大帐中正谋划怎么营救赵王武臣，突然有人跑来报告道：“将军，大王回来啦！”

张耳、陈馀以为在做梦，认为怎么可能呢，两个人赶快跑出大帐。只见赵王武臣正从一辆车驾上慢慢走下来，面带微笑，后面还跟了一个人。这个人有点面熟，张耳、陈馀来不及想是谁了，先急忙把武臣迎进大帐。

待武臣坐定，俩人禁不住问武臣怎么回来的。武臣笑呵呵地把经过讲述了一遍。张耳、陈馀听完后，啧啧称奇，转过头认真打量武臣旁边的那个人。武臣就是被他搭救回来的！

这个人究竟是何方神圣？难道是传说中身怀绝技的武林高手吗？当然不是了，这个人没什么了不起，名气太小，以至于姓甚名谁都没在史书中留下记载，只说是赵军营中的一个“厮养卒”。

所谓“厮养卒”，就是负责做饭或喂牲口的士兵，我们姑且称他为炊事兵。炊事兵属于后勤兵，平时除了刷锅做饭喂牲口，没其他能耐。那么，他是如何把武臣救回来的呢？

前段时间，赵王武臣被韩广抓了，张耳、陈馀无计可施。这事在军中早都闹翻天了。这个炊事兵当然也听说了，就对一起做饭的战友吹牛道：“救大王哪里有那么难！如果派我出马，不费吹灰之力就能把大王救回来！”

战友们一听，都笑得前仰后合，挖苦道：“你不吹牛会死啊？那么多人都有去无回，你一个厨子，有那本事，还在这里跟我们一起混啊？去找死差不多！”

这个炊事兵被大伙嘲笑得面红耳赤，说不出话，暗暗下决心要救出赵王武臣。

那么，他是怎么做的呢？

67. 武臣的幸与不幸

那个炊事兵夸下海口，说自己一个人便能把赵王武臣解救回来，惹得大伙冷嘲热讽。他也不多作解释，晚上趁人不注意，换了一身打扮，悄悄离开军营去了燕地。

第二天，大家找不到他，都还以为他为昨天的事不好意思而做了逃兵呢，没人去理会。

炊事兵刚到燕国边境就被抓了起来，他也不反抗，只是佯装很生气地对燕兵说：“我有重大军事情报要当面报告给你们将军，休得无礼，若耽搁了军机大事，有你们好看！”

燕兵看他口气那么大，好像有点来头，一时探不清虚实，赶快将他引入一个燕将的营房。这个燕将上下打量一番炊事兵，并不认识，就好奇地问道：“你究竟是什么人？以前没见过你，竟敢擅闯军营！”

炊事兵不慌不忙，先是作了一个长揖，然后回答道：“我从赵国军营中过来，有要事禀告将军。”

燕将冷笑一声，蔑视地说道：“既然是赵兵，肯定是说客了，不就是为了赵王武臣的事而来吗？你不知道上次来的几个说客都被我们燕王杀了吗？你还敢前来送死？”

“实不相瞒，我是赵兵不假，但不是张耳、陈馀派来的说客，我乃赵王武臣的心腹，私自跑过来，想对燕王讲明一个道理。”

听炊事兵说他不是张耳、陈馀派来的，而是赵王武臣的心腹，燕将情绪稍微放松了，说道：“是吗？什么道理啊？先说给本将军听听。”

“将军对张耳、陈馀这两个人了解吗？”

“了解又怎么样？他们无非也是想救回赵王嘛，只可惜已经被我们燕王拒绝了！”

“将军有所不知啊，张耳、陈馀救赵王是假，谋害赵王和燕王才是真啊！这两个家伙鬼得很，非池中鱼。楚王陈胜就是看到了这点，才不愿意重用他们，将军应该有所耳闻吧？现在他们巴不得燕王把赵王杀了，这样他们就可以名正言顺地平分赵国了，然后再联手，以替赵王报仇为名攻打燕国。这俩人可不是等闲之辈，再加上师出有名，同仇敌忾，势必很难对付，所以我奉劝将军赶快把这个道理给燕王说清楚，否则后患无穷啊！”

燕将听了，频频点头，这逻辑太说得通了，禁不住问道：“依你之见，还是放了赵王比较好喽？”

炊事兵看出燕将被他说得有点心动了，故作无所谓地回答道：“那还要看燕王是否英明了，我们两个人说了不算啊！道理很简单，赵王如果被放了，肯定会感激不尽，既往不咎，成全了燕王。到那时，由赵王牵制，张耳、陈馀俩小子有再大的本事也不会有什么作为！”

燕将此时已经彻底被说服了，心想事不宜迟，必须赶快给燕王讲明道理，否则以后打仗掉脑袋的事还是自己，燕王如果想明白了，说不定自己还立功了呢。于是，他按照炊事兵的这套说辞，再加上自己的理解，跑去给燕王韩广说了一遍。

韩广也是明白人，他确实最担心张耳、陈馀掌握了军权，所以马上同意放还赵王武臣。在赵王武臣离开前，韩广亲自摆宴送行，反复赔礼道歉，最后用一辆上等的马车把武臣送了回去。

赵王武臣回来后，暗自庆幸，心想大难不死必有后福，可是没多久却又出了要命的大事，让武臣彻底玩完，再也没机会享受后福了。

什么大事呢？前文中说过，武臣曾经派了三路人马出去攻城略地。韩广那一路我们刚刚说过，背叛了，还自称为燕王。出要命大事的是另一路，这一路由李良率领。

李良以前是秦朝的将领，因不受重用，郁郁不得志，索性投降了赵王武臣。武臣给他施展抱负的机会，重用他去攻打恒山郡。攻打恒山郡，还算比较顺利，很快就得手了。

接着，赵王武臣又让李良继续攻打太原，拿下井陉，也就是今天的河北省西部的井陉县，现在可能很少有人听说过，实际上这个地方历史非常悠久，号称“天下九塞”的第六塞，属于天下险塞，兵家必争之地，易守难攻。韩信著名的“背水一战”就发生在这里，后文中我们会详细说到。

在井陉，李良被秦朝重兵拦住了前进的脚步，内心充满了挫折感，非常不痛快。像李良这种人，性格一般比较敏感，表面很坚强，内心却很脆弱，顺利的时候自鸣得意，自我感觉良好，一旦遇到挫折就容易动摇，甚至迁怒于别人。

正当李良动摇的时候，秦将章邯给他送来了一封书信：“你李良以前是秦朝将领，背叛秦朝大逆不道，现在朝廷正是用人之际，如果你能够及时悬崖勒马，戴罪立功，朝廷会既往不咎，官复原职。”

书信没有封口，显然，这是章邯的反间计，明着在扰乱军心。

攻打井陉没有进展，李良心烦意乱，现在看到章邯这封来信，心里更乱了，开始考虑退路，究竟是回归秦朝，还是继续事赵。

打仗一方面是军力比拼，另一方面是毅力比拼，最忌三心二意，特别是统帅。

李良精神不在状态，仗已经没法打下去了，于是带兵回邯郸，想回去看看情况后再做打算。

当李良的军队到达邯郸城外十余里时，远远看见有一小队人马迎面而来。这队人马非常有排场，前后有羽扇遮蔽，当中拥着王室才有的銮驾。李良还以为是赵王武臣呢，赶快从马上跳下来，命令军队让出一条路，拜倒在路两旁。

顷刻间，那队人马就到了跟前。李良头也不敢抬，深深地趴在地上，嘴里喊着："臣李良见驾。"

只听车中传来一个女人的声音："免礼！"

李良感觉很奇怪，赵王武臣的銮驾上怎么会传出女人的声音呢？马上抬头审视，眼见车中端坐的是一位浓妆艳抹、衣饰华丽的妇人，不免有点生气，就想上前问个究竟。结果那个女人看都不看李良一眼，立即离开了。

李良是叱咤疆场的大将，很要面子的，这么被人当着下属的面触了威严，顿时勃然大怒。那么，他会怎么做呢？

68. 李良开杀戒

李良问左右："这车中的女人究竟是谁啊？"

军中有几个人认识的，忙围拢过来告诉他是赵王武臣的姐姐。

过去女人的地位很低，即便是大家闺秀也要低调做人。李良被一个女人耍了，不禁羞愧难当，很是尴尬，嘟囔着埋怨道："赵王的姐姐怎么能这样没有规矩呢？"

其实这个时候,如果旁边有人劝慰一下,说一些“不要和女人一般见识”的话，给李良一个台阶下，估计李良也会权当什么事都没发生，哈哈一笑就过了，毕竟是老大的姐姐嘛。

偏偏有人看热闹不嫌事大，趁机挑唆道:“唉，真不像话！什么世道！如今天下大乱，群雄四起，不管什么人都能带一伙人出来称王称霸。将军是堂堂正正的国家栋梁，比赵王的出身还要好，就连赵王对将军都会格外优待，不敢怠慢，可是现在，一个女流之辈竟然敢如此慢待将军！不下车给将军致敬也就算了，反倒委屈将军大驾给她行礼让道，太过分了，实在替将军咽不下这口气啊!”

李良本来最近就不顺，又加上秦朝一直拉拢他，再被人这样一撺弄，火噌一下就冒上来了，当即下令道:“给老子追上去，非说个明白不可!”

说着，飞身上马，快马加鞭，亲自追了过去。

老大跑了，部队肯定在后面跟着跑了，一路扬尘，像急行军一样。大概追了几里路的样子，终于追上了赵王武臣姐姐的车队。李良咆哮着喊道:“你给老子滚下车来!”

车队周围的侍从哪见过这场面，都呆立在那里战战兢兢，不敢吭声。只有一个胆子稍微肥一点儿的随从，以为李良不认识赵王的姐姐，上前壮着胆说道:“王姐在此，你是什么人，竟然这般无礼?”

李良怒斥道:“你是什么东西，胆敢对本将军放肆！什么王姐不王姐，即便赵王在此，也不能如此轻慢大将!”

说着，拔出宝剑，顺势一挥，砍倒了好几个人。

跟随李良过来的部众，看到老大如此有种，都一起欢呼助威，吓得那些侍从赶快躲到了一边，远远看着。

赵王武臣的姐姐是一个酒徒，也不知道这次为什么会跑到城外豪饮，不巧碰到了从战场上回来的李良。她呢，一方面的确喝多了，另一方面也真不认识李良，这才没有下车行礼。现在被李良这么一凶，酒醒了七八分。

按说，酒醒了，你老实下来跪倒在地赔个不是，给李良一个面子，说不定事情也能过去。偏偏她不识相，仗着弟弟是赵王武臣，撒泼大骂李良不是东西。这不是活腻歪了吗？

武臣的姐姐差不多就是这种情况。

李良已经急眼了，伸手一把，将她从车中抓了出来，狠狠摔在地上，然后举剑一顿猛刺，结果了她的性命。

俗话说："冲动是魔鬼，谁碰谁后悔！"李良杀完赵王武臣姐姐的一刹那就后悔了，知道自己闯了弥天大祸，一时不知如何是好。他把剑轻轻擦拭一下，默默收回剑鞘，努力让自己镇定下来，接着和左右商量怎么向赵王武臣交代。

商量的结果是没法交代，不如一不做二不休，趁着赵王武臣还不知道，冷不防杀奔邯郸城，戴罪立功归降秦朝。于是，这支本来是回来汇报战况的军队一下子变成了谋叛的军队。

实际上，很多貌似惊天动地的大事之所以发生，大都是由一些鸡毛蒜皮的小事引起的，也就是所谓的"蝴蝶效应"。

邯郸城守兵看到是李良的军队回来了，不知道之前发生的事，当然放他们进城了。进城后，李良带人径直去了王宫寻找赵王武臣。赵王武臣毫无防范，见李良带那么多人过来，莫名其妙，正要上前询问。李良二话不说，也没话好说，拔出宝剑将赵王武臣砍翻在地，然后又补了几下。赵王武臣当场毙命！

看来，大难之后不一定有富贵，说不定是更大灾难的开始。

宫中的卫兵始料不及，见赵王武臣已经死了，撒腿就跑，作鸟兽散。李良杀红了眼，在宫中将武臣的家眷全部杀光。

看看，这就是叛徒的下场，武臣的家眷没有被楚王陈胜杀掉，却被自己的部将杀了。所以啊，当你要背信弃义的时候，一定要先想清楚自己是否能够掌控未来，否则还是悠着点。

杀完武臣家眷，李良又去杀大臣。那个做了左丞相的护军邵骚也在乱军中被杀掉了。

估计很多人会关心张耳、陈馀的命运，那么他们的命运究竟如何呢？会躲过这次的杀身之祸吗？

69. 为人家做了嫁衣

被赵王武臣的酒鬼姐姐触犯了威严，李良恼羞成怒，大开杀戒，倒霉家伙赵王武臣刚逃离虎口，就又入了鬼门关。张耳、陈馀这俩小子比较机灵，一看城内风声不对，马上带着一帮人溜出城门，避免了杀身之祸。

前文中我们说过，张耳、陈馀还是有点真本事的，很多人都比较敬佩他们，现在赵王武臣已经死了，从城中逃出来的人便重新归于他们麾下，没过几天，手下就已经聚集了几万人。

有真本事的人即便一时寄人篱下，被人压制，机会到了，早晚也会脱颖而出，施展才华。正所谓："怀才就像怀孕，时间久了总会凸显出来。"张耳、陈馀就是这样，东藏西躲，东奔西跑那么多年，终于可以掌握自己的命运，大显身手了。

他们也算是忠臣义士，有了这么多人马后，没有自顾发展，而是首先想着杀回邯郸城清算李良，为赵王武臣报仇雪恨。正要行动，张耳手下有一个门客出来劝说道："张公，先别着急啊！您与陈将军都是魏国大梁人，刚来赵地不久，你们这样打回去不一定会得到赵人的真心拥护啊！"

张耳沉吟了片刻，心想确实如此，就问道："难道要便宜了李良那小子，不为赵王报仇了吗？"

门客摇摇头说道："那倒不是。我有一个主意，不知道张公是否愿意听？

您和陈将军不如拥立赵国王室后裔，广而告之。这样的话，天下人就会认为我们是仁义之师，赵人才会真心欢迎我们。到时候，拿下邯郸城，扫平李良，还不是手到擒来？”

这个门客的意见，张耳听着肯定顺耳了，他曾经也是这样为楚王陈胜谋划的，而陈胜那个家伙想称王都想疯了，无论如何都不听，从此还和张耳、陈馀貌合神离。

于是，张耳把陈馀找来商量，陈馀听后也表示完全赞成。接着，他们到处寻访，终于找到了一个名叫赵歇的人，号称赵国王室后裔。不管真假，反正姓赵，先拥立为赵王再说。

通过这个举动，张耳、陈馀名声大振，赵人竞相归附。

我们再看看李良这小子。

他先是背叛秦朝，接着背叛赵国，把赵王武臣全家杀光，把同僚也都杀了，可以说是做绝了。在当时，这样的人被称作乱臣贼子，无良之徒，为世人所不齿。

为什么历来英明的领导对这种叛将都不愿意重用呢？因为叛将往往受不得委屈，经不起考验，沉不住气，节操比较低，稍微有点风吹草动就原形毕露，反咬一口。

李良的所作所为就印证了这一点。他杀死赵王武臣，占了邯郸城后，突然感觉自己很了不起，便胁迫当地老百姓尊他为老大，反正名声已经坏了，索性脸皮也彻底不要了。

为了站稳脚跟，李良强行征兵两万，以巩固自己的军事实力。他听说张耳、陈馀拥立了新赵王，可能过来报复，心想老子不如先下手为强。

损招用了一次效果不错，就反复使用，没有真本领的人往往如此，自不量力，三板斧也敢勇闯天涯。

李良准备好粮草，整顿好人马，浩浩荡荡来讨伐张耳、陈馀。张耳、陈馀非等闲之辈，虽然没有主动进攻邯郸城，但一直派人暗地里盯着李良的一举一动。当打探到李良自己要送上门来时，他们非常高兴，省得远途跋涉了，马上积极备战。他们兵分两路：一路由陈馀率领两万精兵，直接去迎战李良，不给他喘息的机会；一路由张耳率领，躲在暗处伺机而动，准备搞突然袭击。

陈馀的军队没开出去几里地，便遭遇了李良的军队，没那么多废话，直接开打。

兵法有云：“师直为壮，曲为老。”师出有名的话，会理直气壮，士气高昂，反之会士气不振。

李良的军队人马众多，但是凑拢班子，缺乏凝聚力，还没怎么打就四散跑掉了。

你想想，谁愿意给不仁不义、反复无常的人干事啊。

而张耳、陈馀呢，本来名声就好，又拥立了赵国王室后裔赵歇，显得光明磊落，大公无私，足以让赵人真心拥护。因此将士们同仇敌忾，同心同德，一股脑儿杀将过去，越战越勇。

李良这家伙眼见抵挡不住，赶快逃回了邯郸城。回到邯郸城，他怕得要死，担心张耳、陈馀哪天会杀过来，于是赶快修信一封给章邯，请求让他尽快归降秦朝。章邯肯定欣然接受了，秦朝大厦将倾，哪里还会挑三拣四啊。

李良认为邯郸城非久留之地，早晚沦陷，于是安排部将守城，自己则带着几百心腹投奔到秦将章邯那里去了。当然，卑躬屈膝，哭天喊地，反复认错是必须的。

李良逃走没不久，张耳、陈馀就攻陷了邯郸城，进而重新占领赵地全境，两人从此开始辅佐赵王赵歇，彻底摆脱了楚王陈胜的领导。陈胜的这路人马算是给人家做了嫁衣。

下面，我们再说说陈胜派出去攻打魏地的一路人马。

前面说过，这路人马由魏人周市率领，进军非常顺利，没怎么打，便占领了魏地全境。携胜利之师，周市又去攻打齐地狄城，也就是今天的山东省高青县高城镇。狄城县令不愿意投降，坚决固守城池，但有一个具体负责狄城防务的人另有打算。

这个人名叫田儋（dàn），是齐国王室后裔，他和弟弟田荣、田横三个人想趁此乱局，恢复齐国。经过谋划，他们决定先除掉狄城县令，再去阻击周市。

一天，田儋把自己的一个家奴抓了起来，说其通敌谋反。通敌谋反是大事，必须送到官府处置。田儋哥仨便带着人押着那个家奴去了县政府。

狄城县令这段时间正忙着全城戒严，抵抗周市，一听有人通敌谋反，那还了得，马上亲自出来审案。

田儋看县令出来了，并不搭话，走上前出其不意，拔出宝剑朝县令一阵猛砍。县令瞬间血肉模糊，死于非命。然后，田儋把当地豪杰都请了过来，当众宣布："县令已经被我杀了，如今天下大乱，各地都起兵反了暴秦，我们齐人难道甘于落后做懦夫吗？大家都知道，我田儋是齐国王室后裔，我有责任带领大家恢复齐国，大家愿意跟着我干吗？"

事到如今，县令都被干掉了，谁还会那么不识相，众人就异口同声地响应了。

有了众人的支持，田儋自称齐王，招募兵马几千人。人虽然不多，但个个精神抖擞，摩拳擦掌。

光复祖国，多光荣的事啊！于是，田儋带着这几千人出城迎击周市。

那么，两军究竟会鹿死谁手呢？

70. 吴广之死

田儋带着新招募的几千人马出城迎击周市。

周市这个人比较通情达理，有自知之明，没有因为顺利拿下魏地而骄傲自大。当他听说田儋杀了县令，自立为齐王，现在又带人来拼杀，知道这仗不好打，说不定会两败俱伤，心想自己是魏人，干吗非要和齐人过不去呢，还是不打为好，以和为贵。

因此，仗还没开打，周市就已经带兵走了，回老家魏地去了。

田儋不费一兵一卒，就把强敌周市赶跑了，威名自然大振。齐人本来对秦朝的统治早已不满，常常思念故国，现在听说齐国复国了，纷纷从四面八方跑过来投靠。

自此，齐国成了秦朝末年一支不可忽视的力量，后来发生的很多事情都跟齐国有关，甚至由它引起，后文中我们会详细说到。

再说周市回到魏地，魏人认为他人品好，值得依靠，都推举他做魏王。这周市真心不错，他认为自己做魏王名不正言不顺，就对推举他的人说："我周市没什么了不起的，只是趁着天下大乱才有了今天，怎么敢妄自称王呢？当务之急应该寻找魏国王室后裔来做魏王才是啊！"

当时魏国王室后裔中有一位名叫魏咎的，在楚王陈胜那里住着。周市便派人向楚王陈胜说明自己的心意，想把魏咎迎回来做魏王。

楚王陈胜哪里会同意，心想又一个要称王的，身边无论多忠厚老实的一个人，出去了就想称王，这王多了还有价值吗？所以他坚决不放魏咎过去。

周市是个有耐心的人，前后五次派人游说陈胜。最后，陈胜终于想通了，把魏咎送回魏地。周市拥立魏咎做了魏王，自己则做了魏相辅佐。

就这样，魏国也复国了。

我们现在可以算一下，有多少诸侯国复国了。楚国、赵国、燕国、齐国、魏国五个国家先后复国，现在只剩下一个韩国。

秦始皇当年花了十年左右的时间，才好不容易荡平六国，结果刚死没几天就恢复了五个。正所谓："成事之路弯曲曲，败事之路顺溜溜。"

陈胜现在也差不多如此，派出去的几路人马大都为人家做了嫁衣，所剩无几。

可能你会问，那个假王吴广现在如何呢？

接下来，我们就说说吴广。

前面说到，秦将章邯一鼓作气干掉了周文所领导的西路军，这个时候差不多已经到了秦二世二年了。最大的危险已经解除，章邯便派人向胡亥报捷请功。

经过一番惊吓，胡亥清醒了许多，开始有点专心朝政了。他收到章邯的捷报兴奋不已，为了表示自己的态度和决心，他派司马欣和董翳领兵万余前去协助章邯，并充分授权章邯，让他安心在外面打仗，凡事不必还朝奏报。

关于司马欣和董翳，大家先留个印象，下文中我们会说到。

章邯面对胡亥对自己的信任，感动得眼泪都快掉下来了，还以为胡亥终于醒悟了呢，踌躇满志率兵去解荥阳之围。为什么要去荥阳解围呢？

因为当初楚王陈胜派假王吴广带队攻打的就是荥阳。荥阳是军事重镇，战略位置非常重要，由当朝丞相李斯的大儿子李由负责镇守。

吴广率军围攻荥阳已经好几个月了，却迟迟拿不下，他普通农民出身，文化程度不高，领导能力较弱，遇到这种情况就乱发邪火。周文那边兵败战死的消息又陆续传了过来，军心也开始逐渐动摇。一帮部将早对吴广不耐烦了，心想就你这水平还真是“假王”，没有真本事嘛，可不只能做“假”的。

部将中有两个人，一个名叫田臧，一个名叫李归，看到这种情况就私下商量道：“周文已经兵败身亡，秦军早晚要杀过来。我们继续围攻荥阳凶多吉少，如果再不想办法，秦兵里应外合，非一锅端了我们不可。现在我们应该留一些兵力在这里佯攻，然后派主力去迎击秦军，决一死战，这样还可能有胜算。假王吴广瞎指挥，听不进去劝阻，如果不把他除掉，我们都得跟着完蛋！”

说干就干，两个人当即约定干掉吴广。

这天，田臧和李归声称收到了楚王陈胜的手令，要传令给吴广。真王的手令，假王吴广自然要跪倒在地来接了。田臧装模作样地严厉说道：“陈王有令，假王吴广，久留荥阳，阴谋不轨，立即处死！”

刚说到“死”字，他便拔出佩刀向吴广砍去。吴广正趴在地上认真听，还在发呆纳闷呢，突然被人砍了一刀，慌忙站起来就要逃跑，旁边的李归跟上去又补了几刀，吴广当场毙命。

田臧和李归上前将吴广的头剁了下来，然后把军队召集起来展示，说是奉楚王陈胜之命就地正法了吴广。

军队在吴广的领导下，迟迟不能取得胜利，下属们早有怨言，看吴广死了，无不拍手称快。

军队里没人有意见，并不意味着楚王陈胜那边也没意见。田臧和李归俩小子还是很狡猾的，赶快写了一封书信，派人将信和吴广的人头给楚王陈胜送了过去。信上说吴广如何如何叛变，又被他们如何如何及时机智平叛，总之，把假王吴广一番糟践。

楚王陈胜可比假王吴广精明多了，收到书信立刻就猜到吴广可能是被谋害的，难免有些伤感，毕竟是一起战斗过的兄弟。但转念一想，也好，吴广和自己一起起兵，资历差不多，不方便管理，现在被干掉正好省心。于是转怒为喜，重新颁发委任状，任命田臧为上将，代替吴广统领军队。

田臧得到加封后欢喜万分，为自己的阴谋得逞暗自得意。不过，老大可不是好当的！

既然嫌吴广没本事，那自己就要干出点样子来，否则一样会被人家看不起。所以，田臧得到任命后立刻采用新的战术打法，他让李归继续围住荥阳，自己则亲自率领主力去迎击章邯的秦军。

那么，田臧能是章邯的对手吗？

71. 一败再败

田臧决定采用围点打援的战术来解决目前的被动局面。他让李归继续围住荥阳，自己则率领主力前去迎击章邯。

在敖仓，也就是今天的河南省荥阳东北的敖山，田臧和章邯两军相遇。

秦军是正规军，旗帜鲜明，兵强马壮，又经过章邯悉心调教，刚灭了周文，是胜利之师，气势正盛。田臧看到后心里直发慌，士兵更是发怵，但已经遭遇上了，也不能轻易认怂啊。假王吴广是自己要杀的，仗是自己要这样打的，硬着头皮含着眼泪也要把仗打完，否则将来还有何脸面去见天下人。

关于章邯，我们已经说过，财神爷出身，却是武将的材料，作战勇猛，每次打仗都冲锋在前，身先士卒。这次也不例外，两军刚碰面，章邯便手提大刀，单刀直入，一马当先冲了过去。

士兵们看到老大章邯都不要命了，也都玩命地往前冲，一口气把田臧的军队冲得乱七八糟。田臧哪里见过这阵势，眼看不敌，就要逃跑，结果被章邯逮个正着。

只见章邯骑着高头大马，一柄大刀横在胸前，威风凛凛，还没动手，田臧已经矮了半截，乱了手脚。几个回合下来，章邯手起刀落，将田臧劈死马下。

老大田臧死了，下面的士兵自然树倒猢狲散，投降的投降，逃命的逃命。章邯乘胜追击到荥阳城下。留守在荥阳城下的李归听说田臧已经战死了，顿时心慌意乱，事到如今只有拼命。

没有实力，拼命等于找死。章邯一柄大刀挥舞得虎虎生风，直冲过来。李归也算条汉子，挺枪上前和章邯对扎起来。但他哪里是章邯的对手，一眨眼的工夫也被章邯劈死马下。

章邯解了荥阳之围后，率领秦军马不停蹄地继续向楚王陈胜的老巢陈县方向挺进，途中路过郯城，也就是今天的山东省临沂市郯城县，守将邓说压根没有抵抗，吓得屁滚尿流逃回了陈县。

这样逃回来，能交差吗？好歹你打两下，吓唬吓唬人也行啊！

楚王陈胜看到邓说的狼狈相，那个气啊，二话不说就把邓说拉出去砍了。

章邯攻占郯城后，紧接着进攻许城，也就是今天的河南省许昌市。许城的守将名叫伍徐，还算不错，拼死抵抗，结果仍然战败跑回陈县。陈胜这次赏罚分明，知道他尽力了，就没有拿他问罪。

眼看章邯的军队距离陈县越来越近，楚王陈胜身边已经没有像样的大将可派了，只好派上柱国蔡赐率兵迎敌。

会下象棋的人都明白一个道理，当象和仕出来与对手周旋时，说明将帅基本快玩完了，现实中也差不多如此。

像蔡赐这种文人，在家出出馊主意，想想鬼点子还行，要是动真格的，哪里会中用？刚过去没几天就战败身亡。

章邯率军长驱直入来到了陈县西郊附近。驻守陈县西郊的守将名叫张贺，向陈胜紧急求援。陈胜这个时候才从富贵梦中惊醒，赶快调兵遣将准备做最后的抵抗，可是哪里还有人效命啊，早已众叛亲离。

你可能会说，跟着陈胜混的一帮家伙也太不厚道了，陈胜“苟富贵，无相忘”，现在落难了，他们却都跑了，什么玩意儿！

落到如此局面，不能排除世态炎凉的因素，毕竟很多人都有趋利避害的本能，陈胜败局已定，谁会傻乎乎在那里等死啊。但也不能因此全怪别人不能与其同生共死，陈胜自己的问题实际上也非常大。

下面我们不妨插叙一个小故事，来了解一下陈胜的为人和处事方式，从中也许会找出陈胜战败的些许原因。

陈胜是穷苦农民出身，有一伙从小玩到大的穷哥们。小时候，他整天吹牛说“苟富贵，无相忘”，现在真得了富贵，这伙穷哥们自然要来投奔，也想攀龙附凤，博取荣华。

这天，他们就成群结队来到了陈胜的王府大门前，结果却被拦住了。为什么呢？

因为陈王府的门卫以貌取人，看到他们衣衫褴褛，所以拦住责问道：“干什么的？大白天要硬闯王府吗？”边说边往外面赶。

这伙穷哥们也不知道怎么称呼现在的陈胜，就说陈涉是他们发小，要见陈涉。门卫撇撇嘴，不屑地训斥道：“不要命的家伙，胆敢直呼我们大王的小名，我们大王怎么会有你们这伙穷鬼朋友，骗吃骗喝也不看看地方！滚！从哪里来滚哪里去！”说着，挥棍便打。

这伙穷哥们吓得撒腿就跑，虽然碰了一鼻子灰，但是大家不灰心，心想门卫狗眼看人低，能见到陈胜就好办了。其中一个小伙子比较聪明，出主意说在王府门口附近蹲守，就不相信陈涉这小子不出门。

果然，没几天，楚王陈胜带着一帮随从出来了。这伙穷哥们苦守了几天，饭都没吃饱过，看到陈胜哪能放过，纷纷蹿了出来上前呼喊道：“陈涉……陈涉……是我们啊，是我们兄弟啊！”

楚王陈胜听到有人喊他小名，不禁眉头一皱，回过头一看，原来是自己以前种地时的穷哥们儿。

那么，陈胜会如何对待这伙穷哥们儿呢？

72. 陈胜的末路

楚王陈胜看到以前的一伙穷哥们儿来找他，非常高兴，因为自己做梦都想在他们面前显摆一下。这伙穷哥们儿不约而至，无疑满足了他衣锦还乡的愿望。过去吹的牛，终于兑现了，能不高兴吗？

陈胜把这伙穷哥们迎进了王府，有说有笑。

乡下人我们都了解的，人很朴实，但见识少些。陈胜的这伙穷哥们儿也是如此，又加上是陈胜的发小，没把自己当外人，突然进入这么豪华的王宫，难免会啧啧称奇，满口喧哗，东摸摸、西瞧瞧，甚至和陈胜勾肩搭背，没大没小，没尊没卑，显得很没有规矩。

有的说，好家伙，这王宫好气派啊；有的说，好家伙，这帷帐好华丽啊；有的说，好家伙，这花园好漂亮啊。

反正都是用陈胜老家那里特有的土话来发感慨，在这些感慨中常夹杂一个叫“夥（huǒ）颐”的感叹词，意思有点像现在有些人的口头禅“好家伙”。

有一个成语叫“夥涉为王”，就源自有关陈胜的故事，形容那些地位本来很低下的人，突然富贵后，排场很大，显然含有某种贬义。

陈胜开始对穷哥们儿的言行并没太在意，毕竟是发小嘛，还沉浸在成功后那种满足的状态中。但王宫里的仆人、守卫等一般杂役都看不下去了，他们瞧不起这伙人，看在陈胜的面上又不好乱说，只有好酒好肉地伺候。

这伙穷哥们儿实在是太兴奋了，看到那么多好东西，便大吃大喝起来，吃喝得差不多了，就开始胡言乱语，齐声欢呼。有一个小子说话更是口无遮拦，张口说道："好家伙，真看不出来，陈涉这家伙也能有今天啊！想当初和我们一起种地的时候，穷得叮当响，连裤子都穿不上，如今真是走了狗屎运啊！"甚至还有人提着裤子惟妙惟肖地模仿陈胜当年的穷酸样，惹得大家哄堂大笑。

类似这样的话，你一句，我一句，没完没了，直把陈胜过去的丑事揭个底朝天。

现在的陈胜不比当初了，耳目众多，这些粗鄙的话很快就传到了陈胜耳朵里。陈胜不听则罢，一听便恼羞成怒，旁边的人则趁机煽风点火道："这帮穷小子太不像话了，口无遮拦，胡说八道，有损大王神威啊，必须有所节制才好！"

看看，又是有人撺掇，自古都是"不怕没好事，就怕没好人"。

陈胜一听，马上下令把那几个说话过分的穷哥们儿抓了起来，拉出去砍了。

刚吃饱喝足没几天，就做了刀下鬼，你说冤不冤，都是祸从口出啊！

谁让自己不明白事理呢？人家今非昔比，高高在上，你依然故我，无所顾忌，即便人家不杀你，也会疏远你。所以遇到类似情况，我们还是悠着点，不要把过去的交情当成现在放肆的理由，因为人都是会变的。

当然，对于一些说话稍微注意的人，陈胜还是放了一马，总不能都杀啊，那也太绝了，只是训诫一番。同来的兄弟平白无故被砍了脑袋，谁还敢在陈王府逗留啊？纷纷找个借口走了。

这个事情看着小，却凉了很多人的心！最初确实是那伙穷哥们儿没有规矩，胡说八道在先，但是陈胜的处理方式肯定是不对的。故人发小，贫贱之交，因为几句话就把人家砍了，旁人会怎么看？只会说你不够朋友，不近人情，以后谁还会真心跟着你干事业啊？

后来，陈胜的老丈人和小舅子也来投奔，为了防止出现类似的情况，陈胜一开始就很不客气，将其当家奴使唤。老丈人是长辈，怎么受得了这委屈，便生气地对儿子说道：“陈涉这家伙慢待尊长，兔子尾巴长不了，我们不在这里待了！”于是不辞而别。

以上就是陈胜对待家人朋友的态度，你看了会有什么感想？

我们再看看陈胜是怎样对待身边人的。为了防范身边的人，他专门设置了两个职位：一个是中正，由一位名叫朱房的人担任；一个是司过，由一位名叫胡武的人担任。

这两个职位即便不解释，估计你也能看出是干什么的，说白了，就是专门找身边人瑕疵的。

朱房和胡武两个人也不是什么好东西，拿鸡毛当令箭，辜负了陈胜的信任，根据自己的好恶来处理身边的人和事，迫害了不少好人，但责任终归还是要算在陈胜头上的，因为一切都是他在决策嘛。

那么，陈胜这样做究竟对不对呢？客观地说，没什么不妥，但是要有个度，特别是在事业初创阶段，不应该过分强调这些。俗话说：“人非圣贤，孰能无过。”如果过于纠结别人的瑕疵，会让人很难受，很别扭，很憋屈。

正所谓：“水至清则无鱼，人至察则无徒。”说的就是这个道理。

《史记》作者司马迁在总结陈胜失败教训时，指出了两点：一是功成忘本，丢弃了“苟富贵，无相忘”的誓言；二是用人有误，所用之人既没有才能，也很不正直。

毛主席后来读到这里时，批注了“一误”“二误”，表明他非常赞成司马迁的观点。

现在陈胜落难了，大家都袖手旁观，很多人甚至偷偷溜掉了，陈胜自然就成了孤家寡人，当他收到张贺的求援报告时，只好亲自率领好不容易凑起来的几千人前去支援。

那么，他会再次创造奇迹吗？

73. 前仆后继

陈胜好不容易凑了几千人亲自去支援张贺，他还异想天开能够重新创造大泽乡起义的奇迹呢，殊不知，此一时彼一时。

暴发户往往如此，富贵的时候没搞明白怎么富贵的，衰败的时候自然也是稀里糊涂的。

当陈胜带领援军走到半路时，有逃回的败兵告诉他，张贺已经阵亡，全军覆没。这无疑是晴天霹雳，连最后的救命稻草也没了。陈胜心想去了也是送死，不如先逃走保命要紧。俗话说："留得青山在，不愁没柴烧。"于是，他命车队掉头向东边跑去。

给陈胜驾车的人叫庄贾，负责陈胜的车队管理工作，现在称呼为车队队长，过去叫车夫或马夫。

这次陈胜败逃，心情不好，内心肯定非常焦灼烦躁，对庄贾的态度就更加恶劣。这要放在陈胜最得意的时候，庄贾还当领导在表扬他呢，认为没把他当外人，心里美滋滋的。

但此时，陈胜大势已去，再这样"出口成脏"，庄贾就不干了。他心想你陈涉算什么东西啊，以前和老子一样是个穷打工的，走了狗屎运，当了几天王，就了不起了吗？现在都这副德行了，还给老子装老大！

当车子走到下城父，也就是今天的安徽省涡阳东南的时候，庄贾将车子停下来，不走了。他和几个随从在路边嘀嘀咕咕，不知道在说些什么。

陈胜正在逃命，很生气，破口大骂。庄贾好像换了一个人似的，冷笑着回敬道："陈涉，你都成丧家之犬了，还骄傲什么啊？快给老子滚下车来！"

陈胜被庄贾的贸然冲撞弄蒙圈了，如鲠在喉，半天说不出话来。庄贾拿到了一把宝剑，上来朝陈胜劈头便砍。陈胜哪里有反抗的机会，瞬间血流如注，当场毙命。

杀掉陈胜后，庄贾一不做二不休，带着车队投降了秦军，邀功领赏，接着在陈县做起了县令。

自古叛徒很少有好下场，因为冒天下之大不韪，成了众矢之的，人人得而诛之。庄贾也是如此。

没过多久，陈胜的部将吕臣在新阳，也就是今天的安徽省界首北，组织苍头军，攻入陈县，诛杀了庄贾，然后将陈胜厚葬在芒砀山。

后来，刘邦平定海内，追念陈胜为起义首功，特命地方官修缮了陈胜在芒砀山的坟墓，还安排三十户人家为其守墓。

陈胜作为一个乡村穷小子能如此风光一把，获得如此礼遇，这一生也算没有虚度，只是太短暂了，从起义到被杀，前后总共才六个月的时间。

陈胜死了，中国历史上第一场轰轰烈烈的农民起义就这样结束了，但它揭开了中国古代农民战争史上壮丽的序幕，给以后的统治阶级以很大的警醒，也给后来的天下穷人以很大的鼓励。所以，后人对陈胜的事迹无不感慨，感慨他这样的"瓮牖（yǒu）绳枢之子"竟然"以戍卒散乱之民数百，奋臂大呼"，得天下群雄响应，最终灭亡了强秦。

所谓"瓮牖绳枢"，是指那些用破盆当窗，用绳子做门闩的赤贫家庭，用现在的话说，就是无产者。

不管怎样，陈胜个人终归是失败了，但是失败是成功之母，甚至能够孕育出真龙天子。真龙天子到底什么时候出现、在哪里出现呢？

前文中说到，陈胜被部将吕臣厚葬在芒砀山，就是在那里，有一支农名起义军开始成长起来。这支起义军的领头人后来便成了真龙天子。

也许你已经猜到，他就是大名鼎鼎的汉高祖刘邦。

其实，早在陈胜吴广大泽乡起义后的两个月，也就是秦二世元年九月，在泗水郡沛县，也就是今天的江苏省徐州市沛县境内，刘邦就被逼无奈起兵造反了。

说到刘邦，我们不得不说一下他的身世和成长经历，毕竟是开国皇帝，传奇比较多。

刘邦是沛县丰邑人，也就是今天的江苏省徐州市丰县人，在家排行老四，有两个哥哥，一个姐姐。在过去，女孩子是别人家的人，不参与排序，所以刘邦应该是老三,也算老小。不过后来,刘邦的老爸又给他找了个小妈，还给他生了一个小弟弟。

古代兄弟是按照伯、仲、叔、季排序的，有人说刘邦家太穷，没文化，连名字都取不起，直接按序排，取名叫刘季，也就是刘小或刘三的意思。

刘邦和陈胜一样也是出生在一个地地道道的农民家庭，他的老爸据说名叫刘煓，字执嘉，号显初，又号太平。其实这些在正史中并没有记载，大家了解就行了，碰到故弄玄虚的家伙，别被他唬住就可以了。

刘煓在村里为人不错，上了年纪之后，村里人尊称他为刘太公，也就是刘大爷的意思。当地人到现在为止，还有人称与自己老爸平辈、但又比自己老爸年长的成年男子叫“大爷”。

刘邦的老妈据说名叫王含始，这名字好像很有诗意，实际上这在正史中也没有记载,大家也权当听之。刘邦的老妈和他老爸同岁,上了年纪之后，村里人尊称其为刘媪，也就是刘大娘的意思。

刘邦的大哥名叫刘伯，死得比较早，史书中既没有记载他的具体名字，也没说是怎么死的，后来谥号为“武哀”。

刘邦的二哥名叫刘喜，字仲，为人厚道，老实巴交，是种地的庄稼汉，没有什么大本事。但他的儿子刘濞却大名鼎鼎，是个狠角色，可能有很多人听说过，后文中我们会重点说到，这里先提一下。

刘邦的姐姐，可能因为是个女人，其名字在史书中没有记载。

刘邦的弟弟名叫刘交，字游，和刘邦同父异母，是刘邦兄弟中最爱学习、最有文化的一位，后来刘邦起义造反时对其也最为倚重。

刘邦的哥哥姐姐都比较普通，就像邻家兄弟一样，永远是榜样，就是没多大出息。唯独刘邦，无论个性，还是特长，都与其他兄弟不同，既不爱种地，也不喜欢读书，最喜欢喝酒闲逛，结交各类狐朋狗友。

虽然成人后的刘邦如此不堪，但在其小的时候，刘邦却最被老爸刘太公看好，并对其寄予厚望。这又是为什么呢?

第十一章

沛县起兵

74. 这个孩子不一般

原来，刘邦的出生非常传奇，传奇到近似神话。司马迁还绘声绘色地将其记载到了《史记》中，由于有些离奇，以至于大家怀疑《史记》的可靠性。实际上，我们没必要太过计较其真实性，因为自古皇帝的身世都是人们茶余饭后的谈资，时间长了，难免会离谱得厉害。而对于后人来说，从这样的记载中还是可以窥测出一些端倪的，没必要上纲上线，过于排斥。下面我们姑且按照《史记》中的记载来述说。

刘邦出生时，他老妈应该还是一位年轻的妇女，老爸是一位年轻的帅哥，为了便于述说，我们分别称呼他们为刘大嫂和刘大哥。

话说这天，刘大嫂有事外出，事情办完后已经是傍晚时分。跑了一天非常疲惫，回来路过一个水塘，看到旁边有一块大石头，便坐下休息，闭目养神，似睡非睡，恍恍惚惚。

突然，在恍惚之中，刘大嫂看到一个身穿金色服饰的人从天而降，立在身旁，顿时吓晕了过去。

刘邦的老爸，也就是刘大哥，看老婆出门很久还没回来，不免着急起来，担心有个意外，毕竟家里还有几个娃要靠她带呢。

最后，犹豫半天，刘大哥还是决定亲自出门寻找刘大嫂。正要出门，突然天上乌云密布，电闪雷鸣，眼看要下大雨了。刘大哥更加着急，于是拿着雨具，三步并作两步，朝刘大嫂出门的方向赶去。不一会儿就到了刘大嫂休息的池塘附近。

这时，远远望见一个状似刘大嫂的妇女在石头上趴着，其身体上方，有云雾笼罩，来回浮动，隐隐约约露出鳞甲，貌似蛟龙下凡。

面对此情此景，刘大哥惊奇万分，但他不敢近前，只是站在远处观望。

差不多一刻钟的工夫，云开雾散，太阳又冒了出来，光照大地。刘大哥壮着胆子走上前去，一看果然是自己的老婆刘大嫂。

刘大嫂在那里伸着懒腰，状态朦胧，脸泛红晕。刘大哥上前把刘大嫂推醒。刘大嫂清醒过来后，看老公站在旁边，说道："我在这里歇歇脚，忽然看到一个人从天而降，然后就晕了过去，后来不知道发生了什么事。刚刚醒过来，就看到了你站在身边，才知道是做了一个梦。"

刘大哥也把刚才他看到的景象给刘大嫂描绘了一遍。刘大嫂支支吾吾说不出所以然。看刘大嫂好像很疲惫的样子，刘大哥便让她再休息一会儿，然后两个人在无比诧异中回了家。

回家没几天，刘大嫂就怀孕了，过了十个月生下了一个男娃。这个男娃长相很有特点，长脖子，高鼻梁，左腿还有七十二颗黑痣。

结合十个月前发生在刘大嫂身上的事，刘大哥揣测男娃将来会不一般，便对其寄予厚望，取名为"邦"，因排行老小，以"季"为字。

当然，关于刘邦的名字，历史上争议比较大，说法很多。

有人认为刘邦没有名字，因在兄弟中排行老三，所以只有小名"刘季"，是刘三或刘小的意思，而"刘邦"这个名字是做皇帝后重新起的。现在认可这种说法的人比较多，而且流传甚广，一些所谓的名家也多持有这种观点。

但我个人持保留意见。理由很简单，刘邦的二哥和弟弟，以及他所有的发小，甚至他的老爸老妈都有正式的名字，而刘邦却没有正儿八经的名字呢？显然说不通！

随着岁月的流逝，小刘邦慢慢长大了，他没有像老爸期望的那样成为一个不一般的人，相反，连一般人都不如。为什么这么说呢？

我们先看看刘邦的两个哥哥，那可都是庄稼里手，特别是他的二哥，播、撒、耕、种样样精通，在农业社会，这就是人才。

再看看刘邦的小弟弟刘交，虽然种地不怎么样，但是好读书，有文化，多才多艺，知书达理，好歹也是一个文艺青年。

最后我们看看刘邦这家伙，与其叫刘邦，不如叫流氓。他既不好好种地，也不认真读书，好吃懒做，眼高手低，整天空想着干一番惊天动地的大事业。

小的时候，刘大哥还整天教育他，想把他管教好，但是一晃，小刘邦长到了七尺八寸的半大小伙子，开始叛逆，不服管了。过去的刘大哥也已变成了刘大叔，精力大不如前，干脆也不管了，认为调皮的孩子将来说不定也会有出息，成人后自然会好起来，所以也就由着刘邦性子来。

就这样，刘邦心安理得地做起了“啃老族”，游手好闲，混迹于乡野。

对于类似“啃老”“坑爹”的孩子，父母一般都能忍受，照顾一辈子都不嫌烦，但是其他人就不一定了，所以家里就有人开始看刘邦不顺眼，不愿意将就他了。

那么，这个人会是谁呢？

75. 到处蹭吃蹭喝的无赖

刘邦游手好闲，调皮捣蛋，虽然老爸老妈不介意，但是自从两个哥哥结婚后，嫂子们就不乐意了，埋怨公公婆婆太惯着小三，由着他好吃懒做。

一眨眼，刘邦过了弱冠之年，已长大成人了，刘邦的老爸，已经由刘大叔成了刘大爷，也就是刘太公。

俗话说："儿大不由爷。"经不住儿媳妇们埋怨，刘太公只好分家。于是，老大刘伯、老二刘仲先后分出去单过了。而刘邦呢，当然跟着老爸老妈继续"啃老"，非但没有成才，反而越学越坏，到处惹是生非，拿着家里的钱在外面结交了一帮没人待见的狐朋狗友。

刘太公看刘邦这副流里流气的样子，知道是被自己宠坏了，以后便经常骂刘邦"无赖"，甚至连吃穿用度都不供应了，想逼着他学点真本事。

刘邦这小子脸皮比城墙都厚，不以为耻，反以为荣，怡然自得，满不在乎，碰到老爸刘太公骂人的时候，他就一溜烟跑掉，最后干脆家也不回了。

不回家他也有地方去，毕竟还有两个哥哥。刘邦没地方吃饭了，就经常跑到两个哥哥家里蹭吃蹭喝。哥哥总归是疼弟弟的，不太计较，每次见他过来还顺便替老爸教育他两句。刘邦都是满口应着，吃完饭一抹嘴就走了。

不幸的是，刘邦的大哥刘伯突然染病死了。刘邦的大嫂是个小气鬼，她本来对刘邦经常过来蹭吃蹭喝就极度讨厌，只是看在是小叔子的面上不好说什么。现在老公死了，刘邦再觍着脸过来要吃要喝，她便不给好脸了，总是推脱说吃过饭了，或者直接让刘邦吃"闭门羹"。

刘邦当时比较年轻，城府不深，以为大嫂死了老公心情不好，都信以为真，没太在意。

有一次，他又带了几个狐朋狗友过来蹭饭吃。大嫂一看就头皮发麻，赶快跑到厨房里，用勺子刮擦煮饭的锅，发出洗锅刷碗的声音，那意思是已经吃过饭了。刘邦这帮狐朋狗友听到厨房里传来的声音，认为来迟了，扫兴而归。

把朋友们送走后，刘邦感觉好像哪里不对劲，偷偷跑了回来，他到厨房把锅一揭开，看到锅里是热气腾腾的饭菜，才知道大嫂耍了他们。刘邦一声长叹，扭头走了，从此再也不来大嫂家吃饭了。

因为这事，刘邦做了皇帝后，无论如何都不愿意给大嫂的儿子刘信封侯，后来在老爸刘太公的反复求情下，才勉强给刘信封了一个名字特别的侯，也就是“羹颉侯”。“羹颉”的意思是拿勺子铲锅底，顾名思义，羹颉侯就是拿勺子铲锅底的侯，以回敬三十多年前大嫂轰赶耍弄自己的旧事，算是出了一口气吧。

从这件事后，刘邦可能是太生气了，干脆两个哥哥家都不去了。又怕老爸刘太公责骂，也不想回家。

那去哪里呢？恰好村里有一个小酒馆，刘邦就经常赖在那里蹭酒喝。

酒馆是由两个女人合伙开的，属于小微企业。一个女人年龄稍微大点，人称王大娘；另外一个女人稍微年轻点，人称武大姐。

这俩女人真心不错，比刘邦嫂子要好很多，她们看刘邦一个大小伙子没地方吃饭，挺可怜，便不和他太计较，有钱就给，没钱赊账，等有钱再说。

当然，这俩女人还是有利可图的，毕竟是生意人嘛，赔本生意怎么会一直干。她们通过经验发现一个奇怪的现象，什么现象呢？

就是只要刘邦过来喝酒吃饭，酒馆的生意就会特别红火，客人爆满，说不出什么原因。

我们现在推测，刘邦虽然一身流氓习气，但是亲和力非常强，为人大方，招人喜欢。

刘邦多聪明的人啊，发现两个老板娘并不嫌弃他，暗自得意，也不客气，整天在酒馆里喝得稀里哗啦，有时候太晚了，索性往桌子上一趴，呼呼大睡一宿。

刘邦喝完酒，满脸通红，睡觉的样子很是迷人，两个女人看他睡着了，也不喊他，相反还认真地观察他。

有一次，她们竟然看到刘邦头上有金龙盘旋，惊奇万分，以此断定刘邦肯定不是寻常人，将来说不定会大富大贵。

用我们现在科学的眼光来看，这纯属瞎扯，好像神话故事一样，肯定是胡编乱造的，大家姑且听之，不必当真。

不过，从中也可以看出，刘邦的确气度非凡。

到了年底，要结账啊，刘邦往往还是拿不出来钱，这俩女人干脆一笔勾销，不要了。

就这样，刘邦过着稀里糊涂的日子，整天醉醺醺的。

其实啊，这只是表象，刘邦一直自命不凡，有远大理想，只是苦于无处施展而已。这和陈胜是不是非常像?

时间一天天流逝，刘邦岁数越长越大，他感觉长此以往，自己真的会像老爸刘太公说的那样，成了“无赖”，让人看不起，于是便想学点安身立命的本事。

那么，刘邦会学什么呢?

76. 大丈夫当如此也

刘邦的一些狐朋狗友建议他学习官府中的行政事务，因为这个工作比较轻松，也不需要多少文化，适合他的个性。

干其他的不行，对于行政事务，刘邦一学就会，而且学得还很不错。凭着这个本事，刘邦竟然当上了泗水亭长。

关于亭长，我们前面有提到过，主要负责管理几个村的治安工作，小事一般自己处理，大事报到县里，有点像现在乡下派出所所长或者民兵队长，虽然官不大，但在地方上还是有点权力的，谁见了都会敬让三分。

干上这个差事后，刘邦需要经常到县里面汇报工作，一来二去，便和县政府内的一些小吏混得很熟。一起吃喝嫖赌，那是常有的事。

其中有一个人和刘邦最熟，这个人名叫萧何。

很多人应该都听说过萧何的大名，因为他太了不起了，和张良一样，是汉初三杰之一，可以毫不夸张地说，没有萧何就没有刘邦的未来。

萧何这个时候在县里担任功曹一职，主要协助县令处理日常政务，有点像现在的县政府办公室主任。

另外，还有几个小公务员与刘邦的关系也非常好，比如曹参、夏侯婴等人。

这些人的名字大家可能很熟悉，电视剧或游戏里经常出现，后来他们跟着刘邦创业打天下，最终都成了开国元老，后文中我们都会一一详细说到。

在沛县时，这帮人地位都比刘邦高，出身也都比刘邦好，可大多对刘邦心悦诚服，主要因为刘邦这个人亲和力很强，而且为人大气，豪爽厚道。

有了县里面的朋友罩着，刘邦即便偶尔出了一些小差错，也不会有什么大问题，如果有什么好事，大家也总能想到他。比如，有一个到都城咸阳外出公干的机会，他们就想到了刘邦。

到了都城咸阳，公事办完后，刘邦肯定要出去溜达玩玩。咸阳城今天在全国的地位很普通，但那时不一样，是秦朝首都，天子脚下，帝国的心脏，就像今天的首都北京一样，人人向往。刘邦一个乡巴佬来到这里，自然感觉很新奇，东瞅瞅、西看看，目不暇接。

那会儿，秦始皇还活着。

一天，刘邦又在街上闲逛，正好遇上秦始皇的銮驾在城中穿过。只见秦始皇端坐在銮驾中，冠冕堂皇，威风八面，让刘邦羡慕不已，不由得发出了一声流传千古的感叹："嗟呼，大丈夫当如是也！"

这感叹对当时的刘邦来说也仅仅是感叹，南柯一梦而已，梦醒了，还是要打点包袱回家交差，老老实实做他的泗水亭长。

一晃又过了很多年，刘邦已经三十多岁了。孔子曰："三十而立。"刘邦都这般年纪了，还是孤家寡人一个，无处可立。不过毕竟是泗水亭长，收入虽然不算高，但零花钱还是有点的。拿着这些零花钱，刘邦一般去干两件事：一件是杯中物，也就是老酒；一件是寻花问柳，也就是逛窑子嫖娼。

这样混下来，名声越来越坏，谁家愿意把女儿许配给他做老婆啊？

所以，刘邦一直是只"单身狗"，但他很享受单身的生活，每天开开心心的。

说是单身，其实也不是，只是没结婚而已，因为刘邦身边还是有一个女人的，俗称"相好的"。这个女人姓曹，史书中没有记载她的名字，我们就称她为曹氏吧。

曹氏属于那种小家碧玉型的，楚楚动人。刘邦比较喜欢这种女人。可能曹氏真心喜欢刘邦，竟然未婚先孕，为刘邦生下了他第一个儿子。刘邦给这个儿子取名刘肥，下文中我们会详细说到。

虽然是相好，属于露水夫妻，曹氏出身也不太好，据说还在青楼干过营生，但是如果刘邦迟迟找不到老婆，估计等到年龄大了，玩不动了，说不定最后会明媒正娶了曹氏，毕竟有个儿子打底呢。

不过婚姻这种事主要还是要看缘分，有缘无分也是常有的事，而缘分未到，干着急也没用，倒不如乐观一些，说不定哪天就不期而至。

缘分说到就到，刘邦开始走桃花运了。

一天，萧何过来公干，顺便到刘邦那里吹牛聊天。不经意间，萧何说到了一个人，让刘邦很感兴趣。

这个人姓吕，名文，字叔平，人称吕公。吕公原来是单父人，也就是今天的山东省菏泽市单县人，最近为了躲避仇家来到沛县做客，因为和沛县县令关系不错，干脆举家迁移到沛县，定居了下来。

县令的好朋友迁居过来，县里有头有脸的人肯定都要过来慰问一下，表面上是给吕公捧场，实际上是拍县令的马屁。

于是，吕公选了黄道吉日准备庆贺一下。

刘邦这人脸皮厚，向来无论到哪里都是自来熟，爱凑热闹，听萧何这么讲，便大言不惭地说道："县令的朋友来了，理应要去捧场祝贺，到时候我刘季也要过去看看。"说完哈哈大笑。

萧何心想，这人没羞没臊，拿自己不当外人，只当他是开玩笑了，大老远怎么可能赶到县城里参加这种花钱讨嫌的事呢。所以并没太在意，匆匆走了。

那么，刘邦真的会去吗？

77. 终于娶上了媳妇

刘邦听萧何说，县令的朋友吕公来沛县定居，要摆宴庆贺，他告诉萧何自己也要过去凑热闹。萧何当他开玩笑，并没在意，匆匆走了。

这天，吕公家张灯结彩，宴请城内各路达官贵人。萧何身为县官小吏被请来负责记账收受礼金。正当大家忙得不可开交的时候，刘邦大摇大摆地来了。

萧何看到刘邦这副样子既好气，又好笑，他知道刘邦是个"月光族"，没什么钱，自己那张嘴才勉强管住，所以诚心要捉弄刘邦一下。于是，他大声对来祝贺的人喊道："贺礼不满千钱者，请坐堂下。"

这意思就是说，没钱别想进门，在院子里待着吧。刘邦多聪明啊，当然明白萧何这话是冲着他说的，城里人有钱，看不起他这个乡巴佬。

这事如果放在我们一般人身上，肯定气得脸红，骂句娘就走了，但刘邦没有知难而退，而是郑重其事地在帖子上写了三个字“贺钱万”，实际上他身无分文，两手空空而来，是过来蹭老酒喝的。

刘邦的贺礼这么重，帖子自然被专门送了进去。吕公不明就里，一看帖子，赶快起身到外边迎接。

吕公有个特长，就是擅长给人相面，无论见了什么人，都要先给人家看看面相，这个人会不会升官发财了，那个人是不是天生贫贱了，反正总是以貌取人吧。这次也不例外!

例外的是，吕公从来没见过刘邦如此大富大贵的面相，日角斗胸，龟背龙骨，非同一般，于是赶快把刘邦迎到堂上入座，格外优待。

刘邦非常得意，毫不客气地直接找了个好位子坐下，还不时对大家挤眉弄眼，嘲讽这个，挑逗那个。那意思好像在说，怎么样，老子厉害吧!

萧何本来是想要耍弄刘邦的，结果刘邦却来了这么一出，便有心揭刘邦的老底，出刘邦的洋相，便小声对吕公说道:“吕公，刘季这家伙爱吹牛，就是一无赖，身无分文，从来没兑现过。”

吕公装作没听见，仍然对刘邦客客气气。

再看刘邦，在酒席上旁若无人，大大咧咧，兴致勃勃，好像自己是主人一样，插科打诨，吆五喝六，惹得大家也都非常尽兴。

等到散席的时候，吕公用眼神示意刘邦留下别走。刘邦是“老甲鱼”，多世故啊，心领神会，坐在那里，迟迟不动。吕公把客人们都送走后，来到刘邦身边煞有介事地说道:“小刘啊，老朽从小喜欢给人相面，也见过很多奇异的面相，但都不如您的面相生得这般富贵！您要好好珍惜，好自为之啊！敢问您是否已经婚配了?”

刘邦心想，我当什么事呢，原来这老头要给老子介绍对象啊，吓老子一跳，还以为他索要那一万贯钱呢，就有点不好意思地回答道:“吕公，在下光棍一条，您老帮给介绍一位吧!”

吕公面露喜色，很认真地说道:“好啊！老朽就给你介绍一位，不是外人，老朽有一个女儿，还没许配人家，就让她给你做个箕帚妾吧！”

“箕帚妾”是什么意思呢？意思就是打扫卫生，干干家务的侍女，这是过去对妻子的客气说法。

只是这吕公也太客气了，竟然把自家宝贝女儿主动许配给刘邦这个出了名的“无赖”，而且还是第一次谋面，这让人不得不怀疑究竟是不是他亲生女儿，抑或是另有他图。

因此，就有人分析说，刘邦是当地黑社会小头目，很有号召力，吕公把女儿嫁给他，无非是想在当地能够站住脚，防止仇家找上门。对于这种说法，史书中没有记载，我们不好妄加定论，但也不能说没有道理，因为无论从年龄和身份来看，两家都门不当，户不对，单凭相貌，吕公就把女儿嫁给刘邦，是不是太冒险了？

不管究竟是什么原因，刘邦听说吕公要把女儿嫁给他，当时欣喜万分，也不装模作样了，造型也不顾了，当即拜倒在地，满口答应，口喊岳丈大人。如此激动，让人大跌眼镜。不过也很好理解，三十好几的男人了，还是光棍一条，嘴上说无所谓，实际上“单身情歌”唱得有多苦，只有他自己知道。

刘邦生怕吕公反悔，又和吕公约定了婚期，然后才高高兴兴地离开。

待刘邦离开后，吕公回到后屋同自己老婆吕大娘一说，吕大娘当时就不干了，暴跳如雷，指着吕公的鼻子骂道：“你个死老头子，老糊涂了吗！天天说我们家女儿有大富大贵之相，说什么非要许配个贵人，沛县县令还不够贵吗？向你提亲你都不同意，现在竟然平白无故把女儿许配给那个出了名的无赖穷小子刘季，你脑子是不是被门框夹到了？”

吕公不以为然，耐心解释道：“老婆子，你懂什么啊？我看相的水平你难道还不清楚吗？什么时候看走过眼？这次你就听我的，一定不会错，刘季这小子绝非凡人！”

过去，家里大事终归男人做主，吕大娘拗不过，只好听吕公安排，准备嫁妆，等到黄道吉日嫁女儿。

吕公的女儿名叫吕雉，字娥姁，年纪尚轻，没有什么主见，婚姻大事只有遵从父母之命，无能为力，让嫁谁，就嫁谁。

没过多久，婚期到了。

这天，刘邦穿着新郎官的礼服上门接亲，虽然非常高兴，但心里一直在打鼓，心想就我这个样，又老又穷，吕公怎么会看上呢？不会他女儿有毛病吧。只怪自己当时太兴奋，贸然答应了那吕老头，也没见过他女儿究竟什么模样，既然已经到这个份上了，也顾不上那么多了，先娶回家再说。

看刘邦果真如约而至，吕公比刘邦还高兴，命女儿吕雉装束齐整，带上嫁妆，跟刘邦走人。

就这样，刘邦把吕雉顺利娶回了家。

见过老爸老妈，一场喧闹之后，两人入了洞房。此时，刘邦早已急不可耐，赶快把吕雉的红头巾掀了下来，只见吕雉仪容端庄，风采逼人，漂亮得很。

刘邦喜出望外，兴致盎然，嬉皮笑脸地拉起吕雉的小手，边抚摸，边逗乐，惹得吕雉脸颊绯红，两个人就像老情人一样，立即进入了状态。从此，刘邦和吕雉做起了日夜夫妻。

那么，这种老少配的穷日子会过得开心吗？

78. 一个神秘老头的神预测

刘邦和吕雉结婚没几年，吕雉就为刘邦生了一儿一女：儿子名叫刘盈，是弟弟；女儿名叫刘乐，是姐姐。

后来，这两个孩子一个成了刘邦的皇位接班人，也就是汉惠帝；一个成了大汉公主，也就是鲁元公主，嫁给了张耳的儿子张敖。再加上之前曹氏替刘邦生的那个大儿子刘肥，刘邦已经有三个子女了。

没有名分的曹氏比较知趣，知道刘邦结婚生子了，并不去纠缠，只是住在娘家甘愿给刘邦做个小三，好好照顾他们的私生子刘肥。

刘邦和曹氏是自由恋爱，在内心中刘邦对她肯定是怀有愧疚的，因此每次发官饷，都会拿出一部分偷偷送给曹氏养家糊口。这事村里很多人都知道，却偏偏瞒了吕雉很多年。

刘邦在事业上始终没有起色，一直做个小亭长，经常在外公干不着家，忙得像狗一样，看不出有什么大出息。

吕雉呢，嫁鸡随鸡，嫁狗随狗，整天在家种种地，做做家务，带带孩子，过着清贫无聊的家庭主妇生活。一闲下来，她就会暗自埋怨老爸吕公看走了眼，把她一朵鲜花插在了刘邦这堆牛粪上，还说什么大富大贵，真是滑天下之大稽！

一天，吕雉在家门口发呆，想心事，发愁这苦日子什么时候才是个头。这时，有一个老头正好路过。老头干干净净，头发胡须花白，可能口渴了，径直走过来向吕雉讨点水喝。吕雉看他年纪挺大，有点可怜，索性回家给他盛了一碗热汤过来。老头喝完热汤，非常高兴，竖着大拇指对吕雉说："夫人，你人不错，日后必当大富大贵啊！"

吕雉嘿嘿苦笑一声，无奈地摇摇头，没理他，认为老头喝了自己的热汤，说几句讨巧的话而已，心想还大富大贵呢，不喝西北风就不错了。可老头继续说道："老朽擅长给人相面，像夫人这样的相貌，是天下绝好的贵人相啊！"

被老头这样一夸，吕雉略微心动，因为老爸吕公当年也经常这样说。正如天下父母都喜欢给自己的孩子算命一样，不管真假，吕雉也想给她的两个孩子算算前程。于是，她把儿子刘盈、女儿刘乐都喊了出来，让这老头给看看。

老头轻轻抚摸着刘盈的脑袋说道："夫人以后的富贵都是因为这个孩子啊，一定要保护好！"然后又看了看刘乐说道："这孩子也是贵人相啊！"

说完，老头再不多说了，起身告辞。吕雉也没深究，权当人家说的吉利话。

没多大一会儿，刘邦下班回来了，吕雉就把刚才的事跟刘邦说了一遍。刘邦想富贵都想疯了，以前还能听到人家说自己是富贵命，现在非但没人说了，反倒快成了大家口中的笑话。今天又听到"富贵"二字，难免心潮澎湃，立即就问吕雉那老头走多久了，去哪个方向了。吕雉不耐烦地顺手一指说："朝那个方向刚走一会儿。"

俗话说："穷算命，富烧香。"意思是说，这穷人和倒霉的人最喜欢算命了，整天想着什么时候才能摆脱贫穷，红运当头，所以总是找人来算命；这富人和交好运的人呢，最喜欢烧香了，整天担心自己富贵不保，好运不再，所以总是烧香拜佛祈求上天保佑。

刘邦是一个穷酸破落户，穷了大半辈子了，现在突然又有一个神秘老头说自己家人都是大富大贵的命，那他肯定也好奇自己究竟是什么命了。于是刘邦当即按照老婆吕雉手指的方向，飞奔出家门追了上去。

老头毕竟年纪大了，走不快，另外也没走多久，不大一会儿就被刘邦追上了。刘邦远远看见那老头踯躅前行，就在后面呼叫道："老人家慢走，听人说您会看相，能不能帮我也看一下啊？"

听到有人呼喊，老头停下脚步，慢慢转回了头。这个时候，刘邦已经到了眼前。那老头把刘邦上下打量了一番说道："足下是贵人相！老朽如果没说错的话，刚刚所见到的那位妇人和两个孩子一定是足下的家眷吧？"

刘邦气喘吁吁，慌忙称是。老头笑盈盈地继续说道："实不相瞒，夫人和孩子都是因为足下才有富贵啊，那个男孩子更是啊！足下的相貌真是贵不可言啊！"

刘邦闻言，兴奋得直搓手，当即拍着胸脯承诺道："将来如果真的像老人家您说的那样，我绝不会忘记，一定好好报答！”

老头摆摆手，摇着头说道：“小事一桩，不足挂齿，你好自为之吧！”一边说，一边转身继续前行。

后来，刘邦果然得了富贵，做了皇帝，派人四处寻找这个老头，结果怎么也找不到，只得作罢。

这个小故事神神秘秘，真真假假，谁也说不清楚，史书中就是这样记载的，我们也只能老老实实述说出来，是非真伪自己判断。这里可以提供几种可能性：一种是这事确实发生过，谁没有算过命啊，何况刘邦确实相貌不凡；一种是刘邦自己杜撰的，为了证明刘氏江山的合法性，王权天授嘛；还有一种，就是巧合。

为什么说是巧合呢？上点年纪的人估计都有这种记忆，过去经常会有人到家里讨饭，如果人家热情，提供饭菜好的话，讨饭的人就会大加赞扬一番，什么大富大贵的吉利话说一大堆，目的是讨好人家，让人家开心，算是一种回报吧。

刘邦遇到的这件事不排除是这种情况。不管怎样，从另外一个角度来说，再次反映出刘邦确实不同凡响。

既然老头说自己将来肯定会大富大贵，只是时机未到，刘邦也不着急了，就安心做他的亭长，静待机会。

别看刘邦没参加工作前吊儿郎当的，自从做了亭长，工作还是很用心的。人家干工作像做和尚，做一天和尚，撞一天钟，混口饭吃就行了。刘邦却不是如此，他做得很投入，经常还会搞点小创新。

那么，刘邦会搞什么创新呢？

79. 擅自放跑了囚犯

刘邦做亭长没多久，他感觉亭长做得不够威风，整天领着两个跟班的到处瞎转悠，知道的是亭长，不知道的还以为是地痞流氓呢，于是他想改善一下工作形象。怎么改善呢?

刘邦决定设计一顶帽子，戴着帽子出去办案，显得既正规又威风。就像现在的警察一样，穿上警服戴上帽子，让人有敬畏之心。

刘邦手下有两个跟班：一个职位是亭父，主要负责村里开闭扫除，检查环境卫生等工作；一个职位是求盗，主要负责抓捕盗贼，维护村里的治安等工作。

刘邦派那个负责求盗的跟班抽时间去了一趟薛县，在薛县找了个人，让他负责帽子的设计制作。

不到半个月，帽子样品就被搞了出来。帽子高七寸、宽三寸，最上面是平顶，用竹皮制成。刘邦戴在头上试了试，像模像样，非常满意。

以后，泗水亭的工作人员就经常带着这种帽子出去巡视各村，显得很气派。因为是按照刘邦的想法制作的，好事者便给帽子取名叫“刘氏冠”。说不定那会儿，大家是为了取笑刘邦才取这个名字呢。又因为刘氏冠的形状似鹊尾，后人又称之为“鹊尾冠”。

刘邦得天下做皇帝后，鹊尾冠才高贵起来，一般人没资格佩戴，公乘以上的官员才有资格。

什么是公乘呢？顾名思义，就是配有公车乘坐的官员，和现在配有小汽车的领导差不多，在秦汉时相当于爵位八级的高级干部。

通过这件事可以看出，刘邦的工作热情还是比一般人要高的，并不是大家传说的那样，刘邦只是个吃喝嫖赌的流氓无赖。吃喝嫖赌只能说刘邦的私生活不检点而已，和工作作风无关。

如果天下太平，国泰民安，刘邦很可能会做一辈子泗水亭亭长，想要有更好的前途很难。但恰逢乱世，群雄四起，就给了刘邦这种人崛起的机会。

秦二世元年，朝廷颁诏，要求全国各郡县将监狱里的囚犯押往骊山，对秦始皇陵墓工程进行扫尾工作。沛县衙门接到诏令后，立即在监狱里选拔了一批符合要求的囚犯。那么，派谁押送这些囚犯过去呢？

这些囚犯大都不是省油的灯，一定要找个能力超强的人来押送才行。

刘邦去都城咸阳公干过，路比较熟，而且公认能力很强。县里面经过商议，决定派刘邦负责这次押送工作。

接到任务，刘邦还是比较积极的，毕竟年过半百，觉悟高，业务熟，他把家里安顿好后，便赶往县里押送囚犯向西出发。

我们都知道，囚犯在监狱里关久了，常年不见天日，早都憋屈坏了，现在还有可能到了骊山后再也回不来了，那还不逮着机会逃跑啊？刚出县城，就有几个囚犯趁刘邦不防备，挣脱枷具溜了。再前行数十里，又逃掉了几个。

刘邦孑然一身，既不方便追赶，更不敢过于严厉压制，非常郁闷。他没料到这个差事会这么难，后悔莫及，心想这样下去不是办法，等不到骊山，恐怕囚犯都跑光了。

刘邦越想越郁闷，感觉责任重大，本来还想干好亭长，哪天能被提拔做个县长呢，结果一疏忽，竟然接了这么个活，大难不死就阿弥陀佛了。

当走到丰邑西面时，路过一片大沼泽地。沼泽地旁边有一个亭子，正好有人在里面卖酒。刘邦是个酒鬼，又加上心中郁闷，干脆不走了，让大家停下来买酒喝。这一喝，直喝得天昏地暗，日落西山，也没有继续向前赶路的意思。

囚犯们还纳闷呢，这个当差的够放松啊，人都快跑光了，他还有心思在这里喝酒，照这样赶路，猴年马月才能到骊山啊。

可能是真喝多了，刘邦头脑一热，突然站了起来，摇摇晃晃地对剩下的那帮囚犯说道："兄弟们啊，这次你们去骊山做苦力凶多吉少啊，恐怕是回不来了。今天我刘邦把大家放了，你们各自逃命去吧!"

听刘邦这样说，大家颇感意外，不敢相信自己的耳朵，心想这家伙的脑子肯定喝坏了。刘邦说完便径直走过来将大家身上的绑绳一一解开，然后挥挥手，示意大家赶快走。

大家看刘邦动真格的，不是说笑，无不感激涕零，他们担心刘邦会因此死罪难逃，就问刘邦以后怎么办。刘邦苦笑着说道："还能怎么办？你们走了，我也只有远走他乡，亡命天涯了!"

这帮囚犯中有十几个人比较讲义气，感觉这样走了实在太不厚道了，便动情地对刘邦说道："刘大哥，我们看出来了，您是条汉子，我们也没地方去，以后就跟着您混了，您去哪我们就去哪，誓死相随!"

刘邦已经这般境地了，还有人愿意跟随，肯定没意见了。就这样，刘邦最初的创业小团队组建起来了，团队人不多，但是自发形成，很有凝聚力。

其实，现在创业也是一样，人不需要太多，但必须是一批死心塌地的人同心同德一起来干才行，否则很难经受住后面的挫折和诱惑。

把人放跑了，刘邦担心迟早会被官府通缉，就带着这十几个人趁着天黑穿过沼泽地另寻落脚之处。

这么多人一起行走太过张扬，刘邦便派出几个人在前面探路，有什么情况好及时通报。

从这个细节可以看出，刘邦虽然没读过多少书，但是做事很有章法，有点带兵打仗的天赋。

正当往前走的时候，突然有一个探路的跑回来汇报道："老大，前面有一条大蛇盘旋在路中央，挡住了去路，我们还是换条路走吧！”

过去，蛇在老百姓心目中是灵物，见到蛇，老百姓会尽量不招惹它，躲着走。

那么，刘邦会躲吗？

80. 赤帝子斩杀白帝子

“酒壮怂人胆”，何况是一个盖世英雄的胆。刘邦的酒劲还没过，醉醺醺的，一副天不怕地不怕的模样。

刘邦喘着粗气，不屑地撇撇嘴，霸气侧漏地说道:“我呸！好汉走个路，何所畏惧！还怕什么蛇虫啊！”说着，一个人晃晃悠悠继续向前行进，其他人远远地尾随在后面。

没多久，果然看到一条大蛇盘在路中央，刘邦眼睛都没眨，拔出宝剑上前把那条蛇砍成了两段，挑到路两边，头也不回，昂首阔步地往前走。

后面的人赶快追了上来，慌兮兮地跟着刘邦，都不说话，内心无不对刘邦的勇气佩服有加。

走了大概几里地，刘邦不胜酒力，找了块空地，躺倒就睡了过去，鼾声如雷，其他人也只好停下来休息。

一觉醒来，天色已经大亮。刘邦睡眼惺忪，把大家都喊醒，商量去哪里安身。正七嘴八舌商量着，从远处慌慌张张快步走过来一个人，边走边往后看，一副惊悚的样子。

这个人是从沛县方向过来的，也就是刘邦这帮人昨天来的方向，他好像认识刘邦，主动过来搭话。刘邦问他为什么这般惊慌失措。他告诉刘邦刚才遇见了一件非常蹊跷的事。

一说蹊跷的事，大家很好奇，都围拢了过来。这个人满脸紧张地说："刚才在过来的路上，碰到一个老太婆在路边哭得很伤心。我问她为什么在这里哭泣，她指着路边的一条死蛇说，她儿子是白帝子，变成蛇在路中间玩耍，结果被红帝子路过时斩杀了，说完继续哭天喊地。我本以为是个疯婆子在那里讹人骗钱，准备教训她两下，正要动手，那老太婆突然不见了。你们说奇怪不奇怪？吓死我了！"

大家听完，禁不住都回过头审视着刘邦，啧啧称奇。刘邦好像没事人一样，坐在那里不动声色，其实内心又惊又喜，暗自思忖："蛇明明是我杀的，难道我是赤帝子？我不是凡人？看来将来我一定能做一番惊天动地的大事业啊！"

那个人看刘邦在那里发呆，没反应，还以为他还没睡醒呢，就不再多说了，匆匆忙忙自顾离去。

此后，大家对刘邦更是刮目相看，愈加心甘情愿地跟着他干了。

这件事，也明确记载在史书中，显然带有一定的神话色彩。我们现在普遍认为这事子虚乌有，是刘邦为了凝聚人心，故意设的局，同陈胜的"篝火狐鸣"差不多。

如果这件事是预谋的，那么，刘邦为什么要选择"赤帝子杀白帝子"的故事呢？对此一直说法不一，最流行的莫过于"五行学说"。

按照五行学说，赤帝子代表火德，白帝子代表金德，火克金。有记载，秦襄公和秦献公都曾经祭祀过白帝，因此，这意味着刘邦注定要灭掉秦朝。这个逻辑看似通顺，但细心的人一下子就发现有问题，因为秦始皇自认为秦朝是水德，周朝是火德，水克火，所以秦朝能够取代周朝。现在又说刘邦代表火德造反，那不是找死吗？很明显，这种说法不太靠谱，除非刘邦没把五行学说搞明白用错地方了。

还有另外一种说法，可能相对靠谱一些。据说，早在周朝时期，民间有“五方五帝”的学说。这个学说认为，天地之间有五帝，存于东、南、西、北、中五个方向：青龙对应东方，赤龙对应南方，白龙对应西方，黑龙对应北方。

因为秦地位于西方，秦人崇拜白帝，秦襄公和秦献公还曾经兴师动众地祭祀过白帝。同理，因为楚地在南方，楚人很可能都崇拜赤帝，而刘邦生长于楚地，追随的人大多是楚人。

起事之初，刘邦若要取得沛县百姓的支持，自然要利用“楚”的名号。当时刘邦身份不过是一亭之长，名声又不是太好，号召力应该有限，模仿陈胜吴广假借鬼神之事让大家信服，为自己起事确立一个正义的说法，应该是大概率事件。所谓南方的“赤帝子”斩杀了西方的“白帝子”，其背后的深意，恐怕和“楚虽三户，亡秦必楚”的隐喻有某种暗合。

事实上，那个路人将刘邦斩杀了“白帝子”的消息放出来后，刘邦的威望确实得到大大提高，在大家心目中如同神一般的存在。

这些都是后话，当务之急还是找个安身之地逃命要紧。经过商议，刘邦决定带着这帮人在芒砀山一带暂避一时。

说来也巧，芒砀山正是陈胜的葬身之地。这种巧合好像预示着什么。

世上有些事情，总是让人说不清、道不明，无论你信与不信，它都在我们身边真实发生过。

在芒砀山中，刘邦一帮人今天这里转转，明天那里转转，居无定所，偶尔也有一些流氓无产者加入他们。

一晃，他们在山里已经躲藏了一个多月。这天，突然有个妇女带着两个孩子过来找刘邦。

那么，这个妇女会是谁呢？

81. 连累家人

正当刘邦一帮人在芒砀山间游荡的时候，一天，突然有个妇女带着两个孩子来找刘邦，说是刘邦的家眷。大家赶快把刘邦找来。刘邦一看不是别人，原来是自己朝思暮想的老婆吕雉和两个孩子，他既高兴又惊奇，天天最挂念的就是他们，现在竟然自己找过来了，于是好奇地问道："孩她娘，你们这是怎么找过来的啊？"

吕雉面带委屈，生气地说道："姓刘的，你还好意思说啊，自己一个人跑到这穷山沟潇洒，我们娘仨你是不想要了吗？"

别看刘邦到哪里都以老大自居，对他这个老婆却一点脾气都没有，一个劲地赔礼道歉解释。吕雉看刘邦衣衫褴褛，消瘦了很多，一副落魄的模样，着实心疼，气也就消了一半，然后才说道："你说奇怪不奇怪，无论你走到哪里，我都能看到一团云气在你上方环绕。我就是望着这云气找过来的啊！"

刘邦半信半疑，内心还是一阵窃喜，轻声说道："我早先听别人讲，秦始皇活着的时候常常说'东南有天子气'，所以他经常到东南方向巡游，目的就是为了压制所谓的'天子气'，难道这'天子气'是从我刘季身上发出来的？"说完，上前抱着吕雉嘿嘿笑了起来。

吕雉使劲把刘邦推开，翻了一眼，对刘邦数落一番，说着说着，泪眼婆娑。

刘邦赶快劝慰了一番，直到吕雉破涕为笑。

待吕雉情绪稳定，刘邦又问家里现在怎么样，最近因为他的事是否受到了连累。吕雉听刘邦这样问，不由得又拨动了她那颗受伤的心，眼泪哗地就涌了出来，便把之前发生的事给刘邦讲述了一遍。

刘邦听后也不禁陪着流下了眼泪，发誓绝不辜负吕雉。

那么，究竟发生了什么事让吕雉如此伤心呢？

原来，刘邦押着那帮囚徒走后，县令一直在等他回来复命，左等右等不见刘邦踪影，派人一打探，才知道刘邦早把人放跑了，刘邦本人也不知所终。

私放囚徒，那是重罪。秦朝那会儿的法令流行连坐，“跑了和尚跑不了庙”，刘邦不是跑了吗，那就拿他家人过来顶罪。

当时刘邦已经结婚很久了，与老爸老妈早已分家，这样就算两家人了，所以沛县政府没有为难老人家，只是把刘邦的老婆吕雉抓到县衙里关押了起来。

前文中说过，刘邦的家庭负担比较重，不但要养自己一家老小，外面还有个“小三”曹氏和私生子刘肥需要供养，而且酒肉朋友一大堆，每年的那点俸禄基本都被他吃光喝光玩光，家里没有什么积蓄。吕雉被抓起来后，手里没钱，自然无法打点狱吏。

而狱吏呢，整天和犯人打交道，时间长了，没把犯人教育好，犯人倒把他们带坏了，表面上是狱吏，其实就是犯人头，经常刁难刚进来的犯人，无非为了诈取点钱财，弄点零花钱。负责看管吕雉的狱吏就是如此。

本来如果刘邦家里有钱的话，拿出来贿赂一下，狱吏估计也会善待吕雉。可是刘邦家里没钱，又加上吕雉当时还有点姿色，狱吏从刘邦家里搞不到油水，便在吕雉身上揩油，经常污言秽语地调戏她，有时候还动手动脚。吕雉一介女流之辈，举目无亲，没有办法，只好强忍屈辱，低眉顺眼，由着他来。

类似狱吏这样的人最可恨，任何时代都有，自己地位并不高，却利用手中的一点小权力，通过欺负比自己更弱小的人来找点优越感，捞点好处。偶尔干一次还好，经常这样干，说不定哪天就被人看不下去给收拾了。

那个狱吏经常欺负吕雉，就有人看不下去了。这个人名叫任敖。

任敖也是狱吏，之前和刘邦关系不错，对刘邦很敬重，他知道刘邦的老婆吕雉被抓了进来，有心照顾，但是不归自己管，只能偶尔过来探视慰问一下。任敖早就听说那个狱吏经常欺负吕雉，只是没有亲眼见过，不好发作。

这天，任敖又过来探视吕雉，刚走到监狱门口，就听到有女人哭泣的声音。他停下脚步，在门口仔细听里面发生了什么事，只听见那个狱吏在调戏吕雉。

任敖感觉太不像话了，身为狱吏，竟然调戏女囚，何况吕雉又是好朋友刘邦的老婆，顿时怒火冲天，一个箭步冲了进去，抡起拳头就把那个狱吏打倒在地。那个狱吏猝不及防，被打得鼻青脸肿，接着两个人便扭打在一起。

狱吏打架，还当着犯人的面，这还了得，立刻惊动了县令。县令把他们绑过来审问。两个人互不相让，各执一词。

那个狱吏说任敖平白无故打他，脸上的伤就是证据；任敖说自己是路见不平，拔刀相助，大家有目共睹。

那么，县令究竟会怎么断这个案子呢？

82. 终于可以出山了

县令是大领导，对具体工作不太熟悉，也不想得罪人，他把熟悉法律法规的萧何叫过来公断。

前面说过，萧何是刘邦在县中最好的朋友，亲兄弟一样。他过来问明缘由后，对县令说，那个狱吏知法犯法，罪加一等，应该受到严厉责罚，而任敖是仗义执法，只是方式方法欠妥，有待改进，应该宽恕，以教育为主。

显然，萧何是在偏袒任敖。

像狱吏这种恃强凌弱的人，稍微有点良知的人都会深恶痛绝，所以明知道萧何有意偏袒任敖，县令也睁一只眼，闭一只眼，不加以制止。

按照秦法，那个狱吏挨了一顿板子。

处理完任敖和狱吏的纠纷，萧何顺便向县令替吕雉求情，说吕雉不过是家庭妇女，妇道人家，携儿带女，不闻外事，受刘邦连累实在太冤枉，何况刘邦人也没见到，究竟发生了什么事谁也不清楚，虽然有过失，还不至于牵涉他的家人，不如先宽大处理，待刘邦归案后再说。

县令知道刘邦平时在县里人缘很好，对自己还算尊重，也无心为难他的家人，就同意了萧何的意见，将吕雉释放。

回到家，吕雉到处托人打听刘邦的下落，最后不知道从哪里得到消息，说刘邦躲在芒砀山附近。刘邦走后，家里没了收入，坐吃山空，吕雉干脆打点行囊带着儿女直接跑到芒砀山来找刘邦。

吕雉是一个非常有心机的女人，她见了刘邦没说是托人打听得知了刘邦的下落，而是说什么望到云气而来。这怎么可能呢？

如果这件事属实的话，无非三个原因：一是吕雉为了突出自己的地位，故意这么说；二是吕雉为了鼓励刘邦努力奋斗，故意这么说；三是刘邦授意吕雉这么说，就像斩杀白蛇一样，以说明自己是“天选之子”。

最大的可能是最后一个原因。

无论是哪个原因，自从有了这个说法，刘邦又获得了一部分的支持，很多人慕名前来投奔，队伍随之逐渐壮大，已由之前的十几个人，发展到好几百人。

刘邦与老婆孩子团聚后，在芒砀山中找了一个相对固定的地方住了下来。这个地方当时叫“黄桑峪”，因为刘邦一家人住过，被后人改名为“皇藏峪”。

就在这个时候，陈胜吴广在大泽乡起义了，全国各地掀起了反抗秦朝统治的起义高潮。

前面说过，陈胜吴广在大泽乡起义不久就攻占了蕲县，而蕲县距离刘邦的老家沛县不远。沛县县令整天提心吊胆，担心陈胜吴广的起义军不知道哪天打过来，本来预想着到时候主动开城投降，但又不甘心，于是把萧何和曹参等人招来开会，商议何去何从。

在会上，萧何和曹参率先发表意见：“我等是秦朝任命的官吏，如今要背叛秦朝起事，恐怕沛县百姓会信不过啊，不如把那些潜逃在外的亡命之徒召集回来，组织一支队伍，利用他们来挟持沛县百姓，对抗陈胜吴广那伙人。”

县令一听，认为言之有理，但问题又来了，到哪里去召集亡命之徒呢？

看县令被说动了，萧何直接建议把刘邦那帮人召回来辅佐，因为刘邦为人讲义气，又是老同事，如果赦免他的罪，肯定会知恩图报，他回来了，沛县就安全了。

县令接受了萧何的建议，然后派樊哙去寻找刘邦回来。

为什么要派樊哙去呢？因为樊哙和刘邦的关系比较特殊，两个人是连襟，也就是樊哙的老婆吕媭是吕雉的妹妹。

樊哙是个狗屠，也就是杀狗的出身，这样的身份，在现在好像地位不高，其实不然。在古代，卖肉的地位比一般人要高一些，因为那个时候，肉是奢侈品，逢年过节才能包饺子饱餐一顿，平时肉金贵得很。又加上吕雉的老爸吕公擅长相面，他认为樊哙相貌不凡，身强力壮，所以把最小的女儿吕媭嫁给了他。

从某种程度上来说，相面还是有一定的科学道理的。俗话说："相由心生。"从面相上的确可以看出一个人的性格特点和能力大小，不过也只有像吕公这样眼光独到的人才能分辨出来。

县令是个聪明人，知道樊哙和刘邦之间的这层关系，他断定樊哙应该知道刘邦的藏身之处，这才派他去寻找刘邦。

果不其然，樊哙对刘邦的情况一清二楚，接到任务后，直奔芒砀山。

见到刘邦，樊哙把沛县的情况以及县令的意思向刘邦详细述说了一遍。刘邦在芒砀山中已经流浪好几个月了，苦不堪言，听樊哙说沛县县令请他回去共谋大事，喜出望外，认为英雄总算有了用武之地，当即率领他那帮兄弟兴冲冲赶往沛县。

当他们一路上有说有笑、畅谈美好未来的时候，远远望见有两个人从对面沛县方向小跑过来。走近一看，原来是萧何和曹参，两人风尘仆仆，满头大汗。

来不及寒暄，刘邦问萧何和曹参发生了什么事，怎么这般狼狈不堪。萧何稍微定了一下神，气喘吁吁地回答道："刘季，情况有变啊！之前我们说服县令召你回来准备大干一场，可是那个狗官不知道中了什么邪，突然变卦反悔了。他下令关闭城门，非说我们内外勾结，图谋不轨，还要诛杀我们哥俩。我们哥俩提前得到消息，才侥幸逃了出来。现在我们俩的小命算是保住了，那狗官岂肯罢休，估计会对我们的家人下手啊！刘季，你快想想办法，我们该怎么办？"

萧何一口气说完前因后果，刘邦不由得暗爽，有人处境和自己差不多了，能不暗爽吗？这回有伴了，不孤单了，可以一起造反了，但他故作关心地安慰道："老萧，先别着急啊，你们哥俩一直待我不薄，你们的家人就是我刘季的家人，我一定会设法营救的！我现在手里有好几百个兄弟，我们先回去看看，然后再做打算。"

事到如今，萧何和曹参没有其他办法，只好加入刘邦的队伍，跟着来到了沛县城下。

那么，在沛县城下又会发生什么事呢？

83. 举旗造反

刘邦带领队伍来到沛县城下，沛县城果然大门紧闭，一副如临大敌的样子。在城下，刘邦背着手来回踱了一会儿步，然后扭头向萧何问道："老萧，有什么办法可以打开这城门吗？"

萧何紧皱眉头，颇感无奈地说道："城中百姓对秦朝恨之入骨，未必都听那狗县令的，如果我们能够传递一份书信进去煽动一下，应该会有人响应我们打开城门。唉……只可惜书信无法传递进去啊，这该如何是好？"

刘邦哈哈一笑说道："这有何难？你只管写一封书信，我自有办法投递进去！"

听刘邦这么有把握，萧何二话不说，找了一块布和一支笔，沉吟片刻，草就了一封书信，然后念给刘邦听："天下苦秦久矣。今父老虽为沛令守，诸侯并起，今屠沛。沛今共诛令，择子弟可立者立之，以应诸侯，则家室完。

不然，父子俱屠，无为也。”

刘邦一听，非常满意，交口称赞，心想这有文化的人就是不一样，这么会挑唆事，寥寥几句，就能说到人的痛点。

萧何写的这段话，言简意赅，通俗易懂，极具煽动性，主要说明了两个痛点：一是，当时的社会现状，也就是秦朝暴政，不得人心，诸侯并起，天下大乱，沛县百姓不能无动于衷；二是，沛县百姓的出路，就是诛杀县令，响应诸侯，顺应大势，推翻秦朝，否则存在被屠城的风险。

简单一句话，干掉县令，响应诸侯，以求自保。

刘邦接过书信，转身从旁边人手里挑了一副弓箭，将书信绑在箭身上，从容走近沛县城墙，仰起头，挥舞着弓箭，大声呼喊道：“城上兄弟听着，我刘季率大军回来了！我这里有书信一封，你们好好看看，它可以保全城人的性命。”说完，弯弓搭箭，“嗖”的一声，已将箭射到了城墙上面。

城上守兵大都认识刘邦，赶快从箭上把那封书信取下，相互传阅。大家议论纷纷，拿不定主意，于是有人拿着书信去找城中德高望重的父老征求意见。

前面说过，“父老”当时是一种民选的官职，主要是负责地方上的公共事务，多由德高望重的老人担任，相当于现在的民意代表。

父老们看了书信，认为书信上写得很有道理，暴秦早该灭亡了，现在为了保全全城人的性命，只有牺牲秦朝任命的县令了。

经过短暂协商，父老们达成一致意见，他们带着一帮年轻人冲进了县政府，把县令杀死，打开城门，迎接刘邦入城。

刘邦进城后，把城中父老、乡绅以及地方豪杰召集过来开会。

在会上，大家一致推举刘邦做沛县县令，脱离暴秦统治。刘邦那个激动就甭提了，他没想到自己这么受拥护。但他心中没底，就为难地说道：“现在天下大乱，群雄并起，一招不慎，满盘皆输，到时一败涂地就追悔莫及了！我刘季几斤几两，我自己清楚得很啊，真没有那么大能耐保全大家啊！还请父老兄弟们另择贤能吧，只有这样才能确保干一番大事业！”

有人说，刘邦这是虚情假意，装装样子，我倒不这样认为。“枪打出头鸟”的道理每个人应该都明白，造反的事更是如此，刘邦自己不要命了，难道他也不顾及一家老小了？换成谁恐怕都要好好掂量掂量。所以，刘邦的谦让当时应该含有真情实意的成分。

众人见刘邦真不想干，便转过来推举萧何和曹参，因为这俩人有文化，在县里面比较有威望。萧何和曹参都是文人出身，舞文弄墨、耍耍笔杆子还行，造反的事无论如何不敢牵头。

俗话说：“秀才造反，三年不成。”他们深知造反不成，后果严重，那是要诛灭九族的，他们比刘邦更在乎一家老小，所以坚决推辞不干，要大家继续推举刘邦，自己甘愿辅佐。

大家只好又来推举刘邦。

刘邦往墙角一蹲，开始耍赖皮了，无论大家怎么起哄就是不松口，心想你们这帮文化人贼精，合伙坑我这个大老粗，我才不上你们的当呢。

这倒好，造反却没人愿意做老大，那还造个屁反？现在县令也杀了，城也夺了，以后怎么办？开弓没有回头箭啊！大家僵持在那里，一筹莫展。

正当大家不知道如何是好时，有一位好像很有见识的父老，从外面走了进来，他径直来到刘邦面前，诚恳地说道：“刘季啊，老朽我一大把年纪了，不会看错人的！很早以前老朽就听说了你刘季的大名，都说你不是个凡人，将来肯定大富大贵。刚才老朽和几个人在外面占了一卦，卦上说得明白，你刘季带领大家伙干最吉利。事已至此，为了大家伙，你不能再推辞了！”

众人纷纷响应，声称天意难违。

刘邦还想再推脱，但看到大家言辞恳切，而且占卜都说自己最合适，不得已只好硬着头皮答应了。不过他事先声明，如果干得不顺心，自己随时可以辞职不干。

众人听刘邦总算答应了，都欢呼雀跃。

当时刘邦已经四十八岁了，在古代，这是已步入老年人的节奏，所以大家尊称刘邦为“沛公”。

老大确定了，那么按照老规矩，要择吉日良辰举办个就职仪式。当然，在就职仪式前，很多事情也要先准备妥当。

首先是旗帜问题。有人出主意说，前段时间不是在传刘邦是赤帝子吗，还斩杀了白帝子，那就用红色的旗帜。刘邦表示同意。

也就是从那时起，红色成了汉民族崇尚的颜色。这颜色确实不错，让人热血沸腾，有激情，有干劲。

然后，刘邦选兵点将，进行分工安排：萧何最有文化，水平最高，擅长司法工作，做县丞；曹参为人厚道，也有文化，擅长内勤工作，做中涓；樊哙长得壮实，勇猛无比，是刘邦的连襟，做舍人，跟随刘邦左右，负责刘邦的安全工作。

还有一个人名叫夏侯婴，和刘邦关系非常好，每次路过泗水亭，都要找刘邦聊天，一聊就是大半天。有一次，刘邦开玩笑误伤了他，被人举报。按照秦法，亭长伤人是重罪，但夏侯婴死活不承认自己受伤了，刘邦才得以被从轻发落，鞭笞数百下，判了一年多，最后不了了之。可见两个人关系有多亲密。

夏侯婴以前在县政府负责车队管理，现在造反了，继续负责车队，被任命为太仆，给刘邦开车，成了和刘邦一生形影不离的人。

还有任敖，为人仗义，上次在监狱里替吕雉打抱不平，那就做门客，好吃好喝管着，做刘邦的身边人。

旗帜有了，职位也安排妥当了，杀牛宰羊，祭祀完黄帝和蚩尤，就算是打起锣敲起鼓，正式开张了。

紧接着，刘邦以沛县子弟为班底，组建了一支两三千人的军队。组建军队不是用来看家护院的，那是要出去攻城略地的，否则那么多人聚在一起只有饿肚子了。

那么，刘邦首先会攻打哪里呢？

第十二章

拥楚反秦

84. 将门无犬子

在沛县旁边有两座县城：一座名叫胡陵，位于今天的江苏省沛县龙固镇东北；一座名叫方与，位于今天的山东省鱼台县西。

刘邦决定先拿这两座县城练练手，由樊哙和夏侯婴负责带队前去攻打。胡陵城和方与县的县令闻讯，装缩头乌龟，闭门不战。正当樊哙和夏侯婴想办法强攻时，刘邦突然派人下令撤军。

这是为什么呢？原来，刘邦的老妈刘媪死了，需要先办丧事。

过去规矩比较多，一般情况下，父母丧葬期间不能轻易动兵。樊哙和夏侯婴不敢抗命，刘邦不再是原来那个小亭长刘季了，已经是他们的老大沛公了。老大家办丧事，肯定要回去协办了。所以，刘邦这支起义军队伍只好暂时偃旗息鼓，以后再等机会。

差不多与此同时，在另外一个地方，又冒出了一支势力更为强大的起义军队伍。这支队伍大概八千余人，在江东吴中，也就是今天的江苏省苏州市境内起事。

队伍的领导人是叔侄二人，叔叔名叫项梁，侄子名叫项羽，下相人，也就是今天的江苏省宿迁人。这叔侄二人大有来历，名震江东，他们就是当年临死时喊出“楚虽三户，亡秦必楚”的楚国名将项燕的儿子和孙子。

常言说得好：“将门无犬子，官家无白丁。”还是有点道理的，不管你服不服，基因这玩意儿的确会遗传。用老百姓的土话来讲就是：“龙生龙，凤生凤，老鼠生的儿子会打洞。”

当然，我们也不能唯基因论，因为后天努力在某种程度上还是能够弥补先天不足的。比如刘邦，基因可能就没那么好，但是他擅长利用别人的优秀基因来为自己做事，结果也成就了一番惊天动地的伟业。

而项氏家族的基因就很不错，在楚国，世代为将，因战功显赫被封于项地，成了楚国的贵族，从此开始姓“项”。

前文中说过，始皇二十六年，楚国被秦军攻灭，项燕战死疆场，随即项氏家族成为秦政府的重点打击对象，妻离子散，家破人亡。

项梁迫不得已带着侄子小项羽背井离乡逃到了栎阳，也就是今天的陕西省临潼北。栎阳距离秦都城咸阳非常近，之所以到这里来，估计项梁想切身体验一下秦国为什么那么强大，以图将来有机会报仇雪恨。

项梁的侄子项羽是位名扬天下、流传千古、至今都家喻户晓的英雄式人物，关于他的故事，应该很多人都耳熟能详。

项羽名籍，字子羽，成人后，项羽嫌“项子羽”三个字太麻烦，便改叫“项羽”。项羽的老爸很早就死了，项羽跟着叔叔项梁长大。

项梁对项羽寄予厚望，一心想培养他早日成才，光复楚国，建功立业，重振项家，所以从小教他读书识字。但是小项羽天性好动，坐不住，学几天就不愿意学了。

项梁看项羽这孩子长得壮实，精力充沛，喜欢打架，既然不愿意习文，那就练武，于是便找高人传授他剑法。结果小项羽没耐性，没学多久，又不干了。项梁不免失望，斥责道：“这也不学，那也不学，你到底想干吗？我们项家以后还全指望你振兴呢！”

小项羽个性很强，脖子一扭，头一仰，不服气地回答道：“叔叔，你教我的这些能有什么用啊？读书写字不过能认识自己的名字，习练剑法虽然能够防身，但最多能对付一两个人而已。学一人敌有什么用？我要学万人敌！”

项梁一听，大感意外，认为这孩子不同凡响，有理想，有抱负，应该是自己错怪他了，转怒为喜，对小项羽温和地说道：“好的，你要真是有那么大的志向，叔叔我就教你万人敌，从今天开始，传授你兵法。”

说完，项梁进内屋，把压箱底的祖传兵法拿出来让小项羽研读。小项羽开始还挺用心，但他生性耐力不好，比较粗糙，没多久又慢慢懈怠了。

项梁看他本性难移，三分钟热度，也懒得管了，由着他的性子来，长成什么样算什么样，全凭造化了。

从这件小事，我们可以看出，项羽在性格上是有缺陷的，缺乏持久力。其实很多人都是如此，而做事业呢，最重要的就是百折不挠，持之以恒，后来项羽的失败与他这个性格不无关系。

有人经常问聪明与智慧的区别，一句话很难说清楚，仁者见仁，智者见智，反映在现实生活中，维度也有很多，但能否做到持之以恒，应该就是其中一个维度。显然，能够持之以恒属于智慧范畴，反之，一学就会，一干就成，实际上却不求甚解，不能持久，属于聪明或小聪明的范畴。当然也不能一概而论，具体问题还须具体分析。

项羽的具体问题是天赋很好，但不愿意把天赋发挥到极致，而项梁呢，只能带着项羽在栎阳无所事事，消磨时光，过着安逸的生活。如果一直这样下去，项梁和项羽叔侄二人可能在时间的侵蚀下，淹没在普通百姓之中，也不会有后来的“江东八千子弟兵”，甚至以后的历史也会是另外一种写法。

但偏偏有人打破了叔侄二人这一安逸的生活状态。这个人究竟是谁呢？史书中没有记载，只说他举报项梁有罪，项梁因此被官府关进了监狱。我们知道，秦法非常严酷，一旦罪行成立，项梁肯定不会有好结果，起码少个胳膊断条腿。

出事之后，项梁没有坐以待毙，赶快找人托关系设法营救自己。

项氏家族曾经是名门望族，找个关系应该不难，就看哪个关系能帮上忙。

项梁有个朋友远在蕲县做狱掾（yuàn）。所谓狱掾，就是负责刑狱的官吏，隶属于司法系统。这个朋友名字叫曹咎。

于是，项梁修书一封给曹咎，让他从中活动活动，设法营救自己。曹咎还是很讲人情的，看到书信后，马上联系了栎阳县同样做狱掾的同事司马欣，让他帮忙疏通一下。

关于曹咎和司马欣这两个人，以后我们还会多次说到，这里大家先有个印象。

人找人，关系托关系，便形成了关系网，看不见，摸不着，它却真实存在，而且很有效，这就是潜规则，潜移默化中左右着社会发展的规则。

既然是潜规则，司马欣肯定也要买账了，他想方设法给项梁开脱罪责，项梁这才得以被无罪释放。

出狱后，项梁气不顺，毕竟是将门之后，虽然落魄了，但是脾气还在，所以一心想着收拾那个举报他的仇人。

冤家总是路窄。这天，项梁在街上瞎转悠，正好碰见了那个仇人。正所谓："仇人相见分外眼红。"项梁冲上前，质问那个人为什么要举报自己。如果那个人哈哈一笑，说两句客气话，道个歉，这事说不定也就完了。他倒好，比项梁还凶，生怕示弱了显得自己很无能似的。项梁是行伍出身，手上是有功夫的，三下五除二就把那小子打死了。

俗话说："杀人偿命，欠债还钱。"项梁知道，这次祸闯大了，赶快跑回家收拾一下包袱，带着小项羽跑了。

那么，他们会跑到哪里去呢？

85. 彼可取而代也

项梁因为杀了人，带着侄子项羽从栎阳逃跑了，他们一口气向东南跑到了江东吴中，在那里隐姓埋名，潜伏了起来。

项梁是贵族出身，交际能力很强，特别是在上流社会，如鱼得水，不久他便在吴中士大夫圈活跃起来。所谓士大夫，是当时社会上有声望、有地位的知识分子和官吏的统称。

因为项梁能谋善断，才能出众，气度非凡，士大夫们都喜欢和他往来，凡是地方上有什么大事，比如开业典礼啊、红白喜事啊，都会请项梁过去帮助张罗一下。项梁每次都能搞得井井有条，张弛有度，就像行军布阵一样。时间长了，项梁的名气越来越大，威望越来越高，大家都认为“吴中贤士大夫皆出项梁下”。从此，项梁和项羽叔侄二人就在吴中扎下了根。

一眨眼，项羽长大成人了，身高八尺，力能扛鼎，气可拔山，天性好勇斗狠，吴中当地小伙子都惧怕他。由于长期受项梁熏陶，项羽才气过人，胆识超群，经常语出惊人。

俗话说：“病从口入，祸从口出。”有一次，项羽因为口出狂言差点惹来杀身之祸。

那次，秦始皇东巡，项梁带着侄子项羽，跟随人群去观看秦始皇的仪仗队，长长见识。围观的百姓看到秦始皇的威仪，无不盛赞，但项羽指着秦始皇的车队竟然狂妄地说道:“彼可取而代也!”

这句话可把项梁给吓坏了,赶快上前捂住项羽的嘴巴,低声训斥道:“休得胡言乱语!如果被人听到揭发的话,要灭三族的!”说完,拉着项羽迅速离开。

虽然项羽说话有点冒失,但这件事还是让项梁又惊又喜。惊的是项羽这孩子不分场合乱讲话,实在太危险;喜的是自己这么多年的教导终于有了成果,在项羽心中已经埋下了仇恨秦朝的种子。

项梁一心想恢复楚国,为老爸项燕报仇,现在侄子项羽和自己一样,让他怎能不欣慰呢?

之后,他们私下里联络了一批死士,偷偷铸造兵器,专等反秦时机到来。

不久,陈胜吴广领导的大泽乡起义爆发了,天下豪杰纷纷响应。项梁也摩拳擦掌,蠢蠢欲动,但苦于无从下手,只好静观其变。

当时,吴中属于会稽郡管辖,郡守名叫殷通。殷通是个野心家,他见天下大乱,义军蜂起,秦朝灭亡成了大势所趋,也想趁机独霸一方,捞点政治资本,于是开始笼络天下豪杰。

殷通早就听说过项梁的大名,便派人召项梁过来,想让他为己所用。郡守召见哪有不去之理?项梁欣然前往。

看到项梁来了,殷通摆出一副礼贤下士的样子,亲自下座相迎。两人寒暄一番后,进入密室详谈。在密室,殷通虚心地向项梁求教道:“足下是高人,大名如雷贯耳,如今天下大乱了,足下对时局有何高见?”

项梁搞不清楚殷通葫芦里卖的是什么药,不敢乱表态,只是假装疑惑地说:“殷公,在下一介草民,从没认真考虑过这事啊,还烦请赐教!”

殷通知道自己是官家的人,直接问这么敏感的话题,项梁肯定信不过,便主动敞开了说道:“陈胜吴广一伙乡村野夫造反了,蕲县、陈县相继失守,听说江西那边有很多人响应。不瞒你说,我认为秦朝气数已尽!常言说:‘先发制人,后发为人所制。’我打算趁机起事,意下如何?”

这番话正中项梁下怀，项梁心想这狗官真不厚道，身为秦朝地方大员，不为政府办事也就算了，他倒好，竟然趁火打劫，搞政治投机，太没节操了，不由心生厌恶。但又强颜欢笑，唯唯诺诺，满口称赞殷通英明。

殷通以为项梁被自己说动了，非常高兴，又说道："三军易得，一将难求，行军打仗最重要的是要有优秀的将领带队。在我心中，有两个最佳人选，一个就是足下，另外一个是勇士桓楚。这个桓楚也是一条好汉，只是曾经犯过事，畏罪潜逃了，现在不知去向。"

关于桓楚，我们就不多介绍了，史书中没有详细记载，只说他一直跟着项羽混而已，后文中还会出现一次他的名字，大家知道就可以了。

听殷通说到桓楚，项梁貌似恍然大悟地回应道："桓楚的确是个将才啊！很少有人知道他的行踪，他和我的侄子项籍关系不错，项籍应该知道他的藏身之处。如果让项籍把桓楚找来，大事可成！"

殷通大喜，双手一拍说道："太好了，既然你侄子知道桓楚在哪里，那烦请他代表我去寻找桓楚。"

项梁忙点头称是："明天在下就把侄子项籍叫过来，让他当面接受殷公的指令。"

这样你一言我一语，两个人聊得非常投机，殷通对项梁全没了戒心。

晚上，项梁回到家把项羽找来，把白天的事给他说了一遍。项羽年纪尚轻，问叔叔项梁作何打算。项梁认为殷通不足与谋，还是自己单干比较好，但可以借殷通的人头来祭旗立威。于是两个人谋划了半宿，推演如何干掉殷通。

项梁和项羽叔侄二人真是胆大包天啊！殷通是会稽郡守，地方大员啊，他们叔侄二人一介平民，怎么就敢想到干掉郡守呢？这勇气真不是我们一般人能够理解的！

有心理专家对成功人士群体进行过性格测试，发现大凡能够取得巨大成功的人，一般都具备"三商"，也就是智商、情商和勇商。关于智商和情商，大家都比较熟悉，它们决定着人生所能企及的高度和宽度。关于勇商，大家可能稍微陌生一些，它指的是人的勇气和胆识，在事业初创和转折阶段起着至关重要的作用，而常人往往最缺乏的就是勇商。

如果你梦想干一番大事业，最好对自己的勇商先认真评估一下，别事情还没干，人就被吓得半死了，那就得不偿失了。

显然，项梁和项羽叔侄二人的勇商极高。

第二天一早，项梁带着项羽，身藏利刃来到了郡府门口。在郡府门口，项梁让项羽在外面先候着，等待召唤后再进去。临走时他还不放心，又特别严肃地对项羽说："记住，这事只能成功，不能失败！"

项羽热血沸腾，双目圆瞪，咬紧后槽牙，使劲点头领命。然后，项梁只身一人径直进入了郡府。见项梁只是一个人过来，殷通诧异地问道："你侄子项籍呢？"

项梁毕恭毕敬地回答道："项籍在外面候着，没有殷公的命令，不敢擅自进入郡府。"

殷通心想，这项梁真心不错，名副其实啊，多懂规矩，马上催促下人将项羽领进来。

郡守亲自下令催促，门卫还以为项羽是位贵客，平时搜身的规矩也就省略了。

听到召唤，项羽昂首挺胸，大踏步进入郡府，来到殷通跟前。殷通看项羽人高马大，身强力壮，英气逼人，很是喜欢。

冷兵器时代，那种长得高高大大、粗粗壮壮的人，往往让人高看一眼，因为当面对决，高大本身就有很大的优势。

殷通不由得回过头对项梁笑着赞许道："好一位壮士！名不虚传啊！"

项梁赶快颔首回应道："一介武夫，不足挂齿！"

殷通招招手让项羽再走近些，想拍拍肩膀显示自己的和蔼可亲、平易近人。就在这时，项梁盯着项羽突然大声说道："好，行动了！"

听到指令，项羽立即从宽大的袖筒中拉出宝剑，抢前一步，向殷通削去。殷通还没明白过来怎么回事，在微笑中就被削掉了脑袋，身体"扑通"

一声栽倒在地。

项梁不慌不忙地弯腰从殷通身上将印绶解下来塞进自己腰间，接着又将殷通的人头捡了起来，提在手中，与项羽快步走出客厅。

整个过程也就是一眨眼的工夫。虽然时间短暂，但毕竟在郡府，上上下下都是仆从，郡守被杀的消息很快就传出去了，庭院内迅速聚集了上百家丁，他们手持兵器，嗷嗷直叫，拦住了项梁和项羽的去路。

那么，项梁和项羽叔侄二人能够安全脱身吗？

86. 都不是一般人

项羽年轻气盛，天性好斗，这区区上百人，他压根没放在眼里，一声吼叫，拿着宝剑就冲了过去。只见一把宝剑上下翻舞，剑光所到之处，便有人头落地。

这帮家丁一下子就被项羽的气势压制住了，都缩在后面不敢上前。项羽仍不罢休，挥舞着宝剑继续上前砍杀，又砍倒十多个人才收住脚步。

经过这么一阵砍杀，这帮家丁彻底被打怂了，开始四散逃窜。项梁在旁边大喝一声："都给我站住！"

众人吓得立在原地，不敢乱动。项梁厉声说道："大家不要惊慌！只要放下武器，我们不会伤害你等性命！"

正所谓："树倒猢狲散，墙倒众人推。"郡守已经死了，项羽又那么凶残，谁还会去卖命，纷纷扔下手中的兵刃。项梁继续说道："天下苦秦久矣！暴秦作恶，郡守贪婪，我叔侄二人为民除害，与你等无关。只要你等不为死去的郡守卖命，我们就是自己人!”

众人一听，一下子放松了很多，不约而同跪倒在地，表示愿意听从差遣。

收服了郡守殷通的家丁，项梁命人把城内的父老、贤达、豪绅等都召集过来开会。在会上，他直接向大家表明了自己的态度，就是要举旗反秦，响应陈胜吴广起义。

平时大家对项梁就比较敬服，现在天下大乱，郡守又被杀了，谁会那么没眼色去反对啊，何况瞪眼就宰活人的项羽在旁边怒目而视，所以大家当即表态拥护项梁的义举。

就这样，项梁顺利接管了吴中，担任会稽郡守，任命项羽为裨将，遍贴告示，公开招募兵马。

项梁和项羽是昔日楚国名将项燕的后人，号召力肯定比一般人要大得多，没多久，各路豪杰纷纷前来投靠，都想在这个大有前途的初创队伍中混得一官半职。

项梁是将门之后，点兵点将，自有章法，不是什么人都重用的，他主要根据每个人的特长进行分工安排。当时有个人自恃之前认识项梁，关系还很不错，就毛遂自荐，想混个好差事干干。项梁耐心地向他解释道：“你人很不错，但是我不能用你啊！因为你这个人不擅长组织工作。还记得你曾经跟着我去给人家办丧事吗？给人家搞得乱七八糟！现在是行军打仗，可不是闹着玩！如果我重用了你，最后会害死你的!”

那个人被项梁说得自惭形秽，不好意思，只好垂头丧气顾自离去。旁边的人看到了很是佩服，都认为项梁做得对，知人善任。

人事任命完，城内安顿好，接着项梁命侄子项羽带兵攻打吴中下属各县，结果项羽还没到，下属各县就相继开城投降。江东的年轻人听说项羽这般神勇，就从四面八方跑过来投奔到他的麾下。

人越来越多，鱼龙混杂，项羽精挑细选，从中选出八千壮士作为自己的嫡系部队直接领导。这八千人的队伍就成了项羽将来征战天下的原生力量，号称“江东八千子弟兵”。

此时，项羽年仅二十四岁，意气风发，风华正茂。也就是在这个时候，项羽正式将名字“项子羽”改成“项羽”，“项羽”大名开始名扬天下。

自此，项梁叔侄二人逐渐做大，威震江东。

当时陈胜已经兵败被杀，他有一个属将名叫召平，广陵人，也就是今天的江苏省扬州人，曾奉命率兵攻打自己的老家广陵，但是攻打了好几个月也没有结果。听说老大陈胜死了，召平知道自己孤军难支，早晚被秦军干掉，便率兵渡江东下投奔项梁。

召平这小子比较狡猾，他担心项梁不买他的账，见了项梁并没有将陈胜的死讯如实告知，而是伪造了一封任命书，任命项梁做“张楚”国的上柱国。

陈胜是反秦的发起者，名声在外，大家都唯陈胜马首是瞻。项梁接过任命书，非常激动，立刻带兵渡江西进。

在西进路上，突然有一支人马过来投奔。这支人马的领头人非同小可，大名鼎鼎，他就是历史上著名的英雄人物英布，人称黥（qíng）布。

为什么被称呼为“黥布”呢？好像有点奇怪！

我们还要从英布的传奇经历说起。

英布是六县人，也就是今天的安徽省六安人。六安这个地方估计现在已经家喻户晓了。有段时间，中央电视台某个主持人播音时把“六安”的“六”字给读成了“liù”，网上有人指出来应该读“lù”，结果争执不下，为此搞得沸沸扬扬。其实，都不错！

英布就是六安人，小时候父母曾让算命先生给他看过相，说他前途无量，长大后有可能做王，只是为此会先受到黥刑。

所谓黥刑，也叫墨刑，属于肉刑一类的刑罚，说得通俗点，就是在犯人脸上刺字，涂上墨炭，终身携带，永不褪色。这种刑罚从上古时代就有，直到清朝光绪年间才被废除，可以说是中国历史上使用时间最长的一种肉刑。

你想想，谁愿意在自己脸上刺字啊，多碍眼，即便现在那么流行刺青，也很少见到有人在脸上刺字，何况过去这还是有犯罪前科的标志呢。

英布的父母当然也很介意了，他们就给英布起个别名叫黥布，说是辟邪。

算命这种学问为什么被称为玄学呢？主要因为它不可捉摸，不好解释，很多事情又总能被它预测准确，说不出有什么科学道理。你说巧合也罢，推理也好，反正是隐隐约约、模模糊糊、神秘兮兮，好像是那么回事。

结果不出算命人所料，英布长大后当真犯了法，而且脸上还被刺了字，受到了黥刑，被发配到骊山修陵墓，做苦工。

因为从小就知道自己早晚有这么一难，英布倒也能坦然面对。他不但不以为耻，反而得意地对囚友们说："算命先生说老子受了黥刑后才能封王，莫非老子将来真的要封王吗？"

囚友们听了都哈哈大笑，嘲笑他异想天开，能活着回去，不去见阎王就算万幸了。英布并不生气，自得其乐。

不知道大家有没有发现一个有趣的现象，大凡成功人士，在年少的时候都有过强烈的心理暗示，暗示自己不是一般人。这种心理暗示已经被现代科学证明是有作用的，所以现在很多家长教育孩子时，多以正面激励为主，让孩子从小培养自信。

不过这样做也要有个度，激励并不是放纵，更不是纵容。如今有些父母好像有点过了，不管孩子对错都给予无底线的认可，这非但不会培养孩子的自信，还有可能让孩子变得自大，甚至自负，对一生的影响很可能会适得其反。

英布从小受到的心理暗示却是正面效应，甚至成了英布的人生理想。

那么，英布会怎样实现他的人生理想呢？

87. 入伙反秦

英布犯了法，受到黥刑，被发配到骊山做苦工。在骊山做苦工期间，英布结交了很多囚徒工友。这些人个个身怀绝技，骁勇剽悍，不服管教。

英布这家伙一直认为自己不是一般人，怎么可能甘心在骊山老实做苦工等死呢？不久，他便伙同一伙囚徒工友逃跑了，开始亡命天涯。

当时，陈胜吴广已经带头造反，英布本想跟着起事，但苦于人手太少，只有四五十号人，迟迟不敢轻举妄动，只是四处打探机会。经过打探，英布听说番阳县，也就是今天的江西省鄱阳县，县令吴芮性情豪爽，喜欢结交天下英雄豪杰。

关于吴芮，我们必须多说几句，此人不简单，据说是吴王夫差的第十一代世孙，江西历史上第一个有明确历史记载的著名人物。现在江西南昌滕王阁四楼，有一幅巨大的江西历史文化名人壁画，在这些杰出人物中，吴芮排第一位。

如此厉害的人，英布决定只身前往求见，目的是说服吴芮起兵反秦。

看看英布，不一般吧，一个逃犯，脸上还刺着字，竟敢单枪匹马找县长造反，这勇气和胆识恐怕比项梁叔侄杀殷通也差不太多！

刚见到英布时，吴芮很不以为然，心想你小子吃了熊心豹子胆，脸上刺字，朝廷要犯，竟敢跑到我这里煽动造反，这不是自投罗网吗？但英布不卑不亢，不紧不慢，举止不凡，对天下大势分析得头头是道，不禁让吴芮对他另眼相看。

于是，吴芮便让英布暂时留在身边，暗中观察，试探他的能耐。这一试不要紧，结果发现英布果然不同凡响，不但见识过人，而且拳棒精通，弓马娴熟，从此深得吴芮器重赏识。

吴芮有个女儿，很漂亮，而且还没许配人家，遇到如此满意的单身大龄男青年怎么会轻易放过？吴芮便把英布招为上门女婿。

按常理，一般水平的男人攀到豪门，肯定是安享富贵，心安理得吃起软饭了，哪里还有心思去浪迹天涯造反玩命啊？

但英布素有大志，不愿意在温柔乡里徒耗人生。蜜月期刚过，英布就把原来他在骊山结交的那帮人召集过来，向老丈人吴芮借兵起事。

俗话说："一个女婿半个儿。"都是一家人了，吴芮肯定大力支持了，自己也早就不想为秦朝做事了。经过一番准备，英布组建了一支队伍，带着这支队伍渡江向北攻城略地，扩大地盘。

这天，正在路上行进，探子报告前面来了一队人马，每个人都是青布包头，由陈胜的部将吕臣率领。

关于吕臣，我们前文中说到过，正是由他组织的苍头军夺回了陈县，杀掉了谋害陈胜的叛徒马夫庄贾。

吕臣当时占领陈县没几天，就被秦军赶了出来，只好带着残兵败将逃到了这里，恰好和英布北进的队伍相遇。吕臣看英布的兵马装束不像秦军，就主动示好。都是造秦朝反的义军，目标相同，志趣差不多，吕臣和英布俩人相谈甚欢。

吕臣可能对陈县有特别情节，请求英布帮他夺回。英布豪气十足，毫不犹豫，慨然应允，于是两队人马合兵一处，进攻陈县。

陈县由秦将章邯手下的两个小军官把守。由于最近秦军势头凶猛，战无不胜，攻无不克，他们并没有把英布放在眼里，直接带着兵出来迎击。哪里知道英布不是善茬，是一位英雄式的人物，手下也个个骁勇善战，杀人不眨眼。

只见英布的军队如同猛虎下山一般冲杀过去，瞬间把秦军打得七零八落。秦军抵挡不住英布的凌厉攻势，只好逃出陈县。

见英布帮自己收复了陈县，吕臣非常高兴，大摆筵席招待英布，并邀请英布留下来一起干。英布另有打算，不屑于安居于此，没几天便与吕臣道别，率众向东发展去了。

这个时候，项梁带着江东八千子弟兵准备渡江西进。英布对项梁仰慕已久，直接带兵过来投奔。项梁正招揽天下英雄豪杰，看到威风凛凛、非同寻常的英布来投奔，欣然接纳。

接着，项梁带着英布、项羽一干人马开始渡江西进。沿途看到有许多难民扶老携幼往同一个方向赶路，项梁很是纳闷，便派人去找一些难民过来打听原委。这些难民对项梁说："听说东阳县令被当地百姓杀了，现在由一个名叫陈婴的人做县令。陈县令为人宽厚，体恤民情，爱民如子，这兵荒马乱的，我们是过去寻求陈县令保护，免受战祸的。"

项梁听后连连称奇，对属下不无感慨地说："现在这世道，东阳竟然还有如此受老百姓拥戴的县令！如果是真的，应该拉他加入我们一起去攻打暴秦！"大家议论纷纷，都认为如此甚好。于是，项梁修书一封让人带到东阳，拉陈婴入伙。

这里要特别交代一下，这个东阳不是现在的浙江省的东阳市，而是现在的江苏省盱眙县马坝镇。

那么，陈婴究竟是什么样的一个人呢？怎么会那么受当地人拥戴呢？

原来，陈婴早期在东阳担任过令史，是县政府内的一名普通公务员。但陈婴从小家教非常好，品行端正，道德高尚，为人一向诚信谨慎，在县里名望很高，被人称为"敦厚长者"。

后来，陈胜吴广带头起义，天下大乱，当时"诸郡县苦秦吏者，皆刑其长吏"，也就是杀县令，反暴秦成为一种潮流，因此东阳的一些年轻人也跟风杀死了县令，聚集数千人，头裹青布，起事造反。

既然造反起事，那就要有个领头人，而且领头人要德高望重，否则群龙无首，迟早完蛋。这个时候，大家就想到了陈婴。

陈婴是个好人，好人哪里有勇气造反啊，他借口能力不够，百般辞谢，但是大家认准了他，无论如何非推举他做老大不可。

这是不是有点像刘邦被推举成沛公的情景，区别是陈婴比较敦厚，刘邦比较江湖。

陈婴拗不过，只好出来干，不过他要求大家先把原来县令的尸体按规矩好好埋葬了才行。用老百姓的话说，这就是懂事啊！

东阳周围的人听说陈婴出山了，都争先恐后前来投奔，谁不想跟着好人混啊？很快，陈婴下面就聚集了两万余人。

俗话说："人多胆大，胆大包天。"下面就有人提议拥立陈婴为王，割据一方。陈婴其实也想干，毕竟是光宗耀祖的事，干一天王，那也是王啊！但他心神不安，于是去请教他的老母亲。

那么，陈婴的老母亲会同意吗？

88. 队伍不断壮大

陈婴的老母亲不简单，是一位有主见、有见识的女人。她对陈婴说："自从我进了你们陈家的大门，就从未听说过你家祖先有过贵人。你虽然做得还不错，也不过曾经在县里面做个小办事员而已。现在他们因为你办事比较公道谨慎，为人比较忠厚可靠，才拥立你为王，但是'忠厚'二字只能独善其身，却不能兴国立业啊！如果你今天听从他们，骤然称王，我看不一定是好事，以后非但不能继续保持现在的威信，说不定还会招致更大的祸端。况且，天下刚刚大乱，形势还不明朗，不知道什么时候安定下来，你切记不要铤而走险啊，否则将来后悔都来不及了！我给你说个办法，你不如找一个贤明的人来依附，事成了你有好处，事败了你也容易逃脱干系，省得被人当作出头鸟，成为众矢之的，只有这样才能在乱世之中立于不败之地啊！”

陈婴老母亲的这番话，可以说是典型的中国式父母对待孩子前程的态度。俗话说：“娘疼儿不由人。”父母对孩子的生死安危最为看重，其他都退而求其次。

陈婴这种品行端正的人一般都有很好的家教，我们从陈婴老母亲的这番话中也能看出来，他的决策肯定会受到老母亲的影响。所以，从老母亲那里回来后，陈婴就打消了称王的念头。

恰好此时，项梁的书信到了。陈婴看完书信，有一种如释重负的感觉，他拿着书信对下属说：“江东项梁给我来信了，要我们与他兵合一处，将打一家，共同讨伐暴秦。项氏家族大家应该都清楚，世代为楚将，声望很高，项梁叔侄二人又英武绝伦，不愧为将门之后，现在我们要举大事，非跟着这等人不可。如果我们加入他们一起战斗，一定可以消灭暴秦。你们意下如何？”

既然老大都这样说了，大家都无话可说，本来项梁叔侄的大名也是如雷贯耳，于是都同意归属项梁。项梁闻讯大喜，当即任命陈婴为将军，继续统领本部人马，对外只要打着项梁的旗号就行。

不久，项梁与陈婴合兵一处，再加上之前英布投奔过来的人马，项梁手下已经有四五万人了。

差不多与此同时，有一位姓蒲的将军带了一两万人也慕名前来投奔。这位蒲将军战功显赫，是项羽手下一位重要将领，但是史书中没有详细记载其名字，我们姑且按照史书称呼他为“蒲将军”好了。

项梁率领这六七万人的军队继续向西挺进，这天便进驻到了下邳。

关于下邳，大家应该不陌生了，也就是张良拜黄石公为师的地方。在这里，项梁暂时驻扎了下来，派人到前面打探消息，准备伺机而动。

探子回来报告，说彭城由秦嘉率领的起义军驻守。秦嘉原本是陈胜的部将，但与陈胜有点过节，对陈胜一直不服气，陈胜死后，他就另立了一位名叫景驹的所谓楚国王族后裔为楚王。听说项梁以陈胜上柱国的身份西进，秦嘉很不爽，心想项梁算什么东西，凭什么能当上柱国，招呼都不打，于是就扬言要剿灭项梁所部。

项梁听完探子的汇报，火冒三丈，感情说自己的上柱国还要经过秦嘉的批准才行。他把将士们召集过来说道："陈王首先起事反抗暴秦，是我们心甘情愿尊奉的楚王。现在攻秦失利，生死未卜，这个秦嘉太不是东西了，竟然背叛陈王，擅立什么景驹为王，简直是大逆不道！众将听令，我们一定要剿灭此贼！"

项梁多有号召力啊，刚说完，众将士就杀声震天。紧接着，项梁整顿人马，排好队伍，执锐披坚，杀奔彭城。

秦嘉自起兵以来，还没怎么打过仗，自不量力，哪里会是项梁的对手，坚持没多长时间，就弃城逃跑了。项梁岂肯罢休，驱兵追赶，直至胡陵。在胡陵，秦嘉无路可逃，只好收集败兵拼死抵抗，结果兵败身亡，部众大都投降了项梁。秦嘉拥立的那个楚王景驹最后也一死了事。

像秦嘉这种人，和之前说过的陈婴，是截然相反的两种人：一个自视过高，一心想做老大，谁都不服气，结果志大才疏，一命呜呼；一个自视过低，一心不肯出头，专找人依附，结果才大志疏，能够善终。

常言道："人贵有自知之明。"说起来容易，做起来真的很难，这是一个修炼的过程，越早体悟，对人生越有益。当然，人生最好的结果莫过于做个才志相配的人。

之后，项梁顺势进驻了胡陵，为引兵西进做准备。这个时候，章邯统领的秦军听说项梁的义军已经做大，便主动打了过来。项梁派别将朱鸡石和余樊君二人率兵迎敌。

所谓别将，就是配合主力军作战的将领，其统领的军队一般是收编过来的，不是嫡系。

朱鸡石和余樊君肯定不是章邯的对手了，大败而归，余樊君战死沙场，朱鸡石侥幸逃了回来。如此惨败，让项梁大为光火，一怒之下杀掉了朱鸡石。然后，项梁亲自带兵迎战秦军。

俗话说："老将出马一个顶俩。"义军一路杀将过去，所向披靡，一举攻入薛城，也就是今天的山东省枣庄市薛城区。刚进城不久，这天就有一队人马前来投奔，说是要向项梁借兵报仇。

那么，这队人马是由谁率领而来的呢？项梁会借兵给他们吗？

89. 结交两个新朋友

这队人马的领头人不是别人，正是刘邦。

刘邦为什么会来投奔项梁呢？因为他遇到了困难。

前文中我们说到，刘邦由于老妈刘媪死了，暂时按兵不动在家守孝，但是树欲静而风不止。

当时沛县属于泗川郡管辖。泗川郡的郡守听说刘邦在自己的辖区内造反了，不能容忍，便派军队来镇压。这样一来，刘邦就没法安心守孝了，只好带兵迎战。

秦军主动过来挑事，一交手就被刘邦打得屁滚尿流，逃了回去。秦军逃走了，刘邦却不干了，很是恼火，心想老子在家守丧尽孝都不得安生，看老子不打残你们，于是决定亲自率兵追击。

临走前，他命一位将军留守老家丰邑。这位将军名叫雍齿，不是个省油的灯，虽然是刘邦的同乡，但出身豪强，一向对刘邦不服气，这次刘邦出门打仗，他就有了异心。

当然，异心不是无缘无故就有的，是被人勾引出来的。勾出雍齿异心的人名叫周市。

前文中说过，周市是陈胜的部将，因为是魏人，陈胜派他平定魏地。周市不但平定了魏地，还拥立魏王咎，恢复了魏国。

之后，周市想把魏地旁边的丰邑收入囊中，于是派人给留守丰邑的雍齿传话道："如今魏国已经复国，你雍齿如果愿意投降我们魏国，魏国就封你为侯，仍然驻守丰邑；不投降的话，我们就要血洗丰邑。"

雍齿本来就很不愿意接受刘邦领导，周市又这么威逼利诱，他索性就投降了。

刘邦哪里能想到雍齿会来这么一手，他认为雍齿能力比较强，平时尽管与自己不对付，但毕竟是一个村上的，于是对其委以重任，目的无非是趁机拉拢。现在倒好，雍齿竟然改旗易帜，加固城池，想拒刘邦于城门之外。

刘邦在外边打仗很顺利，把泗川郡打得一塌糊涂，还杀了郡守，正在得意的时候，忽然听说雍齿把他的老窝给端了，赶快撤兵回来。

丰邑是刘邦的老家，老家的父老乡亲对刘邦还是很畏服的，但是雍齿这家伙也不简单，连煽动带胁迫，竟然让大家一起来对抗刘邦，不让刘邦进城。

刘邦岂肯罢休，当即进行强攻，却屡攻不下。为此，刘邦被气病了，只好回沛县养病。

这没法不生气啊，你想想，刘邦在外面打了胜仗，却有家不能回，而且还是自己家乡的人联手背叛了他，这事放在谁身上都不会好受。所以直到刘邦做了皇帝，对此都还不能释怀，对老家丰邑人耿耿于怀，认为老家的人有负于他。

病养好后，刘邦寻思着去找一支大军来帮忙攻打丰邑。当时秦嘉拥立景驹做楚王，风头正盛，刘邦便投奔过去借兵。当路过下邳的时候，刘邦遇到了一位对他将来夺取天下举足轻重的人物，这位人物就是大名鼎鼎的谋士张良，张子房是也。

前文中说过，张良自从拜黄石公为师，得到了那部兵家奇书《太公兵法》后，就一直隐居在下邳。这些年他也没闲着，一边认真研读兵书，一边组建了几百人的反秦队伍。

刘邦出身农门，是个大老粗；张良出身侯门，是个文化人。按说，这俩人不应该有交集，但是他们偏偏一见如故，非常投缘。

更神奇的是，张良说的话多出自《太公兵法》，深奥难懂，当时很多人都听不懂，认为张良这小子整天神神道道，不知所云，唯有刘邦一听就明白他说的是什么意思。用现在的话说，刘邦懂张良。说起来，这也是刘邦另外一个突出优点：悟性奇高！

张良其实也经常暗自纳闷："刘邦的聪明才智到底是从哪里来的呢？肯定是上天赐予的，否则怎么会对我说的《太公兵法》能够领悟呢？"

于是，张良一伙人加入了刘邦的队伍，共同去投奔秦嘉。还没找到秦嘉，他们就听说秦嘉已经被项梁干掉了，只好转投项梁。投谁都一样，反正只要能借到兵收复丰邑就行！

项梁不认识刘邦，但看到刘邦英姿飒爽，相貌非凡，不敢小觑，便以礼相待。刘邦知道项梁是老江湖，不敢瞎说，而是表现得非常真诚，实话实说，把来意向项梁直接挑明。

做领导的最讨厌叛徒，项梁听说雍齿如此不是东西，慨然借兵五千人，将领十余人，任由刘邦指挥。刘邦没想到项梁会那么爽快，对项梁感恩戴德，发誓效忠，然后带着这支正规军杀回丰邑。

这么多人，而且都是经过项梁严格训练过的，战斗力可想而知，雍齿抵挡不住，逃去了魏国，刘邦顺利进入丰邑城。

进入丰邑城后，刘邦第一件事就是把父老乡亲们找来，责骂道："你们都是些什么玩意儿？这个沛公我本不愿意干，是你们苦苦相求非让我干，现在刚有点眉目，就想把我踹了，太不厚道了！"

父老乡亲们非常惭愧，感觉对不住刘邦，纷纷表态从此再也不会背叛刘邦了。刘邦看大家态度诚恳，气也就消了一些，为了安抚大家，他把丰邑升级为县，也就是丰县。

一切搞定后，刘邦立即将从项梁那里借来的五千人马全部送还回去，自己顺便也加入了项梁的队伍，来到薛城。在薛城，刘邦第一次见到了刚从外面打仗凯旋的项羽。

项羽得意扬扬地对刘邦说，他在襄城，也就是今天的河南省襄城县，打了一个大胜仗，因为守军抵抗太凶，城破之后，他将守城军民全部坑杀。

听完项羽的述说，刘邦很是震惊，深深感受到了项羽的残暴，但他老谋深算，表现出一副非常仰慕的样子，对项羽大肆吹捧了一番。

这个时候，刘邦四十八九岁，项羽二十四五岁，俩人年龄相差了约二十四岁。不用说，刘邦的人生阅历肯定远比项羽丰富，但是刘邦并没有表现出长者的架子，相反，他和项羽称兄道弟。

项羽是那种自信心爆棚的人，对刘邦的吹捧很受用，刘邦趁机提出与项羽结拜为兄弟，项羽傻乎乎地欣然接受。

史书中没有详细记载项羽的叔叔项梁的生辰八字，不过我们从常理上可以推断出，项梁的年龄应该与刘邦差不太多，甚至有可能比刘邦还要小。刘邦竟然哄着项羽结拜为兄弟，明眼人一看就知道，刘邦醉翁之意不在酒，而在于和项梁套近乎。

我们不得不佩服刘邦的城府之深，这看似是一件稀松平常的小事情，实际上一般人却很难做到，也不愿意做，谁愿意和小辈称兄道弟呢？同时，我们也能看出项羽的政治幼稚和自大无知。

当然，也有人说俩人是萍水之交，普通同事关系，没有结拜过，因为史书中没有明确记载，只是通过后来刘邦和项羽称兄道弟的对话推测而出。

不管怎样，刘邦当时应该让项羽感觉很满足，从而让项梁很满意。

想让项梁满意的人很多，不只是刘邦，因为项梁兵强马壮，发展势头正盛，当时各路英雄豪杰都争相投奔过来。

随着队伍不断壮大，项梁决定组织一次会议，共商反秦大计。

那么，这将是一次什么样的会议呢？

90. 拥立新楚王

在会上，项梁开门见山地说："最近我们已经核实过了，楚王陈胜确实已经以身殉国。楚国不能一日无主啊，须早日拥立一个王才是，今天我们就研究一下拥立谁最合适。"

听项梁说为这事开会，大家交头接耳，议论纷纷。有一部分人比较滑头，不知道项梁如何打算，就推说由项梁定夺；有一部分人则直接表态说，由项梁称王最合适。

项梁看大家意见趋于一致，正准备答应下来，这个时候，突然有人进来通报，说外面有一位名叫范增的老者前来求见。

关于范增，想必很多人都听说过，他是居鄛人，也就是今天的安徽省桐城市人。项梁早就听说过范增的大名，知道这不是个一般的老头，赶快让人请进来。

不一会儿，一位驼背老者从外面缓步走了进来，手里拄着一副拐杖，年龄大概七十岁的样子。项梁忙站起来向范增拱手施礼，命人安排座位。待范增坐定，项梁和颜悦色地说道："不知道老先生大驾光临，有失远迎啊！本人久仰老先生大名，一直没有时间专门去拜会，现在老先生亲自登门造访，必有见教！"

范增摇摇手说道："岂敢，岂敢啊！老朽已经老了，不中用了，不敢妄谈天下事，只是听说将军礼贤下士，舍己从人，才贸然造访，愿敬献绵薄之力！"

刚才会上大家正热烈讨论楚王候选人，看范增这么说，项梁便顺口问道："范老先生应该听说了吧？楚王陈胜已经战死了，新王还没拥立，我们这些人正在商议此事，尚无定论。范老先生通晓古今，见多识广，一定有高见，我们想听听您的看法。"

范增捋了一下胡须，微微点点头说道："不瞒将军说，老朽正是为此事而来啊！想那陈胜并非名门望族之后，又无大才，凭着一身蛮劲带头起事，竟然自称为王，谈何容易！如今败亡也是他咎由自取，死不足惜啊！"

听到范增这样评价陈胜，大家都很震惊，虽然这样的评价早在每个人心中了，只是碍于陈胜有首义之功，不好明说。项梁认为范增这老头确实不一般，想人不敢想，说人不敢说，不由得向前略微欠了一下身子。

范增继续说道："暴秦当年吞并六国时，有各种各样的借口，唯独灭楚是毫无道理的，相反，秦国一直欺骗楚国，有负于楚国。大家应该都记得吧，秦国曾经使用下三烂的手段诱骗楚怀王入秦，扣为人质，这让楚人哀思至今，痛恨暴秦的不齿行为。为此，深谙命理术数的隐士楚南公预言过：'楚虽三户，亡秦必楚。'可那陈胜起事后，却不知道拥立楚国王室后裔为王，不自量力，妄自称尊，焉能不败？岂能不亡？"

听到这里，项梁不禁动容，因为他老爸项燕当年战死沙场的时候，据说就是喊着"楚虽三户，亡秦必楚"的誓言走的。

看项梁听得动情，范增接着说道："将军江东起事，渡江而来，楚国英雄豪杰争相趋附，竭诚效力，无非是认为将军世代为楚将，一定会拥立楚国王室后裔啊！如果将军能够顺应民心，扶植各国王室后裔，天下豪杰肯定闻风慕义，前来投奔辅佐，到时候关中一举可下。"

范增洋洋洒洒说了半天，主要表达了一个中心思想："项梁你不能称王，否则和陈胜一样没有好下场。"

项梁是明白人，城府又深，听完范增的话，笑着说道："范老先生，我们不谋而合啊！既然您老人家也这样说，我心里就更有底了，就按您老人家说的办。"

现在有些年轻人对范增的说法可能不以为然，认为干吗非要立楚国王室后裔才行，像陈胜那样自立为王多风光，多潇洒，人活着就要释放个性，成全自我。

但俗话说："出头的椽子先烂。"在局势不明朗的情况下，强出头难免会成为众矢之的，被放在火炉子上烤，到时候，好事者给你按个名不正言不顺的罪名，还能不失败吗？那么多人当初背叛陈胜，其实就是这个原因！

即便放到现在，有经验的人遇到类似的情况，也会反复掂量后再做取舍，不会轻易上位。有些事，不是你想成全自我就能成全自我的，因为你的成就需要得到大家的认可，没有大家的配合支持，就成了孤家寡人，还谈什么成全自我呢。

所以，年轻人还是要先沉住气，学点真本事，不要随便拿着点自己都不满意的成就来妄谈成全自我。当然，如果已经水到渠成，你就没必要再谦虚了，当仁不让，也不会有人敢有意见。其实，范增说的就是这个道理，项梁肯定心中有数了。

看问题如此老辣透彻，项梁知道范增名不虚传，便盛情邀请他留下来辅佐自己。范增一大把年纪了，一直怀才不遇，在入土前也想施展一下毕生所学，于是欣然接受，做了项梁的帐前军师。

之后，按照范增的意见，项梁派人到民间四处寻访楚国王室后裔。经过一番寻找，还真找到了一位貌似是楚怀王孙子的少年。这位少年名叫熊心，是个放羊的孩子，项梁派了很多人前去迎接。

说也奇怪，那少年看那么多人过来，而且全副武装，整齐划一，却并不惊慌，从容脱下放羊的衣服，换上项梁送来的华丽服饰，俨然一副王室公子的模样。

更神奇的是，熊心来到薛城与项梁等人见面时，依然表现得不卑不亢，不慌不乱，各种礼节都能得体应付。

这么优秀，肯定没错了，项梁等人便拥立熊心做了楚怀王，算是对老楚怀王的纪念吧。

有了楚王，还需要有国都，有大臣。经过商议，项梁将盱眙定为国都，任命陈婴为上柱国，项梁自封为武信君，封英布为当阳君。

这里又出现“武信君”这个称号，前面说过，陈胜部将武臣曾自封为武信君，结果死于非命，看来这个名号不吉利，可能是太张扬了，后来项梁也不幸死于乱军之中。

而英布之前总被大家喊“黥布”，现在已经是人上人了，不好再这样称呼了，从此之后改叫“英布”。

看到楚国又复国了，有个人也想恢复自己的国家，因为到目前为止只有他的国家还没恢复。不用说，这个人就是张良。张良的祖国是韩国，最早被秦始皇灭掉，至今还没复国。于是这天，张良专门来找项梁说这事。

那么，项梁会同意吗？

91. 兵不厌诈

看到楚国又复国了，张良趁此机会也想恢复韩国，于是来找项梁满怀真诚地请求道：“项公英明啊，不负众望恢复了楚国，实在是可喜可贺啊！现在齐、赵、燕、魏都已经复国了，唯独韩国还没有人拥立，将来应该会有人想到。项公何不寻求韩国王室后裔提前拥立呢？这样的话，韩国百姓肯定会对项公感恩戴德，名义上是韩国，实际上仍然依附于楚国，以后韩楚就是一家了。在下恳请项公及早决断，免得被人抢占了先机，与我们为敌啊！”

张良的这番话很有技巧，站在项梁的角度考虑问题。项梁怎么可能不动心呢？便意味深长地问道：“是啊，有道理啊！不过韩国王室后裔现在还有人吗？”

张良看项梁并不排斥自己的提议，就顺势摊开说道：“据在下了解，韩公子韩成还活着，名声也不错，为人厚道，能知恩图报，可以拥立为韩王。”

项梁明知道张良是在为韩国打算，但毕竟是互惠互利，双赢的事，所以他就做了顺水人情，同意了张良的提议，让张良先寻找到韩成后再说。

有了项梁的首肯，事情差不多就成功了一半，张良马上去寻找韩成。

这么多年，张良做梦都在想着恢复韩国，对韩成的藏身之处肯定非常清楚了，一寻便着。

韩成找到了，验明正身后，项梁任命张良为韩司徒，借他几千人马去攻打原来的韩国地界，以便恢复韩国。

张良对项梁千恩万谢，随后与刘邦一帮人依依惜别，去了韩地。在韩地进展还算顺利，张良很快打下了几座城池，正式拥立韩成为韩王。

至此，山东六国全部复国，秦朝实际管辖的地域越来越少。

此时，大秦王朝风雨飘摇，只有章邯这位中兴之臣还在苦苦支撑，转战南北，梦想着恢复昔日秦朝的版图。

陈胜好不容易被剿灭了，可是其他诸侯国又风起云涌，先后复国，章邯经过认真分析，决定先从距离函谷关最近的魏国下手。

我们知道，魏国由陈胜的部将周市拥立。

周市听说章邯带军来打，料知不敌，便向齐国和楚国求救。齐王田儋当初恢复齐国时，周市没有趁火打劫，而是主动撤军成全了他，现在魏国有难，田儋亲自带兵前来救援。

楚国就更不用说了，项梁是逢秦必反，接到周市的求救，立刻派出项氏子弟项他带兵支援魏国。

在史书中，项他也叫项佗，后来被刘邦封了侯，是项氏子弟中能够得到善终的一位，这里提一下，后文中还会说到。

齐王田儋动作比较快，先到达了魏国，与周市合兵一处共同迎击章邯。在临济县，也就是今天的山东省青县刘家镇，齐魏联军与章邯率领的秦军遭遇。两军经过一场厮杀，不分胜负，罢兵改日再战。

田儋和周市这俩人不懂用兵之道，以为打仗和打架一样，打累了还可以中场休息，于是找个地方安营扎寨，想好好睡一觉，养足精神，准备明日再打。

兵法有云："兵不厌诈。"章邯深谙兵法，善用诡计，才不会给他们喘息机会呢，半夜三更，对齐魏联军大营搞突然袭击。

齐魏联军打了一天仗，人困马乏，正在酣睡中，忽然听到外面杀声震天，急忙从床上爬起来迎战，可是为时已晚。秦军四面围杀，好似砍瓜切菜一般。齐魏联军无路可逃，被砍杀大半，田儋和周市死于乱军之中。接着，章邯马不停蹄，率军直接杀奔魏国都城大梁。

周市拥立的魏王咎非常有担当，知道一旦开战必败无疑，他担心会殃及城内的百姓，便派人告诉章邯自己愿意投降，条件是不要伤害无辜。

打仗不是闹着玩，那是要死人的，章邯乐得对方不战而降，当即同意了魏王咎的请求。

魏王咎心事已了，打开城门，纵火自焚，一死了之。但他的弟弟魏豹说什么都不肯投降，带了一伙人趁乱往楚国方向逃去。在逃跑的路上，魏豹正好遇到前来增援的楚将项他。听说魏国都城已经陷落，再赶过去也无济于事，项他只好带着魏豹返回楚国向项梁复命。项梁当时不在家，率军去攻打亢父了，亢父位于今天的山东省济宁市境内。

魏国已经被灭了，项他无功而返，项梁收到报告，决定亲自带兵前去迎击章邯，一决高下。正要发兵，这个时候，齐王田儋的弟弟田荣派人过来求救。

说到这里，大家可能会感觉有点乱，齐王田儋不是刚死在乱军之中吗?怎么他的弟弟田荣又来求救呢?

原来，齐王田儋战死的消息传到齐国后，齐国内部就发生了分裂。

大家还记得秦始皇灭齐国时，那个开城投降，结果被活活饿死的齐王建吗?

他有个弟弟名叫田假。田假和田儋都姓田，但不是亲兄弟，田假看到田儋已经战死了，便趁机自立为王，任命亲兄弟田角为相，田间为将。

而向项梁求救的田荣，是田儋的亲弟弟，他当然不服新齐王田假了。他认为，现在的齐国是自己亲哥哥田儋恢复的，而当年的齐国正是毁在田假那个混蛋亲哥哥齐王建手里，自己亲哥哥田儋刚死，田假兄弟就来捡现成的，太无耻了。所以，他就带着田儋原来的兵马，独自固守东阿城，与田假分道扬镳。

看看，都是齐国王室后裔，都是老田家的人，为了王位却不管不顾了，老大刚死，自己人就先干上了。田荣固守的这座东阿城，现在比较出名，有“阿胶之乡”的称号，位于泰山脚下。

章邯率领秦军把魏国灭了后，将东阿城团团围住。田荣已经和新齐王田假决裂，孤军奋战，寡不敌众，只好来找项梁帮忙解围。

当时，项梁已经成为诸侯国的灵魂人物，遇到这种情况焉能不救，本来也想寻找章邯的秦军主力决战，于是他对前来求援的人承诺道:“我不救齐，何人能救齐?”大有“我不下地狱，谁下地狱”的气势。

亢父也不打了，项梁率军直奔东阿城。章邯听说项梁带兵来了，便分出一支精兵亲自率领，前去迎击。

一经交锋，章邯压力山大，发现项梁这支队伍训练有素，与之前遇到的起义军大不相同。章邯也不是等闲之辈，抖擞精神，手握大刀仍然拼命向前，率兵苦斗。

突然，有一位楚将横槊直冲章邯而来，刀槊相碰，不到几个回合，高下立判，章邯大为震惊，自知远不是对手，赶快掉转马头撤退。

那么，把所向披靡的章邯给打跑了的这位楚将是谁呢？

92. 打得过就打，打不过就跑

不用问，能够轻而易举挡住章邯去路的楚将肯定是那位力能扛鼎、气可拔山的盖世英雄项羽。

这次交手，项羽给章邯留下了极其深刻的印象，从此章邯害上了“恐羽症”。

章邯率兵撤回到东阿城下，与攻城的秦军会合后，向西继续撤退。

什么叫军事？所谓军事，就是打得过就打，打不过就跑。

章邯深谙这一套，带兵打仗极其灵活，从不和对手拼消耗，喜欢用计取胜，这次撤退貌似是逃跑，其实是在麻痹对手，寻找战机。

看章邯兵败逃跑了，田荣率兵出城，会同项梁的军队追击，追了差不多十多里地，田荣不想追了，他向项梁告辞，说是要回去处理家务事。所谓家务事，就是回去同田假兄弟争夺齐国王位。

俗话说：“千头万绪理不清，清官难断家务事。”项梁作为局外人，不便干涉，只好答应。

于是，田荣带兵回到齐地，攻打田假兄弟，最终田假兄弟不敌，弃城逃跑。逃到哪里去了呢？田假投奔了项梁，田假的两个弟弟田角和田间投奔到了赵国。

田荣重新掌控齐国，拥立他哥哥田儋的儿子田市为齐王，自己则做了丞相，弟弟田横为将军。

既然家务事已经处理好了，项梁就派人督促田荣一起进攻秦军，但是田荣这家伙已经翻身做了主人，就不那么听话了，开始和项梁谈条件要砝码。

田荣对项梁派来的人说："田假兄弟不仁不义，趁着我们出去同秦军打仗时，擅自称王，现在听说分别跑到你们楚国和赵国去了。如果想让我们齐国与你们楚国联手攻打秦军，楚国就必须先把田假杀了，赵国必须把田角和田间杀了，否则恕不奉陪。烦请你把这个话替我带给项公。"

听到田荣的答复，项梁脸都绿了，心想老子刚把你救出来，你就翻脸不认人了，老子今天偏不被你要挟，他气愤地对左右说："田假已经称过王了，好歹是王，现在穷途末路来到我们这里，我们怎么好杀他呢？田荣这小子在打自己的小算盘，只是找借口保存实力而已，他们不肯来就算了，我们自己干！"

这时候，项梁的部队已经开到了城阳边，也就是今天的山东省青岛市城阳区，项梁命令刘邦和项羽二人带队攻城。

项羽年轻人，作战勇敢，冒着滚木礌石首先冲上城墙；刘邦一大把年纪了，在后面跟着爬了进去。

因为攻城太过艰难，进城之后，项羽大开杀戒，开始屠城，满城百姓哭天喊地，好不凄惨。刘邦实在看不下去了，想去拦阻，又怕得罪了项梁的这位贤侄，便默不作声任由项羽发泄淫威。

屠完城，刘邦和项羽二人一起向项梁报捷。得到捷报，项梁非常高兴，继续率军向西追击章邯所部。章邯被打得无还手之力，只有躲进濮阳城坚守不出。

濮阳城是军事重镇，项梁强攻不下，便先去攻打旁边的定陶城，也就是今天的山东省菏泽市定陶区。定陶城内也是重兵把守，一时半会也无法得手，为了不耽误事，项梁兵分两路：一路由自己率领，继续围住定陶城；一路由刘邦和项羽率领，向西进攻雍邱城，也就是今天的河南省杞县。

刘邦和项羽领命，与项梁辞别。不想，这次分别竟然成了项羽与叔叔项梁的永别。

当他们来到雍邱城时，三川郡太守李由，也就是李斯的大儿子，不知深浅，前来阻击。项羽一马当先冲入秦军，直取李由。李由哪里晓得项羽的厉害，并不躲避，手持宝剑上前接招，瞬间，被项羽手起一槊，磕飞宝剑，挑翻马下，还没反应过来怎么回事，李由就已经一命告终了。主将被干掉了，秦军自然大乱，慌不择路抱头鼠窜。

按道理，李由战死沙场也算是为秦朝尽忠了，朝廷却说他谋反不成，畏罪自杀，因此还牵连了他的老爸李斯。这又是怎么回事呢？

原来，自从沙丘之变后，赵高和李斯就成了秦二世胡亥身边的“二人转”，朝廷政务大都归了他们二人处理。赵高和胡亥有师生情谊，胡亥当然对赵高会更加信任一些。

之前陈胜吴广大泽乡起义，搞得天下大乱，周文还险些打进咸阳城，这原本是由赵高欺上瞒下所致，但胡亥这小子有意偏袒他亲爱的赵高赵老师，认为这事不赖赵高，主要还是李斯这个丞相没有尽职，所以把李斯叫过来臭骂了一顿，责成他尽快想办法平定天下。

出现这样的局面，李斯身为丞相，自知难脱干系，害怕胡亥怪罪，就迎合着胡亥的意思说，之所以百姓闹事，主要是因为国家管理得太松了，应该加大约束力度，加重刑罚，这样臣民自然畏惧，就不敢再生变了。

这些蒙混过关的鬼话，正中胡亥下怀，胡亥充分认可。

胡亥这种人能力不大，一时得逞，做了皇帝，缺乏安全感，只有通过暴虐的方式才能让自己稍微舒坦点。为了让臣民畏惧，胡亥竟然每天都要找借口杀几个人玩玩，显得自己很有杀气的样子。

胡亥的行为着实可笑，用现在的话说，有点心理变态。

胡亥由于太紧张了，压力太大，差不多玩的就是这一套。赵高多精明啊，胡亥是他教着长大的，他太了解胡亥的内心世界了。

那么，为了以后更全面地把持朝政，赵高又会怎么哄骗胡亥呢？

第十三章

大秦末路

93. 胡亥的软肋

为了以后更全面地把持朝政，赵高想哄骗胡亥继续堕落下去。一天，他故意问胡亥道："陛下贵为天子，知道何为贵吗?"

胡亥茫然不解，他最喜欢听亲爱的赵高赵老师给他讲解所谓的帝王之道了，便好奇地问道："哦，这里有什么说法吗？朕很想听听赵爱卿的高见。"

赵高貌似很认真很严肃地回答道："陛下，天子之所以贵，是因为神秘。要做到神秘，就不能将自己的行踪轻易示人，也就是说，只能让臣民听到陛下的旨意，而不能让臣民见到陛下的尊容，这就叫神龙见首不见尾。记得当年先帝在位时，我们这些做臣子的哪个不敬畏？哪个敢乱讲话？哪个敢不听话？就是这个原因啊！现在陛下平易近人，事必躬亲，每天召见大臣面谈，实在不妥啊！万一哪句话说得不恰当，哪件事处理得不合适，难免会被臣下轻视取笑，这岂不玷污了陛下的威严吗?"

胡亥被赵高说得一愣一愣的，感觉好像有点道理，便伸头继续问道："以赵爱卿所言，朕应该怎么做，才能像父皇那样让人有敬畏之心呢?"

赵高轻咳一声，煞有介事地继续说道："老臣听说，天子之所以自称

‘朕’，是因为‘朕’字有‘朕兆’的意思。所谓‘朕兆’，就是有声无形，让人可望而不可即。所以，陛下以后最好不要再临朝亲政了，只要深居内宫，专心享受人生即可。老臣甘愿为陛下当一扇屏障，朝内有什么事，由老臣如实呈报进来，这样陛下就可以从容处理，避免出现差错了。大臣们看陛下处事如此沉稳，肯定再也不敢小看陛下了。到时候，陛下就自然成了天下臣民心目中的圣主了。”

赵高的这套说辞，我们现在听来感觉不可思议，胡亥怎么可能会相信呢？

其实，这套说辞逻辑性还是很强的，我们只是作为两千年后的局外人，已经知道了结果，才认为不可思议，而对于长期被赵高洗脑，视赵高为最大忠臣，对赵高深信不疑的胡亥来说，轻信这些话不足为奇。

因此，秦二世胡亥听了赵高的话兴奋不已，以为终于找到了做皇帝的秘诀。陈胜吴广造反的事让他整天担惊受怕，早已疲惫不堪，如今亲爱的赵高赵老师勇挑重担，为自己分忧，何乐而不为呢？乐得深居简出，在宫中恣意享乐。

实际上，胡亥这小子此时应该还有逃避现实的想法在里面。这种逃避现实的想法，在我们现实生活中，屡见不鲜，每个人身上都或多或少出现过，也就是一旦遇到困难或者连续碰壁，就将自己封闭起来。有的人封闭一段时间，经过认真反思，会重新振作起来；有的人则选择继续逃避，结果越逃避，困难越多，越逃避，困难越大，直到自己彻底崩溃。而克服困难最好的办法应该是迎难而上，想方设法去解决，在困难中不断成长。

很不幸，胡亥选择了知难而退，逃避现实，这才让赵高有机可乘。赵高也正是在胡亥感到困乏时，递上来一个枕头而已。

就这样，赵高轻而易举地控制了胡亥的作息时间，变相将皇帝大权移到自己手中。

接着，他便开始谋划把唯一的政治对手李斯除掉。怎么除掉呢？

无非还是用欺瞒哄骗的手段，让李斯得罪秦二世胡亥，从而招致杀身之祸。但李斯是老政客，老油条，不是那么容易上当的。

赵高老奸巨猾，自有办法。

这天，他找个理由到李斯家做客。因为两个人是胡亥的左膀右臂，朝廷重臣，当朝实权派人物，所以很自然就会聊到天下时局。当聊到关外战事的时候，李斯长吁短叹，深为秦朝的未来所忧虑。

赵高佯装有同感，说道："丞相啊，关外盗贼猖獗，上次差点就闹到了咸阳，可是皇上却没事人似的，还不醒悟，依然恣意享乐，大兴土木，修筑阿房宫，宫廷里继续豢养着犬马野兽。这样下去，先帝创下的大秦江山真让人担心啊！我虽然是皇上的老师，但是现在我的话他听多了，也烦了，早已听不进去了。丞相您可不一样，是先帝倚重的股肱之臣，怎么能看着国家如此发展下去呢？应该多规劝皇上才是啊！"

李斯轻轻摇摇头，无奈地说道："唉……不是我明哲保身不愿意进谏啊，只是最近不知道怎么回事，皇上一直不上朝，我见不到人，如何面奏啊？"

赵高早就等着李斯这句话呢，马上应道："我有办法！虽然我说话没有用，但是皇上的行踪还是能掌握的，等皇上空闲的时候，我派人来通知丞相，丞相到时候进来面奏就可以了。"

李斯当时还纳闷呢，赵高一向自私自利，不好沟通，什么时候变得如此通情达理，为国效忠了，心想这家伙肯定也意识到当前局势太过凶险，毕竟国家乱了，对谁都没好处。于是，他便同意了赵高的建议，让赵高来把握胡亥的空闲时间，自己到时来面奏进谏。

过了两天，赵高果然派了一个太监过来通知李斯，说皇上有空了，让他抓紧时间进宫。李斯慌慌张张把朝服穿好，赶到宫外，求见秦二世胡亥。

这个时候，胡亥在宫中沉迷酒色玩得兴起呢，听到李斯有事求见，很不耐烦地说道："早不来，晚不来，有什么大不了的事，非要这个时候过来打扰朕呢！真扫兴，让丞相先回去，明天再来！"

李斯没办法，悻悻而回，心想可能来晚了，错过了时机。

第二天，李斯又按照赵高提供的时间赶了过来，当然还是在胡亥玩得最开心的时候。结果可想而知，又被胡亥拒了。

那么，接下来，李斯还会去向胡亥进谏吗？

94. 被耍的李斯

连续两次被胡亥给拒了，李斯觉得哪里好像有点不对劲，说什么也不愿意再进宫了。可是过了两天，赵高又派人来催促，李斯拗不过，抱着侥幸心理再去求见胡亥，结果这次又吃了一大碗“闭门羹”。

三番两次被拒，傻子都明白是怎么回事了，何况李斯。

李斯意识到可能上了赵高的当，不敢再过去自讨没趣。但是胡亥那边早已怒不可遏了，他把赵高找来，问丞相李斯究竟几个意思，是不是成心和自己过不去，怎么总是过来扫自己的兴。

赵高撇撇嘴说道：“听说丞相私下里有怨言啊！他认为自己在陛下继位那件事上功劳最大，一直想裂地封王，而陛下从来不提起。有人说他有了二心，和他那个在三川郡做郡守的大儿子李由蓄谋造反，现在看来还真有可能。最近他总是无缘无故地过来捣乱，居心叵测，陛下要早做防范才是啊！”

听赵高这么说，胡亥心中疑窦丛生，又感觉没有这么严重，就摇摇头说道：“言重了，言重了，丞相应该不会的！”

赵高却很着急地说道：“陛下想想看，陈胜吴广那伙匪徒都是哪里人？

都是李斯老家那边的人啊！李斯是上蔡人，陈胜就是旁边的阳城人，这也太近了吧，也太巧了吧！自从陈胜吴广这伙人横行三川郡，就从没听说过身为郡守的李由出兵镇压，是何道理？这就是真凭实据啊！陛下千万要防着丞相，不如趁早把他给控制起来，以绝后患！”

胡亥虽然被赵高洗脑了，但是还没糊涂到不问青红皂白就抓丞相李斯的地步。他认为事关重大，李斯不太可能谋反，要从长计议，不过为了以防万一，同意先派人去三川郡对李由进行实地调查一番后再说。

赵高知道这事不能操之过急，便知趣地不再多说了。

胡亥做了那么多愚蠢透顶的事，我们一般认为这家伙是脑残，至少不聪明。其实不然。相反，胡亥自小聪明过人，因此比大公子扶苏以及其他公子都深得秦始皇宠爱，经常被秦始皇带在身边。

甚至有一种说法，当年秦始皇的遗诏就是传位于胡亥的，不存在胡亥篡位的可能性。所谓沙丘之变，是后人出于反秦的需要杜撰出来的，因为大公子扶苏的性格与秦始皇迥然不同，过于死板，应该不符合秦始皇选拔继承人的标准。

另外，扶苏被贬谪到边境，在蒙恬军队中做监军，也说明秦始皇没打算让扶苏继承皇位，因为从以前政治上的惯例来看，太子是不出京城的，也不会在军队中任职，一般都跟在皇帝身边学习处理政务。

如果当真如此的话，胡亥的问题应该不是在智商方面，而是三观不正所致，也就是人生观、价值观和世界观的扭曲，这主要是由赵高从小进行不良教导所造成。

不管怎么说，从这件事的处理来看，胡亥做事还是有分寸的。

听说有人去调查儿子李由，李斯知道这段时间真的被赵高给耍了，他恼羞成怒，上书弹劾赵高。胡亥虽然没有单方面听信赵高的话，但是赵高的意见已经先入为主，对李斯就多少有点成见了。

他看到李斯的上书，很不以为然地对左右说道：“赵高的为人，朕是非常清楚的，清廉能干，忠心可鉴，下通民情，上晓朕意，可以说是朕最信任的大臣！朕不信任赵高，还能信任谁呢？丞相自己心虚，还要倒打一耙，太可恶了吧！”说着就把奏章给扔了回去。

这个时候，李斯好像中了邪一般，没有了年轻时的机灵劲儿，也不管胡亥的态度了，直接去找右丞相冯去疾和将军冯劫联名上书，有点向胡亥发难的意思。

上书内容大概就是请求胡亥罢修阿房宫，缓解民愤，临朝亲政，当然其中还夹杂了一些弹劾赵高的话。

胡亥最讨厌别人耽误他享受人生了，所以这次彻底被李斯给搞火了，看到奏章大怒道：“胡说八道！胡言乱语！朕贵为天子，理应肆意极欲，享用天下。只有严刑峻法，才能使臣民不敢为非作歹，才能真正掌控天下，先帝不就是这样做的吗？所以先帝才有功高古人、万人敬仰的千秋伟业。如今朕刚继位不到两年，就已经盗贼四起，丞相等人不思己过进行弹压，反倒要把先帝未竟的事业给停掉，是何居心？这就是上不能报先帝，次不能为朕尽忠，下不能为民谋利，这样不忠不仁不义的大臣留下有什么用？”

看看这番话就知道胡亥的价值观有多么扭曲了，不用说，全拜赵高平时的谆谆教诲所赐。

赵高在旁边趁机煽风点火，怂恿把李斯、冯去疾和冯劫三个人都抓起来下狱论罪。胡亥这次倒很爽快，当即批准，并让赵高全权负责审理。

右丞相冯去疾和大将冯劫听说自己要被抓起来下狱治罪，聚在一起商量道：“古人云：‘将相不辱。’我们身为将相，宁死也不能受此奇耻大辱！”随后，两人愤然相约自杀了事。

可是李斯不想死，他对胡亥还抱有一丝希望，想伺机上书再向胡亥表明心迹，但赵高怎么可能会给他机会呢？

刚入狱，赵高便提审李斯，进行严刑逼供。李斯咬紧牙关，无论怎么打就是不承认谋反，直到被打昏死过去。赵高铁了心要撬开李斯的嘴巴，让人用冷水把李斯激醒后继续打。

过去的老同事，相处了一辈子，平时说起来，关系还不错，赵高怎么就能当面下得去手呢？这心肠该有多硬、多阴、多毒！

李斯被赵高折磨得死去活来，实在坚持不下去了，只好服软承认谋反。赵高拿着李斯的口供得意扬扬，赶快上报胡亥。

李斯被拖回狱中看押了起来，但他不甘心就这样被赵高给算计了，待稍微恢复点状态，就让人设法把笔墨纸砚偷送进来，然后起草了一份奏章，想托人直接送达秦二世胡亥手中，做最后的申辩。

那么，李斯的奏章能到胡亥手里吗？

95. 腰斩于咸阳市

李斯在狱中起草了一份奏章，想托人直接送达秦二世胡亥，做最后的申辩。但是监狱上上下下、里里外外都是赵高的人，奏章很快就被截送到了赵高手中。

赵高看完奏章大怒，心想李斯这老家伙文采当真不错嘛，把老子的心都快说动了。他把看管李斯的狱吏叫过来狠狠痛骂了一顿，质问是不是拿了李斯的贿赂，囚犯怎么能有资格给皇帝上书呢。狱吏吓得魂飞魄散，跪地求饶，指天发毒誓，才躲过赵高的责难。

赵高冷笑着销毁了李斯的上书，算是断了李斯的一条活路。

幸好按照秦法审讯程序，如此大的案件，皇帝还要派其他大臣过来复审后才能定案，目的是避免出现冤假错案，相当于我们现在的二审。这对李斯来说，还是有一线生机的。

赵高对秦法太熟稔了，他料定复审的时候李斯会翻供，便又想出一个阴招。什么阴招呢？

在复审之前，赵高反复派人冒充胡亥派来的官员提审李斯，只要李斯喊冤翻供，马上大刑伺候。反复搞了几次，直把李斯搞得神经兮兮，无论见了谁都不敢再鸣冤叫屈了。

这天，胡亥派来的官员真的过来复审李斯了，而李斯早都麻木了，认为又是赵高在试探他，就老实承认了谋反的罪行。没用刑，自己就老实承认了，那还有错？

复审的官员把李斯的供状呈报给了胡亥。看到供状，胡亥心里五味杂陈，既不敢相信，又很庆幸，他对赵高不无感慨地说道："多亏你发现得及时啊，朕险些被李斯给出卖了！"

这个时候，到三川郡负责调查李由的官员也回来了。这个官员之前已经被赵高打过招呼，所以回来后，先到赵高那里汇报调查情况。他说李由已经战死了，死无对证，正好可以凭空捏造谋反的调查报告。赵高闻言，高兴得直拍大腿，大呼道："天助我也！"

然后，他让那个官员趁热打铁立刻把捏造的调查报告上报给胡亥。胡亥看到调查报告后更加确信无疑，认为李斯蓄意谋反，板上钉钉，罪大恶极，应该"具五刑""腰斩咸阳市""夷三族"。

"具五刑""腰斩咸阳市""夷三族"不是一种刑罚，而是一系列刑罚，非常残酷。

关于"腰斩咸阳市""夷三族"，前文中已经有说过，这里就不重复了。我们只说说真正施刑在李斯本人身上的"具五刑"。

"具五刑"按照时间划分，有奴隶社会的"具五刑"和封建社会的"具五刑"。而李斯生活在我国封建社会初期，其受到的"具五刑"应该还是奴隶社会的"具五刑"，主要包括"黥、劓（yì）、刖、宫、大辟"五刑。除此之外，根据《汉书·刑法志》记载还有"醢（haǐ）、笞（chī）杀、断舌"等刑罚。"皆先黥，劓，斩左右趾，笞杀之，枭其首，菹（zū）其骨肉于市。其诽谤詈（lì）诅者，又先断舌。故谓之具五刑。"

被施以五刑，这不能不说是残酷现实对李斯个人的极大反讽，因为李斯是《大秦律》的制定者和执行者，五刑的具体内容很有可能由他大笔一挥，用精美的小篆最终圈定而成的。李斯用这些刑罚不知道处理了多少政治对手，如今他自己却成了被施刑的对象。

俗话说："木匠做枷，自作自受。"李斯差不多就是如此，当时他凄凉的心境可想而知。

在临行刑前，李斯曾经对他的二儿子说过一段流传甚广的话："吾欲若复牵黄犬俱出上蔡东门逐狡兔，岂可得乎！"意思是说，我很想和你再牵着我们家那只大黄狗，去老家上蔡东门抓兔子，但是永远不可能了。

从这句话可以看出，李斯没活够，对人生充满无比的眷恋。而此时，是秦二世二年七月，李斯已经是一位七十二岁的老人了。

这里我不想对李斯有过多评价，前面的述说中已经多少提及了一些，现将《史记》作者司马迁对李斯的评价摘录如下：

> 李斯以闾阎历诸侯，入事秦，因以瑕衅，以辅始皇，卒成帝业，斯为三公，可谓尊用矣。斯知《六艺》之归，不务明政以补主上之缺，持爵禄之重，阿顺苟合，严威酷刑，听高邪说，废适立庶。诸侯已畔，斯乃欲谏争，不亦末乎！人皆以斯极忠而被五刑死，察其本，乃与俗议之异。不然，斯之功且与周、召列矣。

考虑到有人可能看不太明白，特翻译如下：

> 李斯以平民百姓的身份，游历诸侯，入关侍奉秦国，抓住机会，辅佐秦始皇完成帝业。李斯位居三公之职，可以称得上是很受重用的了。但他明知儒家《六艺》精要，却不致力于政治清明，弥补皇帝过失，而是身居高位，阿谀奉承，随意附和，推行酷刑峻法，听信赵高

的歪理邪说，篡改遗诏，废掉嫡子扶苏，拥立庶子胡亥。等到各地已经群起反叛了，李斯才想到直言劝谏，这不是太愚蠢了吗？人们都认为李斯忠心耿耿，却反受五刑而死，太冤了。如果我们仔细考察事情原委，可能就并非如此了，否则，李斯的功业真的要同周公和召公相提并论了。

司马迁的评价不一定完全正确，但是从某个方面也能说明李斯本身存在的一些问题，希望大家能从李斯的人生命运中获得某种感悟。

至此，冯去疾和李斯左右两位丞相都被害死了，那么，胡亥会让谁来接任丞相呢？

96. 骄兵必败

冯去疾和李斯左右两位丞相都被害死后，秦二世胡亥便不再分什么左右丞相了，直接任命赵高为中丞相，凡军国大事都交给赵高一人处理，自己则彻底做起了甩手掌柜，安心享受人生。

赵高掌握大权后，也想抖抖威风，亮亮本事，一上任就给在前线作战的章邯下达死命令，要求尽快平定暴乱，否则后果自负。可是章邯已经“泥菩萨过河——自身难保”，被项梁的部队逼进濮阳城后，不敢再出来迎战。

章邯作战非常顽强，躲在濮阳城内，也没闲着，一直在寻找战机，他每天派人打探项梁军营的动向，试图找出破绽搞突然袭击。

前文说到，项梁无法攻克濮阳，转攻旁边的定陶城，但天公不作美，阴雨连绵，进攻受阻，一时无法得手，只好在定陶城下安营扎寨，等待天晴再说。刘邦和项羽那边打败李由后，继续去攻打外黄县，也是因为天气不好，暂时先把外黄城团团围住，等待天晴。

自从出江东西进以来，楚军攻无不克，战无不胜，而且还把能征善战的章邯打得到处乱跑，项梁不由得产生了骄傲轻敌的情绪。

常言说："胜不骄，败不馁。"这只是智者善意的提醒，实际情况正好相反，往往是"胜必骄，败必馁"。项梁尽管是老江湖了，也难逃这一魔鬼定律。他看天气不好，心想秦军已经被打怕了，肯定不敢轻举妄动，于是放松了警惕，整日在营中饮酒消遣，对军纪要求也没那么严了。下面的人看老大这般潇洒，乐得逍遥快活。

章邯那边的秦军可一点也没有懈怠，当了解到项梁军营内的情况后，章邯暗喜。但可能是真被项梁打怕了，或者实力不够，章邯始终不敢轻易偷袭，而是悄悄从外面征调兵力，准备伺机而动。

章邯的这些举动，被项梁军营中的一位谋士看得一清二楚。这位谋士名叫宋义，他认为项梁继续大意下去，早晚会吃章邯的阴招，便跑到项梁那里进谏道："项公出江东以来屡败秦军，威名远扬，士气大振，现在可以说是局面大好啊！不过这个时候也往往最危险！连续的胜仗使将士们容易骄傲轻敌，放松大意。兵法有云：'骄兵必败！'而秦军那边虽然一时战败，但是秦将章邯不可小觑，这位将领还是很会打仗的。最近在下听说他一直在暗中增添兵力，这是要和我们决一死战的节奏啊！如果我们现在不做好准备，一旦被他偷袭，必败无疑。在下夜不能寐，为项公担心啊！"

俗话说："当局者迷，旁观者清。"自古至今，谋士一类的人物都必不可少，现在统称为"智囊"，就是利用这些"外脑"让当局者不迷。好的谋士总能在关键时刻站出来，为老大指点迷津，但是谋士提出再好的建议，最终还需要老大头脑清醒地对待，做到有效分辨和采纳。

而此时，项梁已经完全被胜利冲昏头脑了，对宋义如此直白的提醒置若罔闻，甚至有点不耐烦地说道：“宋义啊，你太过谨慎了，大战在即，不要长了敌人的威风，灭了我军的志气！章邯那小子有什么了不起，屡战屡败，如丧家之犬，哪里还敢来与我军较量。即便他增兵又如何？不过是为了死守濮阳城罢了！况且现在天天下雨，道路泥泞，怎么可能会冒死来攻打我们呢？哼，等天晴了，攻克定陶城，他章邯不来攻我，我还要去杀他呢，到时候看他还能跑到哪里去！”说完，捋着胡须哈哈大笑起来。

看看，多英明一个人，一旦骄傲之后，就变成这副德行了，小孩子都明白的道理，他都能熟视无睹。

宋义本想再多说几句，但看到项梁这副模样，欲言又止。项梁笑完后，好像想到了什么，继续说道：“也罢，既然你担心章邯增兵偷袭我们，这样好了，派你去齐国催促田荣，尽快派兵过来增援我们，你看如何？田荣这家伙不识好歹，多亏我们救了他，现在却因为和田假兄弟的个人恩怨，不愿与我们一同攻秦，真是岂有此理！你告诉他，如果再不派兵支援，我们楚军就要先打他齐国了！”

宋义明白，项梁这是不待见自己了，要赶自己走啊，他眉头一皱，心中窃喜，心想大难临头，此时不跑，尚待何时，便爽快答应道：“项公，这事就交给属下了，保证完成任务！”说完，告辞回去，立刻收拾包袱，离开了楚军大营这个是非之地。

在前往齐国的路上，宋义恰好遇见了齐国派往楚军的使臣。史书上称呼这个使臣叫高陵君显。“高陵君”应该是封号，“显”应该是他的名字，至于姓什么没说，我们也不必太过纠结，知道有这么个人就行了。

宋义听说他要到楚军大营去见项梁，便面带忧虑地劝说道：“老兄啊，实话告诉你，去齐国请求齐王增兵只是个幌子，我主要是到你们齐国避难去的！你啊，也悠着点，别那么着急赶到楚军大营。”

高陵君显很诧异，觉得宋义太奇怪了，大战在即，怎么能说出如此丧气的话呢？他满脸狐疑地问道：“此话怎讲，还请宋公明示啊！”

宋义故作高深地分析道：“武信君项公前段时间打仗还是比较顺利的，

但是最近开始大意了，楚军上下因此都很松懈。反观秦军章邯那边，虽然战败躲进了濮阳城内，但是连日增兵，势在反攻啊。我提醒项公注意，可他听不进去，招致失败恐怕为时不远啊！所以啊，我奉劝老兄，你最好不要那么着急赶过去，还是慢慢上路为好。”

听宋义分析得头头是道，高陵君显将信将疑，拱手告别，不过他还是放慢了脚步，缓缓前行。果不其然，还没到楚军大营，就传来了项梁兵败被杀的消息。

那么，项梁究竟是怎么败亡的呢？

97. 项梁之死

原来，宋义被打发走后，项梁非但没有听取宋义的意见，反而更加放松警惕。

有一种人，个性很强，盲目自信，你不善意提醒他还好，一旦提醒他了，他会变本加厉地糊涂下去，目的无非是为了显得自己高明或者不愿意借人家的光。

项梁当时可能就是这样，面对章邯的增兵，有恃无恐，放纵下面的官兵，甚至连大营放哨戒严都懒得管了，好像胸有成竹的样子。

这个时候，已经是秋天了，天气阴冷，凄风苦雨，一股肃杀的气氛，项梁还像没事人似的，饮酒消遣，每日蹉跎。

这天晚上，夜深人静，风高月黑，楚军大营内突然杀声震天，一队队秦军也不知道什么时候已经潜入，见人就砍，遇马便刺。楚军多半还没来得及穿戴，就已经被砍杀了，整个大营血肉横飞，哭喊连天。

项梁穿着睡衣拿着宝剑想冲出大营，正碰上秦将章邯骑马提刀赶到。只见章邯手起刀落，把惊慌失措的项梁劈成了两段。可怜项梁一身本事就如此惨死！

试想，如果项梁不死，后面的历史会怎么发展？还会有刘邦的机会吗？历史不好假设，有些人有些事注定只能被后人用来感叹。

老大被人家劈了，下面的人无心恋战，纷纷逃命去了。有一部分人逃到了刘邦和项羽围攻外黄城的军营中。当项羽听说叔父项梁被章邯劈了，不由得悲从心中来，号啕大哭，刘邦也不禁潸然泪下，不停地抹眼泪。

这个消息确实太打击人了！项梁当时不但是三军统帅，更是大家的精神支柱，柱子被劈了，能不难受吗？好像天要塌下来一样！

等大家哭得差不多了，情绪也宣泄完了，刘邦首先让自己镇定下来，他对项羽说："兄弟啊，节哀顺变！此仇必报，但事已至此，军心难免会动摇啊，这里肯定不能待了，要从长计议才是，我们应该先回去保护怀王再说。"

项羽从小跟着叔父项梁长大，项梁就是他的主心骨，现在没了这根主心骨，一时也不知如何是好。他眼睛红肿，精神萎靡，默默点点头，算是同意了。

于是，刘邦和项羽起营拔寨，撤兵向东行进，中途路过陈县。在陈县，他们遇到了吕臣。

关于吕臣，我们说过，是陈胜的部将，之前英布帮助他从秦军手里夺取了陈县，现在他仍然驻守在陈县。

在陈县，临时开了一个紧急会议。在会上，刘邦和项羽认为，现在局势太过凶险，章邯必定带兵过来攻打陈县，建议吕臣加入他们，一起撤退到东边的彭城去。吕臣也担心自己独木难支，便欣然同往。

来到彭城，三个人分兵驻扎：项羽所部驻扎在彭城西边，吕臣所部驻扎在彭城东边，刘邦所部驻扎在砀郡。三军成犄角之势，互相声援。

前文说过，楚怀王熊心被项梁安置在了盱眙，项梁败亡后，他担心那里不安全，为了避免遭受秦军的突然袭击，随即迁都到彭城。

到彭城后，怀王熊心下令将吕臣和项羽合兵一处，亲自统帅。明眼人一看就知道，这就是变相夺了项羽和吕臣的军权。被夺了军权，项羽和吕臣肯定不爽了，为了安抚他们，怀王熊心分别为其加官晋爵：封项羽为长安侯，号鲁公；封吕臣为司徒；封吕臣的老爸吕青为令尹，相当于丞相的职位；封刘邦为武安侯，仍然驻守砀郡，担任砀郡长。

别看怀王熊心年龄不大，但还是有点权术的，他这样进行人事安排，显然是在拉拢刘邦，打压项羽。项羽刚刚失去了叔叔项梁，还在暗自疗伤，明知被耍了，也只有忍着。

待一切安排妥当，大家都等着章邯的秦军过来厮杀，可是章邯把项梁干掉后，压根没把他们放在眼里，带兵向北攻打赵国去了。

怀王熊心闻讯，松了一大口气，他判断章邯走后魏地肯定空虚，便派魏豹带着几千人去收复魏地。

秦朝气数已尽，只靠一个章邯苦苦支撑，难免顾此失彼。魏豹带着几千人一口气就平定了魏地二十多座城池。收到捷报，怀王熊心非常高兴，任命魏豹做了魏王。

这样一来，楚国士气大增，怀王熊心就想趁机培植自己的势力。战乱时期，培植自己的势力，首先要重用自己的人去带兵打仗，那么重用谁好呢？举目一望，军队中要么是项梁旧部不敢用，要么是酒囊饭袋不堪用。正当怀王熊心苦恼的时候，有一个人前来拜访。这个人不是别人，正是齐国使臣高陵君显。

前文说过，高陵君显在前往项梁军营途中，碰到了宋义，他按照宋义的建议放慢行程，侥幸躲过一劫，但是自己的使命还没有完成，当听说楚国已经迁都彭城时，便直接改道前往彭城，拜见怀王熊心。

高陵君显见到怀王熊心，一番寒暄后，首先问宋义有没有从齐国回来。怀王熊心感觉莫名其妙，只说没有，问他为什么那么关心宋义。高陵君显就把他与宋义见面的过程，以及宋义对项梁必败的精准预判，详细述说了一遍。

怀王熊心听闻，又惊又喜，没想到楚国除了项梁，还有料事如神的军事人才宋义，便暗暗下定决心，以后一定要重用他来辅佐自己。恰好这个时候，宋义从齐国访问回来了。

怀王熊心当即召见宋义，再次询问项梁失败的原因。宋义少不了添油加醋地自我标榜一番。于是，怀王熊心对他更加看重，向他咨询楚国未来的出路。

宋义认为，楚军不应该偏于一隅，要继续西进，当务之急必须选择良将，剿抚兼施，合理调度，方能成功。

怀王熊心非常认可这些建议，于是把诸将召集过来开会。在会上，他开门见山地说道："天下苦秦久矣！秦始皇暴虐人民，人怨沸腾；秦二世胡亥更是昏庸无道，变本加厉。之前武信君勇担重任，挥师西进，攻无不克，战无不胜，只可惜中途失算，遭遇挫折，以身殉国，实在太可惜了！现在我们应该再接再厉，誓灭暴秦，为武信君报仇，为天下人谋利！哪位将军敢当此任？"

说完，他环顾四周，只见诸将呆坐在那里，无人响应，气氛一下子就凝固了，很是尴尬。

那么，怀王熊心怎样才能把气氛调动起来呢？

98. 先入定关中者王之

根据宋义的建议，怀王打算选派一名将领率军西进，但在会上无人响应，气氛很是尴尬。可能因为项梁这个主心骨刚死，大家都还处于不知所措之中，突然被怀王熊心点将，自然无所适从了。

看到这个情形，怀王熊心反倒有点庆幸，庆幸项梁死得早，否则自己要当一辈子傀儡了，于是他提高嗓门大声说道："诸位听着，今天无论何人，只要率兵西进，'先入定关中者王之'！"

俗话说："重赏之下，必有勇夫。"何况这个奖赏是做秦王呢！

怀王熊心话音刚落，就有一个人从座位上站了起来，拱手回应道："末将愿往！"

怀王熊心定睛一看，原来是刘邦。刘邦这家伙本事不一定大，胆子却不小，这种场合他就敢率先领命。

看到终于有人响应了，怀王熊心松了一口气，自己的悬赏总算没有摔碎一地，第一次组织会议，面子还是很重要的嘛。当他正准备对刘邦大肆褒奖一番时，突然又一个人站了起来，厉声说道："我也愿往，这事必须由我来干！"

口气这么大，大家不免一震，都转头望去，说话的不是旁人，正是项羽。

一下子跳出来两个人要率兵西进，怀王熊心既高兴，又为难。高兴的是后继有人，没有项梁，天也不会塌下来；为难的是让谁去呢，这两位都不是省油的灯啊！

怀王这小伙子人小鬼大，颇有领导风范，没有立刻表态，只是默默地看着他们两位，那意思是你们自己商量吧，他来个谁也不得罪。

项羽毕竟不是第一个响应的，在众将面前，难免有些理亏，他急着为自己解释道："我的叔父项梁战死在定陶城外，我心如刀绞啊！此仇不报，我誓不为人！给我数千人马即可，我定能荡平秦地，报仇雪恨！"

说到这里，项羽顿了一下，看了看怀王熊心。怀王熊心面无表情，静静地瞅着他。项羽突然眼睛圆瞪，咬牙切齿地大声说道："让刘季去也可以，但我一定也要跟着！"

项羽把话都说到这个份上了，怀王熊心不好再沉默下去了，慢吞吞地说道："两位将军都是好样的！既然愿意同心协力去灭秦，有何不可呢？现在你们就可以下去部署兵马，择日发兵吧！"

怀王熊心这样说，那就是同意了。项羽的脸色顿时舒展开了，马上接令回去做准备工作。

项羽属于那种锋芒毕露的人，喜怒形于色，咄咄逼人，往往给人以压迫感，可是谁又想被压迫呢？所以为人处世，还是低调点，本事越大，越要低调，否则本事再大，也难免会被人在背后打压。

项羽的本事算大吧，也难逃被打压的命运。

待刘邦项羽等人离开后，有一些老同志留下来没走，他们语重心长地对怀王熊心说："大王，千万不能让项羽这小子去啊！项羽为人，年轻气盛，手段残忍。上次攻打襄阳城不太顺利，结果破城之后就搞屠城出气，无论男女老幼，一个不留啊！还有一次攻打城阳，又将全城百姓尽数杀光，这不是造孽吗？天天说人家暴秦、暴秦，再这样搞下去，我们就要被人家称为暴楚了！西进路上，那么多城池，都不一定好打，他如此残暴，都屠城了怎么办？何况楚人自起兵以来，从陈胜到项梁，都采用这种以暴易暴的方式，结果如何呢？天下人未必尽服啊！而他们自己呢？也都败亡了，这都是教训啊！我们一定要吸取这些惨痛教训，不能再只诉诸武力了，还是应该选取一位忠厚长者，仗义率兵西进，沿途约束将士，安抚当地百姓，非到万不得已不要大开杀戒。天下苦秦久矣，听说有仁义之师过来除暴安良，才会真心欢迎啊！我们一致认为，绝不能纵容项羽这小子，让他过去只会添乱，派刘季一个人前往就可以了。刘季是出了名的宽厚之人，一定不会像项羽那样残暴没人性。”

看看，项羽这口碑，好强斗狠，表面上大家都让着他，背后却都反对他，即便是天大的英雄又能如何呢？孤掌难鸣啊！这在某种程度上也预示了项羽未来的命运。

其实，最不想让项羽去的就是怀王熊心，他只是碍于面子，不好拒绝而已，毕竟自己这个王位是他们老项家给拥立起来的，现在大家伙都不同意项羽去，他心里就有底了，便说道：“好的，寡人知道了，说得很有道理，让寡人再仔细想想吧！”

这些老部下看怀王熊心有所动摇了，才高高兴兴地相继离开。

怀王熊心回到宫中后，辗转反侧，犹豫不决。不让项羽去吧，已经在会上答应了，项羽那暴脾气谁都知道，说翻脸就翻脸，肯定不会善罢甘休；让项羽去吧，又怕坏了大事。最后一咬牙，怀王熊心还是决定不让项羽去，晚得罪不如早得罪，军国大事，岂能是儿戏，不能因为个人恩怨而耽误。

于是第二天，趁刘邦项羽过来汇报工作的时候，怀王熊心便挑明了说，不让项羽去了，让他留守彭城。项羽哪里肯干，当场就要翻脸，争个你长我短。

恰好此时，外面有人进来通报，说赵国使臣前来紧急求见。怀王熊心担心项羽出言不逊，伤了自己的面子，赶快顺势转换话题，让赵国使臣先进来说话。

赵国使臣好像刚跑过马拉松一样，气喘吁吁，踉踉跄跄地晃了进来，倒头跪倒在地，双手哆哆嗦嗦地呈上一封书信。

这究竟是一封什么书信呢？

99. 北上救赵

怀王熊心看过书信后才知道，赵国现在情况危急，这个使臣是过来求援搬救兵的。

原来，秦将章邯在干掉项梁后，认为楚国不足为虑，便直接北上攻打赵国。

前文中我们说过，赵国由张耳和陈馀两个人复国，他们还拥立了一个名叫赵歇的赵国王室后裔为王，张耳任丞相，陈馀任将军。

正所谓："兵来将挡，水来土掩。"既然章邯打上门了，赵王歇便派将军陈馀率兵迎敌。陈馀干不过气势正盛的秦军，便败退到巨鹿城北面驻守，而丞相张耳协同赵王歇跑进了巨鹿城内坚守不出。

章邯追击到巨鹿城南面，安营扎寨，天天攻城，昼夜不辍，巨鹿城危在旦夕。赵国没办法，只好派使臣向其他诸侯国求援。这求援的书信自然也就到了楚国。

怀王熊心让众将传阅书信，征求大家的意见。项羽一心想着攻杀章邯，为叔父项梁报仇，看到书信火冒三丈，咬碎钢牙，当下请命自己不西进了，要北上。

这正中怀王熊心下怀，他正发愁怎么打发走项羽这个不服管教的家伙呢，当即爽快答应道："这样甚好！此行非你莫属，不过还需要再派一个人和你同去，这样才能确保万无一失啊！"

怀王熊心究竟会派谁去呢？不用说，正是那个精准预测项梁肯定会兵败的谋士宋义。

怀王熊心任命宋义为上将军，作为三军统帅，加号卿子冠军。卿子是一种美誉，相当于公子一类的称呼；冠军并不是现在冠亚军的意思，而是统领军队的意思。

看这个称号，就知道怀王熊心对宋义多么倚重，寄予多么大期望了。

另外封项羽为次将，范增为末将。

这支北上救援赵国的军队，大概有几万人，应该是楚国的主力和精锐之师。

以项羽的性格，看到这个人事安排，肯定会不服气，他叔父项梁在的时候，自己做个副手没话说，现在让他给宋义做副手能舒服吗？不过项羽报仇心切，也不计较那么多了。

这样一来，楚军就同时派出了两路与秦军交战的军队：一路由宋义带队，北上救援赵国；一路由刘邦带队，西进直取关中。

宋义接受任命后，立刻率军出发，这天就来到了安阳，也就是今天的河南省安阳市境内。在安阳，宋义突然让军队停止前进，驻扎下来，静观局势发展。

刘邦率领的那支队伍人数比较少，主要是在沛县起事时招募的一帮人，力量很弱，但一路上靠着收集陈胜失败时的散兵游勇，也发展到了上万人。

在成阳县和杠里县，也就是今天的山东省鄄（juàn）城县附近，刘邦所部遭遇秦将王离的拦截。这个王离传说就是秦国老将王翦的孙子，不过和王翦的才能差远了。

两军交战，王离大败而逃，刘邦继续向昌邑，也就是今天的山东省昌邑市方向进发。而王离带着残兵败将，投奔了章邯。

前文中我们说过，有“中华第一勇士”美誉的蒙恬被赵高和胡亥谋害后，秦国曾将北部边疆防御匈奴的兵团移交给王离领导。

这个时候，防御匈奴的北部兵团也奉命来到了巨鹿城附近支援章邯。

章邯任命王离继续统领他的这支老部队，围攻巨鹿城，自己则率军驻扎在巨鹿城南面，保护粮草供应线，做好长期围困的准备。

王离率领的北部兵团是防御匈奴的虎狼之师，也是秦军中最有战斗力的一支部队，它的到来，对章邯率领的秦军来说，无疑是如虎添翼。

宋义看到秦军如此强大，有怯战情绪，在安阳逗留了四十六天，仍然不肯进军。

本来长途跋涉过来是救援赵国的，结果到了家门口却止步不前，很多部将疑惑不解。军中规矩又非常严格，没人敢去问宋义究竟作何打算，只有项羽憋不住了。这天，他来到宋义帐内质问道："将军，我有一事不明！巨鹿城危在旦夕，我们奉怀王之命来救援赵国，理应抓紧时间渡过黄河前去解围，这样才能与赵军里应外合打败秦军，现在为什么要耗在这里坐失良机呢?"

宋义故作高深地捋捋胡须，摇摇头说道："小项，你还年轻啊！我们应该从大局出发，从大处着手啊！敌人就像牛身上的牛虻和虱子，我们不能为了虱子而放过了大牛虻啊。现在秦赵交战，即使秦军胜利了，也会精疲力竭，到时候我们再出兵，胜算会更大；如果秦军失败了，我们就不管什么章邯了，可以直接西进，直捣函谷关。此时我们之所以按兵不动，就是为了等秦赵两军一决雌雄，然后再做计较！哈哈……小项啊，身披甲胄，手执利刃，冲锋陷阵，我宋义肯定不如你；运筹帷幄，奇谋诡计，你就不如我宋义了哦!"

平心而论，宋义的战略方针还是有一定道理的，说白了就是坐山观虎斗，坐享其成，现在很多人都比较认可宋义的这一打法。

但我个人认为不妥，因为坐山观虎斗的目的，是为了看到两败俱伤的局面，而这个局面出现的前提是两虎势均力敌，否则就没有任何意义。事实上，此时秦赵两军力量悬殊。

章邯和王离率领的秦军各有二十万，共计四十万，可赵军只有"数万"，其他诸侯联军又都在观望。那么，按照这种力量对比，赵军必败无疑，而且是惨败，肯定不会有两败俱伤的局面出现。

如果这样分析的话，宋义的战略方针无疑是一厢情愿的。不过，以宋义的作战能力，如果发动进攻的话，胜算也不会太大，因为楚军毕竟也只有数万人而已。所以面对强大的秦军，宋义有畏战情绪才是真正原因，他的说辞仅仅是借口罢了。

项羽是武将，从小不爱读书，不擅长讲大道理，听了宋义煞有介事的分析，一时语塞，不知道如何反驳，但是他个性很强，一甩手走了，那意思就是不服气。宋义看到项羽的态度，不太放心，担心他回去惹出什么祸端，便下了一道军令："猛如虎，狠如羊，贪如狼，犟不可使者，皆斩之！"

什么意思呢？就是说，打仗无论多么勇敢，多么厉害，但倔强不听指挥的人，一律斩首！

显然，这是一条为项羽量身定做的军令，也就是在针对威胁项羽。

项羽那暴脾气会吃这一套吗？

100. 正式登上历史舞台

项羽整天想着怎么为叔父项梁报仇，恨不得立即带兵过去，找章邯算账，现在倒好，宋义不但不出兵，还故意刺激他。项羽气得七窍生烟，彻底被激怒了，但他不过是个副将，也没办法，只好暂时强忍着。

看项羽那里没有动静，宋义非常得意，感觉做老大就是好，无论你多大本事，说给你穿小鞋就给你穿小鞋，穿完了，你还得说舒服得很，不夹脚。

但是，碰到项羽这种不按常理出牌的人，宋义这样的领导可要倒血霉了。所以，做领导也要看人下菜碟，不能太作，否则面子丢了是小事，性命没了就亏大了。

项羽对他已经动了杀机，他还浑然不知，怡然自得，耍老大的威风，讲老大的排场。

他是怎么耍威风、讲排场的呢？

前文中说过，宋义曾经奉项梁之命去过一次齐国，主要目的是逼迫田荣出兵，一起进攻章邯的秦军。按道理，那应该是一次“逼迫之旅”，但是宋义非但没有逼迫田荣出兵，相反，还和田荣私下里打得火热，为自家谋取利益，让田荣给他儿子安排了一份工作。

宋义有个儿子名叫宋襄，应该有点本事。不知道田荣怎么想的，也可能宋义的儿子宋襄确实太优秀了，田荣承诺让宋襄过去做齐国的丞相。

宋义这么做明显有假公济私之嫌，身为国家重臣，竟然让家属在外国担任要职。但宋义竟然不回避此事，而且大战在即，他还要为儿子宋襄到齐国上任，开一个很有排场的欢送晚会。

在无盐县，也就是今天的山东省东平县东部，宋义大摆宴席，宴请军中将领。宋义是军中老大，哪个将领敢不来捧场？当然项羽也来了。因为项羽胸中有说不出的烦躁和郁闷，因此在宴会上，他与谁都不说话，自顾大碗喝酒，借酒浇愁。

当时正值隆冬，天寒地冻，雨雪纷飞，士兵们吃不饱，穿不暖，宋义却因为儿子要到国外去工作而铺张浪费，实在是有点作了，很多将士都很有意见，但敢怒不敢言。

宴会结束后，项羽睡不着，只身到军营中散心，就听到有士兵围坐在一起发牢骚，对目前的情况多有怨言，对宋义的作风多有不满。

这一下子激起了项羽的共鸣，他越想越生气，借着酒劲，走过来义愤填膺地说道：“兄弟们，我们来这里是干什么的？我们是来援救赵国，合力破秦的！那么我们为什么要在这里苦耗呢？现在兵荒马乱，百姓贫困交加，没有足够的军粮供应，你们每天只能吃半升豆子，食不果腹，挨饿受冻。老实告诉你们，现在军中存粮已经不多了，可是宋义还有心思为儿子出行大摆宴席，挥霍无度，却不愿意率领军队渡河援救赵国，说什么‘等待秦军疲惫’再进攻，真是痴心妄想！秦军那么强大的兵力，势必能攻破赵国，等到赵国垮了，秦军只会更加强大，还有什么疲惫的机会可乘呢？况且，我们楚军最近刚打了败仗，怀王坐不安席，之所以把国内所有兵力集中起来统属于上将军宋义率领，就是为了在此一举，转危为安。如今看来，怀王用错人了！宋义这家伙不体恤官兵，徇情营私，绝对不是那种能与楚国休戚与共的人！”

别看项羽文化水平不高，但这番话说得还是相当有水准的。一方面是真情流露，因为真情最能打动人嘛；另一方面说明项羽那天和宋义争执后，回去认真思考了，因为有准备，语言才有说服力。

所以，我们平时开会说话，如果想要打动人，必须要具备两点：一点是有真情实意；一点是要精心准备。

项羽就是这样做的。他先从士兵最基本的需求——饮食说起，取得士兵的共鸣；然后指出宋义的不作为和假公济私，让士兵产生反感；最后得出结论：宋义出卖国家，怀王熊心用错人了。

可以说，这番话是项羽即将正式登上历史舞台的政治宣言，也是舆论造势，表明他要做一位爱军爱国、大公无私的统领。

那些吃不饱、穿不暖的年轻士兵听了会做何感想？平时本来都对项羽敬佩得不行，现在听到刚死去叔父的项羽酒后如此煽情的独白，士兵们肯定都是热血沸腾，热泪盈眶。

因此，士兵们深感项羽这小伙子有情有义，有勇有谋，年轻有为，敢想敢干，于是都轻声呼应，赞成项羽的主张。

这天晚上，项羽通过与基层士兵的互动发现，自己还是很有号召力的，顿时信心倍增。

像项羽这种个人能力超强的人，不一定能够得到领导或同僚的赏识和认可，但一般会受到基层人员的爱戴。因为基层人员是做具体工作的，比较讨厌那些脱离实际的、务虚的、喜欢高谈阔论的领导，而对那种对具体问题有超强解决能力的领导情有独钟。

项羽此时也好像发现了这点，他下定决心干掉宋义，自立门户。

宋义自从当了军中老大，那个志得意满就甭提了，这天晚上又为儿子宋襄出国高就庆贺送行，大家的吹捧早已让他飘飘然，直喝得酩酊大醉，方才回营休息，所以他对项羽在军中的造势完全不知晓。

第二天一早，项羽借汇报之名，进入宋义的大帐。

宋义这家伙昨晚喝得实在太多了，刚起床还在洗脸漱口，听说项羽来了，头都不抬。项羽大踏步径直走上前去，拔出宝剑，上前一挥，便把宋义的头削了下来，比当年杀会稽郡郡守殷通还来得潇洒轻松。

项羽弯下腰快速捡起宋义的人头，大踏步走出军帐，然后把将士们召集起来，义正词严地大声说道："宋义，不仁不义，背信弃义，辜负怀王信任，私通齐国，谋叛楚国，公然派儿子宋襄到齐国做丞相，我已经奉楚怀王之命将他斩首了，这就是他的狗头！"

将士们闻言大吃一惊，那么他们会真心支持拥护项羽吗？项羽能带领这支人数不多的军队创造奇迹吗？